C. L. Skach
Demokratie ohne Gesetze

C. L. SKACH

DEMOKRATIE OHNE GESETZE

Warum nicht Regeln, sondern wir selbst unsere Gesellschaft tragen

Aus dem Amerikanischen
von Oliver Lingner

Ullstein

Besuchen Sie uns im Internet:
www.ullstein.de

Wir verpflichten uns zu Nachhaltigkeit

• Papiere aus nachhaltiger Waldwirtschaft und anderen kontrollierten Quellen
• ullstein.de/nachhaltigkeit

MIX
Papier | Fördert
gute Waldnutzung
FSC® C021394
FSC
www.fsc.org

Die Originalausgabe erschien 2024 unter dem Titel
How to Be a Citizen: Learning to Rely Less on Rules and More on Each Other bei Bloomsbury Publishing, London.

ISBN 978-3-550-20222-3
© 2024 Cindy Skach
© der deutschen Ausgabe: Ullstein Buchverlage GmbH, Berlin 2024
Wir behalten uns die Nutzung unserer Inhalte für Text und Data Mining im Sinne von § 44b UrhG ausdrücklich vor.
Lektorat: Dunja Reulein
Umschlaggestaltung: semper smile, München
Satz: LVD GmbH, Berlin
Gesetzt aus der Garamond Pro
Druck und Bindearbeiten: ScandBook, Litauen

Für Raphael und Demara

»… die Nacht entwich, Licht ward, und
Ordnung aus der Unordnung.«

– John Milton, *Das verlorene Paradies*, 1667

Inhalt

Vorwort — 9

Teil I: Das Problem

Einleitung — 19

1. Was wir von Gesetzen lernen können — 34

Teil II: Die Lösungswege

2. Nicht blind den Anführern folgen — 57
3. Die eigenen Rechte – verantwortungsvoll – einfordern — 86
4. Mehr Zeit auf einer Piazza verbringen — 121
5. Die eigenen Tomaten anbauen und sie mit anderen teilen — 156
6. Öfter mal »Ethno-Food« essen — 179
7. Mit all dem sehr früh anfangen, ungefähr mit drei Jahren — 201

Fazit — 226

Anhang

Dank — 235

Anmerkungen — 237

Vorwort

Ich kann mich noch genau an den Tag erinnern, an dem ich endgültig meinen Glauben an formelle Regeln – an Gesetze – verlor. Damals lernte ich gerade, wie man mit einem gepanzerten SUV in voller Fahrt eine Kehrtwende macht, und war froh über jeden überstandenen Tag. Ich trainierte auf den Straßen Ammans, Sprengsätzen auszuweichen, und wurde immerhin so gut darin, dass ich abends rechtzeitig meine Unterkunft erreichte, um vor dem Schlafengehen noch zu duschen und ein Glas libanesischen Wein zu trinken.

Der schwierige Teil meiner Aufgabe stand mir aber erst noch bevor. Es war der Herbst des Jahres 2008, und ich hatte gerade ein zweiwöchiges Überlebenstraining in der Wüste absolviert. Jordanische Soldaten und UN-Sicherheitskräfte hatten Terrorangriffe simuliert, um mich – unter anderem – auf die Ausarbeitung einer Verfassung vorzubereiten. Kurz vor Semesterbeginn war ich von London nach Amman geflogen. Ich hatte gerade eine Stelle als Professorin für Vergleichende Regierungslehre und Rechtswissenschaft in Oxford bekommen. Im nächsten Jahr würde ich zwischen Seminaren und Vorlesungen mehrmals den fünfstündigen Flug antreten, um danach voller Stolz meinen Studierenden von meinen Erfahrungen zu berichten.

VORWORT

Nach dem erfolgreichen Abschluss des Trainings gratulierte mir ein UN-Offizier mit amerikanischem Südstaatenakzent, während er mir einige Haare samt der Wurzel ausriss. Das war kein Initiationsritual. Es diente dazu, meine DNA sicherzustellen, falls mein Körper in einem nicht identifizierbaren Zustand gefunden würde.

Nun war ich bereit für meine Aufgabe als »Verfassungsexpertin«, wie ich genannt wurde. Ich war von der Unterstützungsmission der Vereinten Nationen im Irak eingeladen worden und reiste nach Bagdad. Dort sollte ich mit Irakern und Kurden in einer Kommission zur Reform der Verfassung zusammenarbeiten.

Das Flugzeug war an jenem Tag alles andere als voll. Aus meiner Gruppe hatten einige das Training nicht bestanden und waren heimgeschickt worden. Andere waren bereits früher abgereist. Das Überlebenstraining hatte schon ausgereicht, um sie zu traumatisieren, sie benötigten nun psychologische Betreuung. Mit mir saßen ehemalige Ratgeber der US-Regierung, Professoren und Experten aus dem Vereinigten Königreich, die in Schottland und Wales die Regionalisierung vorangetrieben hatten, und viele angehende und einige hochrangige UN-Beamte aus aller Welt in der alten Propellermaschine. Einige hatten ihre Familie für den hoch bezahlten Job in einem Kriegsgebiet zurückgelassen.

Mir ging es nicht ums Geld. Ich war begierig auf die vor mir liegende Erfahrung. Mein Honorar war ohnehin nicht hoch, ich hatte ja meinen festen Job und übte nur eine befristete Beratungstätigkeit aus. Aber als Verfassungsrechtlerin und Professorin war es ein beruflicher Höhepunkt für mich. Wie es einer meiner Studenten in Oxford ausdrückte:

VORWORT

»Sie schreiben Verfassungen, etwas Bedeutungsvolleres könnten Sie nicht tun.« Verfassungen sind schließlich *die* wichtigsten Gesetze in einer Demokratie – in einem Land, das durch und für das Volk regiert wird. Sie legen die Rahmenbedingungen des politischen Geschehens fest, sie lassen uns wissen, ob ein Staat zentralistisch oder föderal strukturiert ist, ob er säkular oder an eine Religion gebunden ist. Sie beschreiben, wie unsere politische Führung gewählt wird, wie und wann wir sie durch eine andere ersetzen können, wer uns repräsentiert und Regierungsentscheidungen trifft. Und sie definieren nicht nur, was unsere Rechte als Individuen und als Angehörige bestimmter gesellschaftlicher Gruppen sind, sondern auch, welche Rechte in unserem Land – basierend auf den Werten unserer Nation – Vorrang haben und wie unsere Regierung die Missachtung dieser Rechte zu verhindern hat. Deshalb werden Verfassungen oft auch als »ranghöchstes Gesetz« bezeichnet.

Es war nicht das erste Mal, dass ich ein anderes Land in Verfassungsfragen beriet. Ich hatte mich mit Begeisterung der Rechtswissenschaft verschrieben und schon zu Beginn meiner Karriere Arbeiten zu Verfassungsthemen veröffentlicht, zuerst als junge Doktorandin mit meinem wissenschaftlichen Betreuer an der Columbia University und später als Harvard-Professorin. Ich hatte mit ehemaligen Präsidenten und Premierministern gesprochen, die mir von ihren Erfahrungen berichteten, und reiste häufig, um mich mit Angehörigen von Verfassungsausschüssen und Verfassungsrichtern zu treffen. Diese gesellschaftliche Elite hatte mich auch oft in meinem Büro in Harvard besucht, wo wir uns über verfassungsrechtliche Probleme austauschten.

VORWORT

Während meiner gesamten akademischen Laufbahn hatte ich Vorträge darüber gehalten, welche Verfassungen demokratische Prozesse begünstigen und welche nicht, und nun zog ich weiter nach Oxford, um dort dasselbe zu verkünden. Mich erwarteten weitere Einladungen, um zu beraten, zu lehren und vom Wert guter Gesetze zu predigen.

Der Irak war zweifellos meine bisher gefährlichste und anspruchsvollste Mission. Iraker und Kurden, die unter der Schutzherrschaft der UN standen, hatten mich eingeladen. Sie wollten meine Hilfe dabei, ein Rechtssystem einzuführen, das eine gerechte Verteilung der Erlöse aus den riesigen Öl- und Gasvorkommen förderte, die sich nur in bestimmten Teilen des Landes befanden, von denen jedoch alle profitieren sollten. Ein solcher Finanzausgleich war mir aus den USA, Kanada und Brasilien bekannt – föderale Länder, in denen die politische Macht verfassungsmäßig zwischen Regionen (oder Staaten) aufgeteilt ist. Die Zentralregierung hatte die Kontrolle über manche Politikbereiche, aber nicht alle.

Der Irak war ein komplexes Land, und die irakische Bevölkerung bildete ein kompliziertes Gemisch aus verschiedenen Ethnien, Religionen und Sprachen. Erschwerend kam hinzu, dass sich die meisten Bodenschätze auf kurdischem Gebiet befanden. Wenn diese Völker in einem gemeinsamen Staat leben wollten, ob zentralistisch oder föderal, dann mussten sie ihre Ressourcen miteinander teilen. Doch das war in der Theorie einfacher als in der Praxis.

Die Iraker wogen die Vorzüge eines bestimmten föderalen Systems ab, das ihr Land zusammenhalten sollte. Ich und einige andere waren der Ansicht, dass es zur Entspannung der politischen Lage und zu einer Verringerung kurdischer Unabhängigkeitsbestrebungen beitragen würde, wenn der restliche Irak den Kurden in bestimmten politischen Bereichen, einschließlich der Sprache, Autonomie zugestehen würde, und die Kurden sich im Gegenzug dazu bereit erklärten, einen angemessenen Anteil ihres durch Öl und Gas gewonnenen Vermögens mit dem Rest des Landes zu teilen. Keine andere Region im Irak würde eine derartige Autonomie gegenüber Bagdad genießen. Beispiele aus anderen Ländern zeigten jedoch, dass keine andere Region das überhaupt nötig haben würde.[1]

Dieses Arrangement, das asymmetrischer Föderalismus genannt wird, schien in Ländern wie Spanien gut zu funktionieren, wo gewaltbereite Unabhängigkeitsbewegungen in der Bevölkerung an Anziehungskraft verloren, nachdem die spanische Zentralregierung den Basken und Katalanen mehr Kontrolle über ihre Regionen gewährt hatte. Das kastilische Spanisch wurde den dortigen Bevölkerungen nicht mehr als Amtssprache aufgezwungen, sodass baskische und katalanische Kinder jetzt in den Sprachen ihrer Regionen unterrichtet werden konnten und die alten Basken und Katalanen Straßenschilder in ihren Muttersprachen lesen konnten. So spürten die Menschen, dass ihre Kultur und ihre Geschichte respektiert wurden. Wir glaubten, dass sie das davon abhielt, Politiker in Madrid in die Luft zu sprengen. Wir glaubten, dass das Spanien zusammenhielt.[2]

Während ich Notizen für das erste Treffen anfertigte und Zahlen auf einer PowerPoint-Folie anordnete, geriet unser Flugzeug in Turbulenzen. Also packte ich meinen Laptop weg und schloss die Augen. Ich versuchte mir auszumalen,

VORWORT

was mich im Irak erwartete. Ehemalige Kollegen, die dort gewesen waren, hatten mir von ihren Erfahrungen berichtet. Die Details, mit denen sie ihre Erzählungen ausschmückten, hatten meinen Neid geweckt. Nur sehr wenige von uns waren jemals in einem Kriegsgebiet tätig gewesen und hatten dort Gesetze, geschweige denn Verfassungen ausgearbeitet. Schon allein die Vorstellung, an einer Verfassungsgebung mitzuwirken, war aufregend. Wenn das, was ich zu sagen hatte, Anklang fand, würde ich vielleicht dabei mithelfen, dieses ranghöchste Gesetz zu schreiben.

Doch in Wirklichkeit hatte ich keine Ahnung.

Ich wusste nicht, dass ich schon in wenigen Wochen in die Lobby des Hotel Meridien in Amman zurückkehren würde, die ich nur wenige Tage zuvor verlassen hatte. Dieses Mal war ich jedoch zerkratzt, schmutzig und roch nach Fäkalien. Das war das Ergebnis meines Versuchs, in Bagdad bei der Ausarbeitung einer Verfassung zu helfen. Und es war erst der Anfang.

Jener schreckliche Morgen ist mir noch genau in Erinnerung. Ein lautes Donnern riss mich aus dem Schlaf, kurz darauf bebte die Erde. Unser Lager in der Internationalen Zone war von einer S-24-Rakete getroffen worden, die für unsere Nachbarn in der US-Botschaft bestimmt gewesen war. Sie hatte ihr Ziel verfehlt und uns schwer getroffen. Mein Überlebensinstinkt setzte ein, und das zweiwöchige Training zeigte Wirkung – ich griff nicht nach meinen Klamotten, sondern nach meinem Helm, meiner kugelsicheren Weste und meinem Notfallbeutel, in dem sich die nötigsten Sachen und Bargeld befanden. Dann saß ich in der Dunkelheit, in Unterwäsche und Schutzausrüstung, in dem mit

Sandsäcken befestigten Zimmer, und wartete. Wie viele Verletzte gab es? Wie viele Tote? Würden wir entführt werden? Oder gar getötet?

Ich dachte: *Das bedeutet es also, eine Verfassung zu schreiben.*

Ein Klopfen an der Tür ließ mich zusammenschrecken. Es war mein Kollege, der sehen wollte, ob es mir gut ging. Er war Vater von zwei kleinen Kindern, die in Nordamerika lebten, und zum Glück unverletzt. Von ihm erfuhr ich, was geschehen war und dass es im Lager nun keinen Strom und kein fließendes Wasser mehr gab. Gleich würden uns Panzer evakuieren und zu einer irakischen Schule in der Nähe bringen, die vor Kurzem zu einem UN-Stützpunkt umfunktioniert worden war. Während wir auf die Krankenwagen warteten, gaben die Verantwortlichen des Lagers Details zu dem Angriff bekannt: Drei Menschen waren gestorben, dreizehn verletzt. Ihrer Einschätzung nach waren wir aber glimpflich davongekommen. Andere Angriffe waren deutlich schlimmer verlaufen.[3]

Das Donnern der Explosion wird mich für den Rest meines Lebens verfolgen. Es dröhnte noch in meinen Ohren, als ich einige Stunden später in dem Schulgebäude durch Abwasser watete und wir Überlebenden uns einige wenige Wasserflaschen teilen mussten, während die Köche aus Bangladesch – diejenigen, die den Angriff überlebt hatten – versuchten, uns etwas zu essen zuzubereiten. Ich musste auch danach daran denken, als ich zu drei schwer bewaffneten US-amerikanischen Soldaten in einen Panzer stieg und auf der von Scharfschützen belagerten Straße zum internationalen Flughafen von Bagdad gefahren wurde. Ich musste daran denken, als ich dankbar an der Gatorade nippte, die sie mir gereicht hatten, und durch das winzige Fenster diese Wiege der Zivilisation betrachtete.

Ich war nicht nur traumatisiert, sondern fühlte mich auch schuldig. Ich konnte die Gesichter der Scheichs wieder vor mir sehen, die ich getroffen hatte, und die der irakischen und kurdischen Minister, die mich willkommen geheißen und mir Loomi-Tee angeboten hatten. Mir wurde klar, dass nichts und niemand – keine Gesetze und keine Regeln – diesen Menschen helfen konnte. Nur sie selbst. Wenn ich oder andere sie überzeugen wollten, eine Verfassung zu verabschieden, könnte das die Lage noch verschlimmern, und vielleicht war das schon geschehen. Gesetze, Regeln und Verfassungen sind mit ähnlichen Problemen konfrontiert wie Stammzelltransplantationen zwischen Menschen. Wird der Patient nicht durch sogenannte Konditionierung auf die Transplantation vorbereitet (das gilt insbesondere für Patienten, die schon lange an gesundheitlichen Problemen leiden), kann die Zufuhr von Fremdkörpern in den Blutkreislauf zu katastrophalen Komplikationen führen. Ähnlich verhielt es sich wohl auch mit Gesetzen.[4]

Dort in diesem Panzer, eingezwängt zwischen drei US-amerikanischen Soldaten, nahm meine berufliche Karriere eine Wendung. Dort gestand ich mir endlich ein, was ich schon immer gefühlt hatte, aber nicht wahrhaben wollte: dass Verfassungen – und Regeln im Allgemeinen – den Keim zur Zerstörung der gesellschaftlichen Ordnung in sich tragen können.

Das Problem

Einleitung

Es war wahrscheinlich der Fall der Berliner Mauer, der mich dazu brachte, mein Leben den Gesetzen zu widmen. Ich hatte vor Kurzem mein Bachelorstudium abgeschlossen, und auf der ganzen Welt wurden Grenzen geöffnet. Pinochet hatte gerade den Volksentscheid verloren, in dem über die Fortsetzung seiner Diktatur abgestimmt wurde, und der Südkegel Südamerikas entledigte sich seiner militärischen Machthaber. Auf der anderen Seite des Globus hatte Michail Gorbatschow gerade *Glasnost* verkündet – seine Politik der offenen Diskussion über die politische, ökonomische und soziale Lage der Sowjetunion. Als junge Promotionsstudentin war ich fasziniert von den Möglichkeiten, die sich durch all diese demokratischen Experimente auftaten, und mein Wohnsitz New York verstärkte diese Neugier noch.

Wir Studentinnen verbrachten viel Zeit auf dem von Bäumen gesäumten Gelände der Columbia University, das zwischen dem Broadway und der Amsterdam Avenue liegt und eingezäunt und bewacht ist – ein Elfenbeinturm inmitten einer komplexen und vielfältigen Metropole. Vom ersten Tag an zog mich die Universität in ihren Bann. Die Korridore des Gebäudes für Internationale Beziehungen in der 124th Street waren zugepflastert mit wichtigen Ankündigungen, dass bestimmte Kurse gestrichen und dafür schnellstmöglich neue zusammengestellt wurden. Bedingt durch die ungewisse Entwicklung der Weltordnung in den frühen 1990ern wurde »Sowjetisches Recht« durch »Gesetzgebung im ehemaligen sowjetischen Raum« ersetzt. Das »kommunistisch« in vielen Titeln wurde durch »post-kommunistisch« oder Ähnliches ersetzt. »Planwirtschaft« hieß plötzlich »Transformationsökonomie«. Die Welt war zu einem Labor geworden, in dem sich vor unseren Augen althergebrachte Regeln und Machtstrukturen auflösten, während die Länder des weitläufigen kommunistischen Blocks eine weitere Metamorphose durchliefen. An erster Stelle stand dabei die Ausarbeitung neuer Regeln und Gesetze. Das Gefüge des Kalten Krieges endete nicht wie befürchtet in einem nuklearen Holocaust, sondern wurde Stück für Stück demontiert wie ein Potemkinsches Dorf. Diese Situation bot großartige Möglichkeiten für alle, die die Ausbreitung der Demokratie vorantreiben wollten, indem sie sich für die Implementierung demokratischer Gesetze und Verfassungen einsetzten, mit denen Rechte und Freiheiten verankert wurden.

Im ersten Jahr meines Promotionsstudiums verfasste ich mit meinem Doktorvater einen Artikel, der in mir etwas auslöste. Ich wurde zu einer überzeugten Befürworterin von Regeln und hatte die Vorstellung, dass es nur der richtigen Gesetze bedurfte, die den Menschen die richtigen Anreize boten, um funktionierende Demokratien und gute Staatsbürger hervorzubringen. Gestärkt durch köstliches äthiopisches Essen und die Ben-&-Jerry's-Lieferungen meines Bruders arbeiteten wir bis spät in die Nacht und fanden tatsächlich Anzeichen für eine bemerkenswerte Korrelation:

Damit sich eine junge Demokratie festigen konnte, bedurfte es eines parlamentarischen und nicht eines präsidialen Regierungssystems. Daten aus der ganzen Welt zeigten, dass eine Bevölkerung, die mit ihrem direkt gewählten Präsidenten unzufrieden war (weil er zum Beispiel schlecht regierte, nicht im Interesse des Volkes handelte oder sich nicht mit der Mehrheit im Parlament einigte, sodass keine Entscheidungen getroffen werden konnten), nur zwei Möglichkeiten hatte, dieses Staatsoberhaupt außerhalb einer Wahl abzusetzen – und beide waren kostspielig. Die erste ist ein langwieriges Amtsenthebungsverfahren, von dem wir aus den USA wissen, dass es selten ist und ein Land spaltet. Die schnellere, aber blutigere Lösung ist ein Putsch. In afrikanischen und lateinamerikanischen Ländern mit präsidentiellem Regierungssystem, in denen das Militär an der Macht war, waren Staatsstreiche regelrecht an der Tagesordnung. Das Regierungssystem dieser Länder orientierte sich an der Präsidialverfassung der USA.[1]

Natürlich scheiterten parlamentarische Regierungssysteme auch, aber anscheinend seltener. Je genauer ich jedoch diese Länder und ihre politischen Systeme – die Punkte in unseren Grafiken darstellten – untersuchte, desto mehr fragte ich mich, ob andere Gesetze wirklich etwas verändern würden. Der Sommer, den ich in Rio de Janeiro und Brasília verbracht hatte, könnte der Auslöser dafür gewesen sein. Dort hatte ich mich mit ehemaligen militärischen Machthabern getroffen, um zu verstehen, ob eine parlamentarische Staatsordnung überhaupt in einem Land funktionieren würde, in dem bisher starke, charismatische Führer populär waren – die Sorte Caudillo, die die Unabhängigkeit von einer Kolonialmacht erringen konnte. In diesem atemberaubend schönen Land mit seinen ebenso schönen Menschen liegt der Gini-Koeffizient (ein statistisches Maß für Einkommensungleichheit) bei etwa 50 Prozent, was auf eine große Ungleichheit hinweist (ein Wert von null würde vollkommene Gleichverteilung von Einkommen bedeuten)[2]. Das Land ist also hinsichtlich des Einkommens stark gespalten, aber es besteht auch eine tiefe Kluft zwischen den Städten und dem ländlichen Raum. Im Zusammenspiel mit der komplexen sozialen, wirtschaftlichen und geografischen Beschaffenheit Brasiliens begünstigte das die Verbreitung von Korruption und extreme Schwankungen zwischen Apathie und Aktivismus unter der Bevölkerung. All das machte es charismatischen, aber problematischen Führern leicht, die Macht zu ergreifen.[3]

Meine Zweifel könnten auch dadurch genährt worden sein, dass ich in Heidelberg eineinhalb Jahre dazu forsche, warum die Weimarer Republik trotz einer der fortschrittlichsten Verfassungen der damaligen Zeit gescheitert war. Diese analysierte ich, während ich im Schatten der Ginkgobäume saß, die Goethe so mochte. Damals glaubte ich, dass einige verhängnisvolle Regelungen, die in der Verfassung aufeinandertrafen, für den Untergang der Republik verantwortlich waren. Zu diesen gehörte der berühmte Artikel 48, ein Notverordnungsrecht, das es dem Präsidenten erlaubte, in Krisenzeiten mithilfe der Streitkräfte vage definierte »notwendige Maßnahmen« zu ergreifen.[4] Meinen deutschen Freunden und Kollegen erschien es aber plausibler, dass die Probleme Weimars durch das komplizierte soziale Gefüge der Republik hervorgerufen worden waren, die zudem mit einer drohenden Wirtschaftskrise und einer instabilen Weltlage konfrontiert war. Könnte es sich schlicht um eine Demokratie ohne Demokraten gehandelt haben?[5]

Auch der bitterkalte Februar, den ich in Moskau verbrachte, verstärkte meine Zweifel. Unter den Menschenrechtsaktivisten und Regierungsmitgliedern, die ich dort befragte, befand sich auch Galina Starowoitowa, die unter Jelzin für interethnische Fragen zuständig gewesen war. Wir trafen uns im Pizza Hut gegenüber der Duma und sprachen lange miteinander. Sie berichtete, wie schwierig die Zusammenarbeit mit vielen der neuen Führer Russlands war, da sie keine »Teamplayer« waren. Das machte mir deutlich, dass Gesetzen und den Anreizstrukturen, die sie schufen, Persönlichkeiten und Geisteshaltungen gegenüberstanden.[6] Nur wenige Monate nach diesem Gespräch erfuhr ich aus der Zeitung von Galinas Ermordung.

Mit jeder dieser im echten Leben gesammelten Erfahrungen wuchs mein Zweifel an der tatsächlichen Macht von Gesetzen.

Als Professorin für Staats- und Rechtswissenschaften, die auch im Ausland als Regierungsberaterin tätig war und die dortigen Eliten schulte, wollte ich vielleicht nicht wahrhaben, was mir eigentlich schon seit Langem klar war: dass die Demokratie nicht gut funktioniert. Nirgendwo. Trotz intensiver Bemühungen, gute Gesetze auszuarbeiten. Seit Jahrzehnten wird diese Tatsache an Universitäten und in Thinktanks dokumentiert und beschrieben. In den 1980er-Jahren war man noch voller Hoffnung, als südamerikanische Diktatoren nach Jahren brutaler Repressionen gestürzt wurden. Im darauffolgenden Jahrzehnt kam der demokra-

TEIL I: DAS PROBLEM

tische Wandel des Südkegels jedoch zum Stillstand. Der argentinische Politikwissenschaftler Guillermo O'Donnell bezeichnete die nun entstandene Staatsform als »delegative Demokratie«: Die Präsidenten dieser unvollständigen Demokratien wurden zwar frei gewählt, agierten aber eher wie Caudillos und nicht wie Staatsführer, die dem Volk Rechenschaft schuldig waren.[7]

Der Fall der Berliner Mauer im Jahr 1989 war ein Triumph für die Demokratie, doch in den 2000er-Jahren gewannen rechtspopulistische Parteien wie die ungarische Fidesz und die polnische PiS langsam, aber stetig in Zentral- und Osteuropa an Zuspruch. Fremdenfeindliche Parolen und Intoleranz wurden gesellschaftsfähig, was sich in abscheulichen öffentlichen Äußerungen und politischen Maßnahmen, die sich gegen Juden, Roma und Mitglieder der LGBTQ+-Community richteten, niederschlug.[8] Gebannt verfolgten wir im Westen, wie Menschen in der arabischen Welt zu Beginn der 2010er-Jahre für ihren demokratischen Frühling kämpften – doch dieser Kampf führte am Ende nur einen kalten, blutigen arabischen Winter herbei, und es brachen Bürgerkriege in Syrien, Libyen und Jemen aus. Die dortigen Volksbewegungen wurden nicht nur durch die Machthaber niedergeschlagen, sondern auch durch konterrevolutionäre Gruppen innerhalb der Gesellschaft, die nicht bereit waren, ihre althergebrachten Grundsätze zur Disposition zu stellen.[9] Die Bürger Europas lehnten eine europäische Verfassung ab und damit auch die Chance, sich als »Wir, die Völker des Vereinigten Europas« zusammenzutun und eine einzigartige kodifizierte Verpflichtung füreinander einzugehen; einige Jahre später kam dann der Brexit, und

EINLEITUNG

mit einem Mal schien die soziale und wirtschaftliche Zukunft Europas ungewiss. In der Folge verschoben sich die Rhetorik und die Einstellung der Bevölkerung in Teilen Europas wieder in Richtung Nationalstaatlichkeit. Der russische Einmarsch in die Ukraine sorgte für Entsetzen und Fassungslosigkeit, doch die meisten Menschen lebten einfach ihr Leben weiter, während der Krieg und die Flüchtlinge Teil des Alltags wurden. Man sah tatenlos zu, wie im »alten Europa« der Hass auf »das Andere« wieder aufkeimte. Menschen filmten, anstatt einzugreifen, als wären sie Touristen in einem Gruselkabinett. Der Straßenverkäufer Alika Ogorchukwu wurde in einer italienischen Küstenstadt am helllichten Tag sogar mit seinem eigenen Gehstock erschlagen, während Menschen einfach vorbeiliefen.[10] Das ist aus der europäischen Gesellschaft geworden.

Aber nicht nur die Gesellschaft benahm sich daneben, sondern auch der Staat. In den USA herrschte Entsetzen darüber, dass die »demokratische« Rechtsordnung Rodney King im Stich gelassen hatte, einen Bürger des Landes, dessen grundlegende Menschenrechte durch die Verfassung und den Staatsapparat hätten geschützt werden müssen. Stattdessen wurden diese Rechte ausgerechnet von den Staatsdienern verletzt, deren Aufgabe es war, für seine Sicherheit zu sorgen. Dasselbe sollte auch Eric Garner, Michael Brown, George Floyd, Tyre Nichols und zahllosen anderen widerfahren. In vielen US-amerikanischen Städten schien ein fundamentaler Grundsatz der Demokratie – dass Verantwortliche, die gegen ihre Pflicht verstoßen hatten, zur Rechenschaft gezogen werden müssen – nicht zu gelten. Wie gelähmt mussten wir mitverfolgen, wie in diesem Land Ge-

TEIL I: DAS PROBLEM

setze, die freie und faire Wahlen regeln, einen Mann an die Spitze des Landes beförderten, der sich nicht der Demokratie verpflichtet fühlte, sondern ein narzisstischer Demagoge war. Gleichwohl war schon länger offensichtlich, dass die meisten demokratischen Verfassungen Freiheit und Gleichheit versprachen, aber trotzdem Joseph McCarthys und Jean-Marie Le Pens hervorbrachten.[11]

Nach einem äußerst herausfordernden Jahrzehnt sind die politischen Klassen der westlichen Demokratien und die Gesellschaften, die sie vertreten, zerrüttet. Der Partygate-Skandal im Vereinigten Königreich, der Angriff auf das US-Kapitol am 6. Januar und ähnliche Geschehnisse werfen die Frage auf, warum sich unsere politischen Führer so verantwortungslos verhalten, während in der Bevölkerung das Gefühl herrscht, dass gerade jetzt gute Regierungsführung dringend gebraucht würde. Daten des World Justice Project aus dem Jahr 2022 zeigen, dass es sich hierbei nicht nur um die subjektive Tirade einer Rechtswissenschaftlerin handelt: Die Rechtsstaatlichkeit – die Vorstellung, dass eine Regierung an dieselben klaren Regeln und Normen gebunden ist, die sie der Bevölkerung auferlegt – ist in den meisten Ländern das fünfte Jahr in Folge weiter ausgehöhlt worden.[12] Als Resultat dessen und wegen der Enttäuschungen durch politische Führer steigt auch die Unzufriedenheit mit der Demokratie. Meinungsumfragen zeigen, dass in einem Großteil der industrialisierten Welt schon die Hälfte aller Bürgerinnen und Bürger ihren Regierungen misstraut. In diesem Teil der Welt, mit allen dort gültigen formellen Gesetzen, hätten die Umfrageergebnisse deutlich besser ausfallen sollen.[13] Vielleicht ist es also kein Wunder, dass laut einer kürzlich durchgeführten Studie von Ipsos durchschnittlich nur 30 Prozent aller Erwachsenen anderen Menschen vertrauen.[14]

Für diese bedenkliche Situation gibt es Lösungsvorschläge von prominenten Intellektuellen aus aller Welt – aber sie versuchen, die Probleme mit denselben Mitteln zu bekämpfen, die seit Jahrhunderten angewandt werden.[15] Die in die Krise geratenen Demokratien sollen mit noch mehr Gesetzen wieder ins Lot gebracht werden und die politische Führung soll innovativere Ansätze verfolgen. Diese Feinjustierungen mögen hilfreich und manchmal sogar notwendig sein – langfristig sind sie aber oft nicht viel mehr als eine Übergangslösung und verschlimmern die Lage mehr, als uns bewusst ist: Sie verleiten dazu, sich zurückzulehnen und darauf zu vertrauen, dass die politischen Eliten die Dinge schon für uns in Ordnung bringen werden – dass sie plötzlich das bewerkstelligen, wobei sie zuvor immer versagt haben.

Unsere Verfassungen und auch manche unserer Gesetze haben natürlich ihren Zweck erfüllt – in manchen Fällen haben sie willkürliche und brutale Diktaturen wirksam unterbunden und auch die Tyrannei beendet, unter der ältere Generationen zu leiden hatten und die gegenwärtig die Menschen erdulden müssen, die in den 111 Ländern der Erde leben, die von internationalen Beobachtungsstellen wie Freedom House als »nicht frei« oder höchstens »teilweise frei« eingestuft werden. In diesen Ländern haben die Menschen viele der politischen Grundrechte und bürgerlichen Freiheiten nicht, die in den »freien« Ländern erkämpft wurden.[16] Und natürlich lassen sich viele Fälle aufzählen, in denen einzelne Bürger oder Organisationen mithilfe der Gesetze und Verfassungen ihrer Länder Rechte erstritten haben. In Nepal und Montana wurde das Recht auf Leben herangezogen, um Umweltschutzmaßnahmen durchzusetzen. In den Niederlanden und Pakistan wurden mithilfe von Gerichten der Zugang zu Nahrungsmitteln und eine Reduktion von Treibhausgasen durchgesetzt. Jeden Tag nutzen Menschen und Interessengruppen Gesetze und Verfassungen für positive Veränderungen und erreichen damit einen besseren Schutz ihrer Rechte.

Natürlich – Gesetze, die KI regulieren, die soziale Medien regulieren, um Jugendliche vor Schaden zu bewahren; Gesetze, die Mord und Missbrauch verbieten; und Gesetze, die große Unternehmen davon abhalten, Konsumenten auszunutzen, waren und sind weiterhin nützliche Hilfsmittel. Möglicherweise sind sie unverzichtbar, auch in der Vision, für die ich in diesem Buch plädiere. Es gibt viele Beispiele dafür, warum das Recht nicht missachtet oder abgeschafft werden kann und sollte und warum wir nicht versuchen sollten, uns von gesetzlichen Beschränkungen zu befreien.

Die Gesetzgebung bewegt sich jedoch immer auf dem schmalen Grat zwischen Freiheiten und dem potenziellen Schaden, der durch ihre Ausübung verursacht werden könnte. Das Recht, Waffen zu tragen, das Recht auf freie Meinungsäußerung und andere sogenannte Rechte sind weder absolut noch überhaupt allgemein anerkannt. Rechte – oder Freiheiten – und die Gesetze, die sie schützen, sind umkämpft, weil die Freiheit eines Menschen, etwas zu tun, durchaus mit der Freiheit eines anderen Menschen, etwas zu tun, kollidieren kann; weiterhin kann die Freiheit des Mitglieds einer Gruppe (zum Beispiel einer religiösen oder ethnischen Gemeinschaft) größer sein als die eines Menschen, der nicht dieser Gruppe angehört. Während der Coronapandemie kam es beispielsweise zu Konflikten, weil einige Religionsgemeinschaften von den Regeln ausgenommen werden wollten, die gemeinschaftliche Versammlungen während des Lockdowns untersagten. Auch unter den Verantwortlichen des US-amerikanischen Gesundheitswesens kam es zu einer Debatte über die Proteste gegen Polizeigewalt: Diese öffentlichen Versammlungen beschleunigten wahrscheinlich die Verbreitung von Covid-19, weshalb gefordert wurde, sie zu verbieten. Manche verlangten jedoch, sie zuzulassen, da »auch Rassismus eine ernste Gesundheitsbedrohung darstellt«.[17] Es muss immer möglich sein, über Gesetze und Verfassungen zu diskutieren, die bestimmten Teilen der Bevölkerung Freiheiten gewähren, denn diese Freiheiten und ihre Ausübung können zu gesellschaftlichen Konflikten führen. Das werde ich auf den folgenden Seiten genauer untersuchen.

Eine zentrale These dieses Buches ist, dass nicht unbedingt die Gesetze selbst das Problem sind, sondern der Umstand, dass wir uns darauf verlassen, dass sie all unsere Probleme lösen werden. Das verhindert, dass wir von unserem eigenen Urteilsvermögen Gebrauch machen, uns zusammentun und selbst aktiv werden. Es ist wie beim Schreiben eines Aufsatzes. Ich ermahne meine Studierenden stets, nicht bloß die Worte etablierter Autoren zu wiederholen. Sie sollten lediglich als Orientierungshilfe dienen und kritisch hinterfragt werden, um dann eigene Argumente zu entwickeln.

So ist es auch mit dem Gesetz. Hin und wieder ist es natürlich notwendig und auch praktisch, darauf zurückzugreifen; den Hauptteil der Aufgabe, die vor uns liegt, müssen wir aber selbst bewältigen.

Wir klammern uns mittlerweile schon sehr lange an einen bestimmten Punkt in der Geschichte. Damals wurde die moderne Freiheit für uns und nicht von uns definiert. Das bedeutete das Ende dessen, was manche Philosophen als »schrecklichen Naturzustand« ansahen, in dem keine Form sozialer Organisation existierte; das Ende der abscheulichen, brutalen Welt, die der Staatstheoretiker Thomas Hobbes so lebhaft beschrieb. Der Leviathan, unser Retter, erschien in Form einer starken, vereinigten Zentralregierung, die durch einen Herrschaftsvertrag legitimiert wurde. Es hatte viel Leid und Schmerzen gekostet, aber nun war die Menschheit nach einem brutalen Krieg aller gegen alle an einem Punkt angelangt, an dem sie Gesetze und sogar Verfassungen entwickelte, die ihr eine Struktur und eine gesunde, stabile Ordnung verliehen. Der Zustand der Freiheit war erreicht worden. Nun konnten die Menschen ihre Regierungen wählen, anstatt von Herrschern unterworfen zu werden. Sie kamen in den Genuss vieler Freiheiten, die zu Rechten wurden. Aber selbst wenn man das als eine nützliche Metapher für den menschlichen Fortschritt ansieht, befindet sich die Menschheit nun in einem anderen Stadium. Die medizinischen Praktiken des Mittelalters beispielsweise sind heute weit überholt und werden schon seit Langem nicht mehr angewandt. Sollte also nicht auch das Prinzip des Regierens und Regiert-Werdens der heutigen Zeit angepasst werden? Der Zigarettenhersteller Philip Morris versuchte,

US-amerikanischen Frauen in den 1960ern in einer Werbekampagne einzureden: »Du hast es weit gebracht, Baby.« Ja, haben wir. Aber warum sollten wir hier aufhören?

Ich schlage nicht vor, die Missstände mit zusätzlichen Gesetzen zu beheben. Angesichts der neuartigen Technologien, die Individuen auf der ganzen Welt miteinander verbinden, glaube ich mehr denn je, dass jetzt die Zeit gekommen ist, diesen nicht mehr zeitgemäßen Rahmen aus Gesetzen, Regeln und hierarchischer Regierungsführung zu verlassen und endlich die Demokratie neu zu denken. Jeder Mensch für sich.

Jede große Beerdigung braucht jedoch eine Trauerrede – nicht, um Cäsar zu rühmen, sondern um ihn endgültig zu begraben. Wenn wir Verfassungen in ihrer heutigen Form überwinden wollen, müssen wir zuerst verstehen, was Gesetze sind, wie sie entstanden sind und warum sie in unserem Leben eine so wichtige Rolle spielen. In diesem Buch versuche ich zu zeigen, warum es zu einem großen Problem wurde, dass das heutige Zusammenleben von Gesetzen abhängig ist, um zu funktionieren, und wie wir das ändern können. Daraufhin erörtere ich die Bereiche, die meiner Meinung nach in der heutigen Zeit von zentraler Bedeutung sind, um ein gutes Staatsbürgertum zu fördern: Führungsqualitäten, Grundrechte, öffentliche Räume, Ernährungssicherheit und Umwelt, soziale Vielfalt und Bildung. Anschließend folgen sechs miteinander verknüpfte Vorschläge dafür, wie wir zu besseren Bürgern werden können. Sie zielen darauf ab, dass wir aufhören, *Untertanen* zu sein, und anfangen, *Bürger* zu werden. Der Ausgangspunkt dieser Vorschläge ist, Ordnung nicht mit Stabilität gleichzusetzen.

TEIL I: DAS PROBLEM

Stattdessen soll Ordnung als spontane, sich selbst verstärkende Kooperation angesehen werden. Dafür braucht es großes gegenseitiges Vertrauen, um sozialen Interaktionen einen neuen Rahmen zu geben, der nicht länger auf Regeln und Autorität angewiesen ist, um individuelles Handeln zu regulieren. Diese Form der Kooperation ist vergänglich und muss es sein. Sie ist ungewiss und mag deshalb gewagt erscheinen. Ich plädiere jedoch dafür, sie stattdessen als anpassungsfähig zu betrachten. Bisher ist sie selten, aber wenn sie gefördert wird, indem restriktive Regeln abgelegt werden, gedeiht sie und erfindet sich stetig neu. So kann sie zu einem einzigartigen sozialen Kitt werden, der jene, die von der Zivilisation enttäuscht sind, in die Lage versetzt, miteinander auszukommen und füreinander zu sorgen.

Ich möchte zeigen, was wirkliches Staatsbürgertum meiner Meinung nach bedeutet. Es erschöpft sich nicht nur darin, Mitglied eines Staats zu sein. Staatsangehörige haben das Recht darauf, durch den Staat in bestimmten Bereichen geschützt zu werden, und sie haben ebenso Verpflichtungen gegenüber dem Staat und den anderen Staatsangehörigen. Einem Staat anzugehören bedeutet aber auch, einer Gemeinschaft aus Bürgern anzugehören. Um eine echte Gemeinschaft zu bilden, sind wechselseitige Beziehungen auf Augenhöhe nötig und nicht nur hierarchische. Ich will hier also einen idealtypischen *Bürger* definieren: als ein verantwortungsvolles, aktives Mitglied der menschlichen Gemeinschaft. Ein Mitglied, das Rechte genießt, aber auch sich selbst und anderen Menschen Gehorsam schuldig ist und sich dazu verpflichtet, die Rechte der Erde und all ihrer lebenden Geschöpfe anzuerkennen. Das ist ein Ideal und als solches ein Ziel. Mit diesem Buch will ich uns alle ermutigen, uns diese Definition zum Vorbild für unsere Existenz als Bürger zu nehmen: auf Augenhöhe, ohne uns durch Herkunft, Geschlecht, Nationalität oder Alter entzweien zu lassen. Jeder Schritt in diese Richtung ist einfach, aber bedeutungsvoll.

Ich möchte die Leserinnen und Leser dieses Buchs dazu anhalten, sich ihren idealen Bürger vorzustellen und dabei zu hinterfragen, warum sie so an den Regeln hängen, die »Gesetze« genannt werden. Es geht mir nicht darum, was gute und schlechte Gesetze sind oder wie und warum sie gebrochen werden können. Dieses Buch setzt sich mit der Bequemlichkeit auseinander, die uns Bürger dazu verleitet hat, uns hinter dem Gesetz zu verstecken. Es will zeigen, was wir gemeinsam – konstruktiv und gewaltlos – dagegen tun können. Diese Reise, auf die wir uns gemeinsam begeben, ist also ein Bekenntnis meinerseits als ehemalige Predigerin der Gesetze, aber auch ein Appell: Wenn wir nicht unsere Bindung an Regeln und unsere Abhängigkeit von Gesetzen zur Lösung von Problemen infrage stellen; wenn wir uns nicht eingestehen, welche Ängste die Möglichkeit einer Welt jenseits von Gesetzen in uns auslöst; dann wird unser Geist nie die notwendige Vorstellungskraft entwickeln, um uns eine andere Welt ausmalen zu können. Lassen Sie uns nun damit beginnen und herausfinden, wie weit wir gehen können.

1. Was wir von Gesetzen lernen können

Es gibt eine kleine, weit abgelegene Vulkaninsel, an der sich zeigen lässt, warum Regeln ein Teil des Problems sind. Es ist ein Ort von sinnlicher Schönheit, den ein Korallenriff umgibt. Die Luft dort duftet nach Baobab-Früchten und Ylang-Ylang. Die winzige Inselgruppe Mayotte im Kanal von Mosambik, so unbedeutend sie auch erscheinen mag, ist in Wirklichkeit ein wichtiger Mikrokosmos der heutigen Welt.

An einem glühend heißen Julinachmittag des Jahres 2005 kam ich dort an. Ich litt an Malaria und trug keinen Schleier. In meinen Sommerferien war ich hierhergereist, um eine Version des islamischen Rechts zu studieren, die seit dem 7. Jahrhundert an diesem Ort praktiziert wird. Hakim, der Groß-Kadi von Mayotte und die oberste religiöse Autorität auf der Insel, empfing mich in seinem Gerichtssaal. Während er mir diesen geheimnisvollen Ort erklärte, der sich in einem bunten Gebäude aus Bimsstein mit angrenzender Moschee befand, begann ich intensiv darüber nachzudenken, was das Recht *wirklich* ist.

Zunächst sprachen wir über den Koran, der einer der heiligen Texte ist, die islamische Richter wie Hakim zur Rechtsprechung heranziehen. Laut dem heiligen Buch schuf Allah Ordnung im Universum, indem er den Himmel und die Erde dazu aufrief, sich ihm zu unterwerfen. Also war nicht der Mensch, sondern die Erde und der Himmel waren die ersten Untertanen Allahs, und eine gute und sichere kosmische Ordnung war abhängig von seiner Autorität. Die Autorität und damit der Gehorsam, den ihr alle Lebewesen und Dinge schuldeten, waren geboren. Die Schöpfungsgeschichte ist in fast allen religiösen Überlieferungen ähnlich, einschließlich der meiner eigenen Religion. Das Buch Genesis, das Juden und Christen heilig ist, sagt beispielsweise, dass Gott das Universum aus dem Nichts erschaffen hat und ihm eine präzise festgelegte und »gute« Ordnung gab:

Und Gott sprach: Es werde Licht! […]
Und Gott machte zwei große Lichter: ein großes Licht, das den Tag regiere, und ein kleines Licht, das die Nacht regiere, dazu auch die Sterne.
Und Gott setzte sie an die Feste des Himmels, dass sie schienen auf die Erde und den Tag und die Nacht regierten und schieden Licht und Finsternis. Und Gott sah, dass es gut war.

In der Religion, mit der ich aufgewachsen bin, sollte wie in allen abrahamitischen Religionen diese von Gott geschaffene gute Ordnung alle Generationen überdauern. Die Voraussetzung dafür wäre natürlich der Gehorsam des ersten Menschenpaares, Adam und Eva, und ihre Unterwerfung unter die Autorität Gottes gewesen. In vielen Ländern der Welt ist dieses Narrativ heute in unser soziales Gefüge eingebettet: in Familien, in Gemeinschaften und in politische und religiöse Strukturen. Es durchdringt sie und verleiht ihnen Gestalt.

TEIL I: DAS PROBLEM

In anderen Schöpfungsmythen aus anderen Teilen der Welt wurde die Erde nicht aus dem Nichts erschaffen, sondern es herrschte ein schreckliches Chaos auf der Erde, das durch die Entstehung einer göttlichen Ordnung beendet wurde. Abwandlungen dieser Erzählung finden sich beispielsweise in koreanischen Mythen wieder. Sie wurden auf komplexe Weise beeinflusst durch die vielen verschiedenen Glaubensrichtungen, die in der Geschichte Koreas eine Rolle gespielt haben, darunter Konfuzianismus und Buddhismus, Schamanismus und Christentum, und deren vielfältige und subtile Variationen.[1]

Diesen Schöpfungsmythen ist trotz ihrer Unterschiede gemeinsam, dass die durch göttliche Eingriffe ins Universum geschaffene Ordnung gut ist und zu ihrer Aufrechterhaltung Autorität erforderlich ist. Mesoamerikanische und andere Mythen heben zwar auch die Bedeutung von Ordnung und Autorität hervor, aber eine gute Ordnung entsteht hier, wenn göttliche Autorität das zerstört, was problematisch ist, und dann das wiederherstellt, was gut war.[2]

Damals, im jüdisch-christlichen Garten Eden, haben Adam und Eva durch ihre menschliche Schwäche und ihre Neugier die ursprüngliche Ordnung zerstört. Seitdem ist der Mensch auf ewig dazu verdammt, zu versuchen, Gottes »gute« Ordnung wiederherzustellen und Erlösung zu finden. Glücklicherweise hat Gott es zukünftigen Generationen ein wenig einfacher gemacht. Sie erhielten Verhaltenskodizes, die als Regeln verschriftlicht wurden: Gehorcht nur mir. Tötet nicht. Stehlt nicht. Und so weiter. Diese Regeln erfüllen in Gesellschaften und Gemeinschaften auf der ganzen Welt bis heute wichtige Funktionen. Das Problem

1. WAS WIR VON GESETZEN LERNEN KÖNNEN

könnte jedoch darin liegen, dass sie der Ursprung der modernen säkularen Gesetze und letztlich die Basis von Verfassungen sind. Dem Menschen wurde vorgeschrieben, wie er sich zu verhalten hatte und was gutes und richtiges Handeln war. So war der erste säkulare Trugschluss geboren: Die Natur benötigt Autorität, damit eine gute Ordnung existieren kann.

Die vielen Regeln schienen notwendig zu sein, besonders als Familien größer wurden und Stämme zu Gemeinschaften wurden, die verstärkt miteinander in Kontakt traten. Regeln waren ein guter Ausgangspunkt, um eine stabile Ordnung zu erzeugen und ständige Konflikte und Meinungsverschiedenheiten zu vermeiden, die in der Natur des Menschen liegen. Regeln stellten auch den Beginn einer auferlegten und berechenbaren Ordnung dar und nicht einer, die von selbst entstanden war. Die Tatsache, dass es sich jedoch nicht um Leitlinien handelte, sondern um feste Regeln, die von einer Autorität erlassen wurden, legte ironischerweise nahe, dass es die wahre Natur des Menschen war, zu stehlen, zu töten und sich wie ein Barbar zu verhalten. Regeln geboten dem vermeintlichen Chaos der Natur Einhalt. So war der zweite säkulare Trugschluss geboren: Das Gute an dieser guten Ordnung ist, dass sie von einer Autorität auferlegt wurde und *beständig* ist.

Ab einem bestimmten Punkt in der Geschichte wuchs die Bevölkerung viel schneller als die Ressourcen, die ihr zur Verfügung standen. Jetzt wurde etwas Größeres und Besseres benötigt – etwas, das die entstehenden Gesellschaften schützte, ihnen Berechenbarkeit und somit Stabilität verlieh. Unter den Mitgliedern einer Gruppe musste der Zusammenhalt gestärkt und gleichzeitig Außenseitern der Zugang zur Gruppe verwehrt werden. Regelbrüche, die die stabile Ordnung bedrohen, mussten geahndet werden. Und dazu brauchte es das Recht.

In seiner elementarsten Form kann das Recht einfach als Regel, Kodex oder sonstiges formelles System definiert werden, das von einer Institution durchgesetzt wird. Rechtshistoriker glauben, dass dieses Rechtsverständnis mit der Entstehung der Zivilisation einherging – als sich beispielsweise im 3. Jahrtausend vor Christus im alten Ägypten komplexe Gesellschaften herausbildeten.[3] Rechtsanthropologen haben eine ähnliche Auffassung vom Recht, beschränken es aber nicht auf einen Kodex oder ein formelles System. Ihrer Meinung nach hat es seinen Ursprung in fast allen sozialen Gruppen, die im Lauf der Geschichte entstanden sind und Regeln und Konsequenzen nutzten, um für soziale Harmonie zu sorgen.[4] Und einige, aber nicht alle Rechtsphilosophen unterscheiden zwischen Gesetzen und Grundsätzen. Letztgenannte sind Normen, deren Einhaltung erwartet wird, weil die Gerechtigkeit, die Fairness oder die Moral es gebietet. Je nach Situation sind sie mehr oder weniger wichtig. Gesetze sind hingegen entweder gültig oder nicht.[5]

Das moderne Recht der heutigen sozialen Demokratien besteht vereinfacht gesagt aus vom Menschen festgelegten Regeln, die an eine Autorität gebunden sind. Diese ist zur Bestrafung von Verstößen ermächtigt.[6] Es funktioniert mittels Belohnung (Teilhabe an der Gemeinschaft, Genuss der Vorteile durch Mitgliedschaft) und Bestrafung (Ausschluss aus der Gemeinschaft, in einigen Fällen Gefängnis oder Tod). Das Gesetz und die Strafverfolgungsbehörden wurden im Lauf der Zeit zur Basis der Ordnung, die eine Gesellschaft benötigt: eine stabile, berechenbare und von oben kontrollierbare. Auch heute noch halten wir an dieser Ordnung unhinterfragt fest: in Gruppen zu leben und von einer hierarchischen Autorität regiert zu werden; gemeinsam einen künstlich festgelegten physischen Raum aufrechtzuerhalten – den Nationalstaat.

Vielfältige Lebensbereiche werden durch spezifische Gesetze reguliert, wie etwa das Familienrecht, das Strafrecht, das Steuerrecht, das Umweltrecht und das Wasserrecht. Gerade entsteht sogar ein neues Rechtsgebiet, das Weltraumrecht, da das Interesse an Planeten jenseits der Erde stetig zunimmt. Ein weiteres neues Rechtsgebiet ist das Tierrecht, da immer mehr Menschen der Ansicht sind, dass Tiere das Recht haben, mit dem gleichen Respekt behandelt zu werden, den Menschen für sich selbst fordern.

Die meisten dieser Gesetze können geändert werden, und das geschieht im Lauf der Zeit auch. Sie werden oft von lokalen Instanzen erlassen, von den Regierenden im Auftrag der Regierten. Lokale Gesetze für die Menschen vor Ort.

Die höchste Form des Rechts, diesen vom Menschen festgelegten Regeln, ist eine Verfassung. Sie besteht aus einer Reihe von Prinzipien, die einem Volk eine Regierungsstruktur vorgeben und den Rahmen dafür festlegen, wie und zu welchen Zwecken die Gemeinschaftsmitglieder miteinander interagieren sollen. Dieses höhere Gesetz soll andere Gesetze überdauern, deshalb existieren große Hürden dafür, es zu ändern, nachdem es einmal verabschiedet wurde. Es wird auch nicht von lokalen Räten oder Parlamenten erlassen,

TEIL I: DAS PROBLEM

sondern von einer außerordentlichen politischen Instanz auf nationaler Ebene. Folglich steht es über allen anderen Gesetzen. Es bietet für alle innerhalb der Grenzen des Nationalstaats lebenden Gruppen und Gemeinschaften einen Rahmen, an dem die anderen Gesetze des Nationalstaats gemessen werden können und dem sie entsprechen müssen. Die Verfassung ist das Fundament und das Dach – das gesamte Haus –, in dem alle Mitglieder des Nationalstaats – die Bürger – und die Regierung des Nationalstaats koexistieren und in dem alle anderen Gesetze und Regeln wirken. Bisweilen wird es auch als ein Vertrag zwischen den Regierten und der Regierung verstanden – zwischen denen, die mittels Wahlen Machtpositionen zugeteilt bekommen, um die Hausgemeinschaft zu führen, und dem Rest der Bevölkerung, den Bürgern, die darin leben. Der Verfassungsvertrag legt für beide Seiten fest, was erlaubt ist und was nicht und welchen Pflichten beide Seiten unterliegen; er bildet ein Dach aus Rechten über den Köpfen der Bürger; er bestimmt die Richtlinien dafür, wie Grenzen festgelegt werden; er gibt die Werte vor, die in einem Staat gelten; er legt fest, wie politische Führer gewählt werden und wie sie ihres Amtes enthoben werden können, wenn sie ihrer Aufgabe nicht gerecht werden. Es gibt kein besseres Instrument, um in einer Demokratie Ordnung zu schaffen, und jedes demokratische Land der Welt verfügt über einen solchen Vertrag, sei es in Form eines kodifizierten, ratifizierten Dokuments oder in anderer Form. Diese stabile Rechtsstruktur besitzt im gesamten Staatsterritorium Gültigkeit, und Grundrechte und Pflichten werden durch sie garantiert. Hierin liegt der dritte säkulare Trugschluss: Verfassungen sind der Grundstein einer gerechten Ordnung – und der Schutz der Verfassung stellt sicher, dass Gerechtigkeit herrscht.

Die frühesten Formen von Verfassungen, die Proto-Verfassungen, entstanden in der Antike, als die Menschen versuchten, friedliche und in sich geschlossene Gemeinschaften zu gründen. Für diese mussten Formen der Regierung und Autorität gefunden werden, und sie mussten vor Bedrohungen von außen geschützt werden.[7]

Athen war eine der Städte, in denen das geschah. Aristoteles hatte dort als einer der ersten Menschen die Vision einer Verfassung als höherem Gesetz, das die Basis einer stabilen politischen Ordnung bilden und nicht leichtfertig zu ändern sein sollte. Er führte der Menschheit vor Augen, dass eine Verfassung eine Blaupause für das Leben als Mitglied einer Gemeinschaft – wie beispielsweise eines Stadtstaats – sein könnte. Damals bestand diese Blaupause aus den Gesetzen, die festlegten, wer ein freier Mann und ein Bürger war und wer ein Sklave. Schon in ihrer Entstehungsphase war also ein wichtiger Zweck der Verfassung, die Regeln für eine gerechte Ordnung – für Gerechtigkeit – zu bestimmen. Rom war ein weiterer Ort, an dem die Vorstellung von einem höheren Gesetz Gestalt annahm. Es gab deutliche Unterschiede darin, wie diese beiden Zentren der Antike das konzipierten und praktizierten, was heute als Konstitutionalismus bezeichnet wird, aber an beiden Orten wurde die Notwendigkeit eines übergeordneten Regelwerks gesehen.

In vielen anderen Teilen der Welt, von Mesopotamien über Indien bis Asien, wurden ähnliche Proto-Verfassungen implementiert. Und in England wurde bekanntlich König

TEIL I: DAS PROBLEM

Johann im Jahr 1215 dazu gebracht, die englische Version einer Proto-Verfassung – die Magna Carta – zu unterzeichnen. Darin wurde eine gerechte Ordnung festgelegt, die Könige von nun an davon abhielt, Individuen ohne ein ordentliches Gerichtsverfahren aus der Gemeinschaft auszuschließen. In einer solchen berechenbaren, nicht willkürlichen Ordnung wurde einer zentralen Autorität die Verantwortung für ein friedliches Zusammenleben übertragen und den Mitgliedern vermittelt, was richtig und was falsch war.

Dieser besondere Moment wird als Sternstunde in der Entstehungsgeschichte von Verfassungen, aber auch von gewöhnlichen Regeln und Gesetzen gefeiert, denn es ist ein Wendepunkt, der die moderne Freiheit definiert hat.[8] Der Leviathan war nun in Form einer starken und vereinigten Zentralregierung erschienen, die durch einen Herrschaftsvertrag legitimiert wurde. Die Menschheit hatte, wenn auch unter Schmerz und Leid und in einem brutalen Krieg aller gegen alle, endlich ein höheres Gesetz, eine einfache Verfassung geschaffen, die ihr eine dauerhafte Struktur und eine gesunde, stabile Ordnung gab. Und dieser Trend setzte sich fort: In den folgenden Jahrhunderten wurden zu verschiedensten Zeitpunkten Verfassungen ausgearbeitet. In Ländern wie Frankreich, den Niederlanden, den Vereinigten Staaten, Polen, Haiti und Bayern wurden Dokumente ausgearbeitet, die als Varianten eines höheren Gesetzes angesehen werden können. Anfang bis Mitte des 19. Jahrhunderts entstanden die ersten kodifizierten Dokumente in Westeuropa, Nordamerika, Lateinamerika und der Karibik, Anfang des 20. Jahrhunderts im Mittleren Osten, in Nordafrika und Osteuropa und einige Jahrzehnte später auch in Asien und im subsaharischen Afrika.[9]

Gab es aber auch konkurrierende Ideen, die die Menschheit in eine andere Richtung hätten führen können?

Die gab es in der Tat. Der römische Jurist und Staatsmann Marcus Tullius Cicero verfolgte einen Ansatz, der auf subtile Weise grundlegend anders war. Er glaubte an Autorität und Regeln, aber nur als Ergänzungen zur »Gesinnung«, der er entscheidende Bedeutung beimaß. Cicero setzte sich also tatsächlich mit den Auswirkungen einer negativen Geisteshaltung auseinander. In seinem Buch *De officiis* gab er jungen Römern Ratschläge und setzte sie über ihre »Pflichten« in Kenntnis. Dabei ermutigte er bestimmtes Verhalten nicht nur, indem er sich auf Regeln berief, sondern beschwor vielfach auch das Ideal des Kollektivs, der menschlichen Gemeinschaft. Cicero forderte wortgewaltig vieles, was seither in Vergessenheit geraten ist. So betont er im dritten Buch dieses großen Werks: »Also muß das Eine als allgemein gültiger Grundsatz gelten, daß der Nutzen jedes Einzelnen und der ganzen Menschheit ein und dasselbe ist. […]. Wer ferner sagt, auf seine Mitbürger müsse man Rücksicht nehmen, auf die Auswärtigen aber nicht; der trennt die gemeinsame Gesellschaft des Menschengeschlechtes. Ist aber diese aufgehoben, so werden auch die Wohlthätigkeit, die Freigebigkeit, die Güte, die Gerechtigkeit von Grund aus aufgehoben.«[10]

»Gemeinschaft« und »Gerechtigkeit« sind hier keine bloßen Phrasen. Das römische Recht zog vielfach solche Ideen und Werte heran, die ein ungeteiltes Gemeinschaftsgefühl über die eigene Gruppe hinaus fördern sollten. In heutigen Gesetzen wird dagegen die Autonomie des Individuums hervorgehoben, die sogar das Fundament mancher Verfassungen bildet.

Reinhard Zimmermann, ein bedeutender Experte für römisches Recht, brachte es in seiner Abhandlung über das antike Rom auf den Punkt: »Der Individualismus wurde nie zum obersten Prinzip erklärt. *Fides, amicitia, pietas, humanitas* und *officium* wurden an vielen Stellen genannt: Sie bildeten ein Wertesystem und eine bestimmte Sozialethik, die das Verhalten des römischen Bürgers (aus der Oberschicht) bestimmten. Individualismus war nicht sein gesellschaftliches Ideal; im Gegenteil: Er fühlte sich dazu verpflichtet, seinen Freunden zu helfen [...]. All das war Teil des *officium amici*, und es spielte keine Rolle, ob diese Hilfe ausdrücklich erbeten wurde oder nicht.«[11]

Das ist ein beträchtlicher Unterschied zur heute in den USA vorherrschenden Auffassung der bürgerlichen Pflichten, die lebhaft in einer Folge der Sitcom *Seinfeld* parodiert wird.[12] Jerry Seinfeld und seine Freunde befinden sich in einem städtischen Randbezirk, und vor ihren Augen ereignet sich ein Raubüberfall. Sie scherzen und lachen darüber, weswegen sie von einem Polizisten wegen krimineller Gleichgültigkeit verhaftet werden. Geschockt und verwirrt kontaktieren sie einen Anwalt, der ihnen versichert, dass der Polizist im Unrecht sei: In den USA »muss man niemandem helfen. Das macht dieses Land im Kern aus.« Später beteuert dieser Anwalt (gespielt von dem brillanten Phil Morris) vor Gericht ihre Unschuld. »Unbeteiligte Dritte sind per Definition unschuldig!«, behauptet er eindringlich. »Aber nein, sie [die Polizei] wollen die Natur verändern, sie wollen ein ganz neues Tier erschaffen. Den schuldigen

1. WAS WIR VON GESETZEN LERNEN KÖNNEN

Unbeteiligten!« In der Tat beabsichtigten einige Römer genau das.

Der Ansatz für eine andere Entwicklungsrichtung existierte also definitiv – für ein Recht, das tief im Gemeinschaftsgefühl und in der Menschlichkeit generell verwurzelt war und beides förderte. Schließlich wurde diese humanistische Konzeption des Gemeinwohls, mit der eine Art Bürgertugend vermittelt werden sollte, in vielerlei Hinsicht jedoch verdrängt und bisweilen sogar verspottet. An ihre Stelle traten die Vorstellung und Praxis des Individualismus und die damit verbundene Übertragung von Verantwortung an einen mächtigen Staat, der einen Polizei- und Militärapparat aufbaute.

In der als Frühe Neuzeit bezeichneten Geschichtsepoche – nach dem Ende des Mittelalters und vor der industriellen Revolution – brachen in Europa immer wieder Kriege zwischen verschiedenen Gruppierungen aus. Der Kontinent war noch damit beschäftigt, seine Völker zu definieren und ihre Landesgrenzen festzulegen. Im selben Zeitraum, vom Ende des 15. bis zum Ende des 18. Jahrhunderts, verbreiteten sich revolutionäre Ideen auf dem Kontinent. Das Begehren nach Freiheit und Gleichheit war geweckt worden und neue Regierungsformen wurden angestrebt. Die Machtposition derer, die bisher aufgrund ihrer Oberschichts- bzw. Familienzugehörigkeit oder ihrer Verbindungen zur Kirche Privilegien genossen hatten, wurde angefochten. Dadurch rückten auch die horizontalen Beziehungen des Individuums zu seinen Mitbürgern stärker in den Blick. Gleichzeitig gewannen – unter anderem bedingt durch den Aufstieg Napoleons in Frankreich und seine Eroberung Italiens –

hierarchische Staatsformen an Popularität. Viele wünschten sich eine zentralisierte und starke Autorität, die regierte und die verschiedenen Völker eines Landes vereinigte. Die Völker des damaligen Europas begannen, den Reiz und die Vorzüge einer einvernehmlicheren Art der Herrschaft zu erkennen, die zwar demokratische Züge aufwies, aber insbesondere den Gemeinschaftssinn förderte. Bürger vertrauten nun ihr hart verdientes Geld Staatenerbauern an, die Straßen anlegten, Schulen errichteten und Armeen aufstellten – Dinge, die eine Gemeinschaft zusammenschweißten und vor Bedrohungen von außen schützten. Die Bevölkerung nahm diese Entwicklung hin, weil sie Sicherheit und Fortschritt versprach. In vielerlei Hinsicht traf das auch zu. Es *war* Entwicklung. Das Problem war aber, dass sie auch hingenommen wurde, weil es praktisch war. Es hätte großer Anstrengungen bedurft, sich zusammenzutun und selbst die Dinge in die Hand zu nehmen.

Einige waren besorgt darüber, dass der Staatsmacht und dem Gesetz die gesamte Verantwortung für die Gesellschaft übertragen wurde, darunter der französische Philosoph und Politiker Pierre-Joseph Proudhon, der im 19. Jahrhundert Gesetzen und der durch sie festgeschriebenen Ordnung gegenüber großes Misstrauen äußerte. Proudhon plädierte für eine Gesellschaft, deren Existenz keiner durch eine Staatsmacht auferlegten Beschränkungen bedurfte. Er warnte: »Regiert zu werden bedeutet, beobachtet, inspiziert, bespitzelt, dirigiert und Gesetzen unterworfen zu werden [...].«[13] Als Politiker war ihm die Funktionsweise des Staatsapparats vertraut, und er erhoffte sich für die Welt etwas Besseres als das, was er in seinem Beruf aus erster

Hand mitbekam. Heute gilt er als einer der ersten Vertreter der modernen Anarchie.

Auch einige Ökonomen der Schottischen Aufklärung und ihre Anhänger, wie Michael Polanyi, waren besorgt über die zunehmende Überregulierung des alltäglichen Lebens in diesem modernen Staat. Sie argumentierten, dass spontane Kooperation – auch wenn sie durch Eigennutz motiviert war – der beste Wegbereiter für eine florierende Gesellschaft sei.[14] Polanyi war der Ansicht, dass eine starke Staatsmacht zwar in der Lage sei, für Ordnung zu sorgen, diese Ordnung jedoch die gesellschaftliche Dynamik lähme. Deshalb mahnte er, dass jegliche staatliche Autorität, die von einem willkürlich bestimmten Zentrum aus eine Ordnung diktiere, die Entstehung einer spontanen – und seiner Meinung nach einzig guten – Ordnung verhindere.

Der chinesische Philosoph Zhuangzi propagierte womöglich als Erster die spontane Kooperation anstelle einer zentralen Staatsmacht.[15] Der Vater des Taoismus träumte im 4. Jahrhundert vor Christus von einer Ordnung, die sich stetig weiterentwickelte. Er trat ein für eine fortwährende spontane Auseinandersetzung mit dem Leben, anstatt es sorgfältig zu planen. In diesem Sinne musste nicht nur die Möglichkeit verteidigt werden, dass Menschen und Dinge sich selbst überlassen werden konnten, um eigene Methoden und Wege zu finden – es war vielmehr eine Notwendigkeit. Schon früh in der Menschheitsgeschichte wurde also zu einer weniger ordentlichen Ordnung aufgerufen.

Diese Theoretiker unterlagen natürlich ihren eigenen Beschränkungen und entwickelten ihre Gedanken in Zeiten, die sich stark von der heutigen unterscheiden, aber der Kern ihrer Gedanken und Sorgen ist heute nach wie vor von großer Bedeutung. Die Bedenken, die sie äußerten, und die Alternativen, die sie aufzeigten, wurden von der Auffassung verdrängt, dass Ordnung mit Stabilität gleichzusetzen ist, was sich in Gesetzen, Regeln und schließlich Verfassungen niederschlug – die in Schöpfungsmythen verwurzelt waren, auf Hierarchie und zentralisierter Macht basierten und keinerlei Flexibilität oder Spontaneität erlaubten.

Rückblickend betrachtet, offenbaren sich in den vergangenen Jahrhunderten der Verfassungsgebung zwei unterschiedliche Muster, nach denen Verfassungen ausgearbeitet wurden und ihnen mit »Hoffnungen« oder Idealen Leben eingehaucht wurde. In manchen Verfassungen ähnelt das zugrunde liegende Ideal dem »Leben, Freiheit und Streben nach Glück« der US-amerikanischen Unabhängigkeitserklärung. Am deutlichsten zeigt sich das in der US-amerikanischen Verfassung, deren Fokus ganz auf das Individuum gerichtet ist.[16] In anderen Verfassungen, besonders in denen, die nach dem Zweiten Weltkrieg ausgearbeitet wurden, ist das zugrunde liegende Ideal ein ganz anderes: die Würde des Menschen. Das ist ein wichtiger Unterschied, weil die in diesen Verfassungen zum Ausdruck gebrachten »Hoffnungen« – das Fundament dieser konstitutionellen Demokratien – unterschiedliche Grundprinzipien für die Ausgestaltung und die Architektur von Rechten mit sich brachten. Die erste Reihe von Prinzipien, die als franko-amerikanisches Muster bezeichnet werden kann, sieht Leben, Freiheit und Streben nach Glück als die fundamentalen revolutionären und republikanischen »Hoffnungen« an. Sie fungierten als Leitfaden für den Aufbau der Gewaltenteilung und die Beschaffenheit und das Ausmaß der Volkssouveränität. Diese Struktur unterscheidet sich deutlich von der deutschen Nachkriegsverfassung, die auch als Vorlage für die südafrikanische und einige der neueren osteuropäischen Verfassungen diente. Die Würde des Menschen wird darin zum obersten Prinzip erhoben. Sie ist das höchste Gut dieses ranghöchsten Gesetzes und wird durch mächtige Verfassungsgerichte geschützt.

Die Frage lautet: Wurden jenseits der schriftlich festgehaltenen Ideale tatsächlich das Leben, die Freiheit und das Streben nach Glück verwirklicht? Ist die Würde des Menschen nun besser geschützt? Haben diese beiden unterschiedlichen Ideale geholfen, die »Hoffnungen«, die den Verfassungen zugrunde liegen, wahr werden zu lassen? Selbstverständlich wurden große Fortschritte hinsichtlich des Lebens, der Freiheit und der Würde erzielt. Die Willkürherrschaft wurde eingedämmt, Religions- und Meinungsfreiheit wurden formell garantiert. Die heutigen Gesellschaften mögen zwar alles andere als perfekt sein, aber man kann argumentieren, dass in Verfassungen ambitionierte Hoffnungen zum Ausdruck gebracht werden. In der unvollkommenen Welt des Menschen können sie nie vollständig realisiert werden, aber sie erfüllen ihren Zweck, indem sie sicherstellen, dass Anstrengungen unternommen werden, um diesen Idealen so nahe wie möglich zu kommen.[17]

Meiner Meinung nach gingen die bisherigen Fortschritte jedoch nicht weit genug, und sie sind auch nicht unbedingt den Verfassungen zu verdanken. Außerdem haben diese Dokumente wenig dazu beigetragen, die Menschen zu besseren Bürgern zu machen.

TEIL I: DAS PROBLEM

Die letzten Seiten mögen nur eine flüchtige Abhandlung der Verfassungsgeschichte gewesen sein, aber, möchte ich versichern, eine ziemlich exakte. Das Ziel war nicht, die Geschichte des globalen Rechts und Verfassungsdenkens minutiös und in allen Kausalzusammenhängen zu schildern. Es ist vielmehr mein Anliegen, eine »übergeordnete Erzählung« aufzuspannen, wie es der Soziologe Charles Tilly genannt hätte – eine Erzählung, die zwar die Geschichte vollständig und sachgemäß darstellt, jedoch bestimmte Sachverhalte verständlich machen soll, ohne alle Mechanismen und Prozesse detailliert zu beschreiben.[18] Das zentrale Argument dieses Buchs ist, dass die säkularen Trugschlüsse, auf denen unsere Gesetze basieren, uns glauben lassen, dass eine Hierarchie von Gesetzen und das Vertrauen in Herrschaft für eine stabile gesellschaftliche Ordnung unerlässlich sind. Die folgenden Kapitel sollen jedoch zeigen, dass das fälschliche Vertrauen in die säkularen Trugschlüsse unsere Fähigkeit verkümmern ließ, zu einer funktionierenden Demokratie beizutragen. Um zu verstehen, warum das so ist, muss man sich vor Augen halten, dass das Recht ein künstliches Konstrukt ist, ein bloßer Parameter, der die Grenzen akzeptablen Verhaltens absteckt. Eine Verfassung ist die höchste Form des Rechts und damit die höchste Form dieses Artefakts. Sie ist ein Regelwerk, das eine Ordnung in einem Staat festlegt und die Interaktionen aller Bürger lenkt. Sie bestimmt (direkt oder indirekt durch Auslegung), ob Homosexuelle in ihrer eigenen Wohnung legal Geschlechtsverkehr haben können, ob sie heiraten und den finanziellen Schutz des Staats genießen können. Ob wir Waffen besitzen dürfen. Ob wir jemandem helfen dürfen, sein Leben zu be-

1. WAS WIR VON GESETZEN LERNEN KÖNNEN

enden, wenn er unter unerträglichen Schmerzen leidet. Ob eine Frau das Recht hat, einen Fötus abzutreiben. Verfassungen legen all das fest. Oder versuchen es zumindest. Manchmal tun sie es nicht. Oft, wie ich ausführen werde, sind sie zu vage formuliert.

Gesetze kommen normalerweise zustande, indem von der Legislative oder anderen Bereichen der Regierung Gesetzesvorschläge eingebracht werden. Auch Interessengruppen und sogar Einzelpersonen sind dazu berechtigt. Im besten Fall erörtern die Regierung und beteiligte Gruppen Entwürfe des Vorschlags. Wenn er erfolgreich genug ist, wird ein Gesetzesentwurf ausgearbeitet, über den das Parlament debattiert. Außerdem werden Personen mit einschlägigem Fachwissen gebeten, zu den Vorzügen und Nachteilen des vorgeschlagenen Gesetzes Stellung zu nehmen. Wenn der Vorschlag all diese Hürden gemeistert hat, stimmen schließlich die Legislative und die zweite Kammer (sofern eine solche existiert) darüber ab. Ein Gesetz kann aber auch durch eine Volksabstimmung oder eine Kombination beider Möglichkeiten verabschiedet werden. Das endgültige Gesetz hat idealerweise viele Schritte durchlaufen und die Anregungen vieler Gremien einbezogen, auch mit Beteiligung zivilgesellschaftlicher Organisationen und betroffener Bürger. Je mehr Instanzen zur Abstimmung über das Gesetz berechtigt sind, desto mehr »Vetopunkte« gibt es, an denen das vorgeschlagene Gesetz geändert, abgelehnt oder durch einen Gegenvorschlag ersetzt werden kann. Wie die Politikwissenschaftlerin Ellen Immergut sagte: »Es lässt sich prognostizieren, wo solche ›Vetopunkte‹ vermutlich auftreten werden, indem man sich vorstellt, dass politische Systeme aus zusammenhängenden Arenen bestehen, und sodann die in jeder Arena geltenden Regeln der Repräsentation untersucht.«[19] Vor Jahrzehnten sendete der Fernsehsender ABC in den USA Zeichentrickfilme, die Kindern Wissen vermitteln sollten. Immerguts Zitat erklärt vielleicht, warum Exekutive, Legislative und Judikative der US-Regierung und deren Rolle im Gesetzgebungsprozess darin als »Zirkus mit drei Manegen« bezeichnet wurden.[20] Auch das Zitat, das unter anderem Mark Twain und Otto von Bismarck zugeschrieben wird, ist vielsagend: »Gesetze sind wie Würste, man sollte besser nicht dabei sein, wenn sie gemacht werden.«[21] Das ist die Realität der Gesetzgebung, auch wenn sie demokratisch abläuft.

Also was nun? Wenn es stimmt, dass der Gesetzgebungsprozess chaotisch und in gewissem Sinn – wenn es gut läuft – unvorhersehbar ist, das ranghöchste Gesetz höchstens als vage bezeichnet werden kann und viel Spielraum für Interpretation zulässt – welchen Anker haben dann Demokratien und Gesellschaften? Sollen Bürger einfach die defekten Demokratien, die gescheiterten politischen Programme und scheinbar führungslosen Gesellschaften akzeptieren und sich weiterhin bemühen, bessere Regeln aufzustellen? Verschreiben wir uns der Anarchie? Es wird oft gesagt, dass Demokratie nur die am wenigsten schlechte Staatsform und immer noch weit besser als die Pöbelherrschaft sei. Aber reicht das? Oder ist nicht die Zeit gekommen, etwas Neues auszuprobieren, das radikal anders als diese beiden Extreme ist?

Eines späten Sommernachmittags stand ich in meiner damaligen Heimatstadt Oxford auf dem Spielplatz eines sozial durchmischten Stadtviertels und dachte über all das nach, während ich meinem Sohn dabei zusah, wie er gemeinsam mit anderen Kindern verschiedenster ethnischer und sozioökonomischer Herkunft eine Wasserpumpe reparierte. Keines der Kinder – und auch kein Erwachsener – bestimmte über die anderen und sagte ihnen, was zu tun war. Ketzerische Gedanken über Gehorsam und Demokratie keimten in mir auf. Plötzlich fragte ich mich, was geschehen wäre, wenn die Menschheit den Weg eingeschlagen hätte, für den Cicero, Zhuangzi und andere plädiert hatten. Was, wenn die Menschen sich zusammentaten, um Wasserpumpen zu reparieren, um gemeinsam Probleme zu lösen – spontan und ohne auf eine Obrigkeit zu warten? Was, wenn wir so lernen konnten, was es bedeutete, ein guter Bürger zu sein, ein engagierter Dritter?

Regeln und insbesondere Gesetze sind, wenn überhaupt, nur ein Ersatz für eine echte Ordnung: die spontane Art von Ordnung, die entsteht, wenn normale Menschen wie du und ich und die Frau neben uns im Bus Angelegenheiten, die uns alle betreffen, wichtig nehmen und uns bemühen, für alle Beteiligten zufriedenstellende Lösungen zu finden. Selbstständig, ohne eine Obrigkeit. Selbstverstärkendes Engagement und lokale Kooperation können nicht aufblühen, wenn Regeln und Gerichte die Arbeit für uns erledigen sollen. Weil sie das nicht können. *Wir* müssen selbst anpacken.

Die Lösungswege

2. Nicht blind den Anführern folgen

Im Jahr 2017 entstand eine virtuelle, dezentrale Bewegung auf der Basis von zwei einfachen Prinzipien: Empathie und Solidarität. Diese Bewegung schaffte es, einen der mächtigsten Sexualstraftäter Hollywoods zu Fall zu bringen: Harvey Weinstein. Der Hashtag #MeToo setzte einen Prozess in Gang, der Weinsteins Opfern auf gewisse Weise Gerechtigkeit widerfahren ließ. Tausende Menschen auf der ganzen Welt machten ihre schmerzhaften Missbrauchsgeschichten öffentlich und erwirkten damit eine neue Einstellung zu Einverständnis, Autorität und Macht. Die Welt wurde Zeuge des Schmetterlingseffekts: Kleine, lokale Veränderungen führten zu einem großen, globalen Wandel.[1] Und dieses Mal musste die Welt – ihre Bürger und ihre Regierungen – zuhören.

Eines der größten Probleme von Gesetzen und besonders von modernen Verfassungen ist, dass sie den Schwerpunkt auf eine zentralisierte, hierarchische Staatsführung legen. Das hemmt dezentrale, nichthierarchische Prozesse, die zur Entstehung von wichtigen sozialen Bewegungen wie #MeToo führen. Diese haben aber wesentliche Verbesserungen bei der Durchsetzung von Rechten erreicht und zu einem respektvolleren Umgang der Menschen miteinander beigetragen. Historisch betrachtet ist es sinnvoll, dass Gesetze auf

Hierarchie basieren, da Proto-Verfassungen wie die Magna Carta ausgearbeitet wurden, um absolute Herrschaft im Zaum zu halten und ihre Willkür einzudämmen. Die modernen Verfassungen und Wahlgesetze schreiben also vor, dass die Person zum Staatsoberhaupt wird, die die meisten Stimmen erhält – mit absoluter oder relativer Mehrheit oder was auch immer das Wahlgesetz vorsieht. Dieses Staatsoberhaupt – dessen Amtszeit oft begrenzt ist – mag die Wahl nur mit einem geringen, für die erforderliche Mehrheit notwendigen Stimmenvorsprung gewinnen. Trotzdem bestimmt dieser Mensch oder seine Partei über alle Mitglieder des Gemeinwesens, das oft aus vielen heterogenen kulturellen Gruppen besteht. Im Verfassungsrecht und in der Politikwissenschaft gibt es seit Langem eine wichtige Debatte über das Präsidentenamt, die Rolle des Premierministers und die relativen Vor- und Nachteile präsidialer und parlamentarischer Systeme. Insbesondere seit den gewalttätigen Ausschreitungen bei den jüngsten Präsidentschaftswahlen in den USA und Brasilien und auch wegen der zahlreichen Skandale, derer sich Parlamentarier des Vereinigten Königreichs und Deutschlands in den vergangenen Jahrzehnten schuldig machten, kommt verstärkt die Frage auf, ob die Magna Carta und ihre Weiterentwicklungen noch die Aufgabe erfüllen können, für die sie geschaffen wurden (wenn sie es überhaupt jemals konnten): die Kontrolle der Staatsoberhäupter und die Förderung einer verantwortungsvollen, ehrbaren Führungskultur, die die Loyalität des Volkes verdient.

In fast jedem demokratischen Land der Welt gibt es irgendwann einmal Fehlverhalten von Führungsfiguren: Korruption – wie in Österreich im Jahr 2021; Extremismus – wie in Italien im Jahr 2023; Unvermögen, mit politischen Gegnern konstruktiv und respektvoll umzugehen – wie in den USA am Ende der Regierungszeit Donald Trumps im Jahr 2021. Die Skandale reichen von Lügen bis zu Sexualverbrechen und der Veruntreuung von Geldern. In manchen Demokratien bedienen sich Politiker zudem fortwährend hetzerischer Rhetorik, um sich gegenseitig die Schuld an der Misere ihres Landes zuzuschieben, obwohl ihr Amt eigentlich gebieten würde, mit gutem Beispiel voranzugehen und Respekt und Kooperation vorzuleben.

Als ich mit meiner Beratertätigkeit begann und beispielsweise ehemaligen Präsidenten und Premierministern aus aller Welt im Club de Madrid die Vor- und Nachteile verschiedener Regierungssysteme erläuterte, vertrat ich wie andere auch die These, dass Präsidialsysteme aufgrund ihrer speziellen Regelstruktur besonders anfällig für Probleme sind.[2] Parlamentarische Verfassungen wie die deutsche oder die italienische sehen vor, dass das Regierungsoberhaupt die Unterstützung des Parlaments benötigt, um ins Amt zu gelangen und dort zu bleiben, um politische Maßnahmen zu ergreifen und zu regieren. Ein unbeliebter Premierminister kann abgewählt werden, wenn der Druck durch das Parlament groß genug ist und ein Misstrauensantrag eingebracht wird. Ich argumentierte, dass dadurch Premierministern der Anreiz gesetzt wurde, mit dem Parlament zu verhandeln und Kompromisse einzugehen, um ihr Amt nicht zu verlieren. Forschungsergebnisse zeigten auch, dass Verhandlungen und Kompromisse in parlamentarischen Systemen häufiger waren als in Präsidialsystemen. In Letztgenannten wird das Staatsoberhaupt direkt vom Volk gewählt, unabhängig von der Wahl der Legislative, die auch zu einem anderen Zeitpunkt stattfinden kann. Die Partei, die die Parlamentswahl gewinnt, hat also auf die Ernennung des Präsidenten keinen Einfluss, und deshalb gibt es von Anfang an weniger Anreize zur Kooperation.

Ich und andere Rechtsgelehrte, die diese Sichtweise vertraten, sahen damals diese spezielle *Ausgestaltung* von Regeln als problematisch an und nicht Regeln *an sich*. Das gilt vielleicht auch noch heute. Bestandteile des Präsidialsystems wie fixe Wahlperioden und getrennte Mandate für Exekutive und Legislative können zu festgefahrenen Verhandlungen und Spaltungen zwischen politischen Lagern führen. So steckt die Politik in einer Sackgasse fest, und wenn das jeweilige Land über eine Armee verfügt, die in der Vergangenheit in das politische Geschehen eingegriffen hat, kann es zu einem Staatsstreich kommen oder – wie 2021 in den USA oder 2023 in Brasilien – zu einem Aufstand. Die Wahrscheinlichkeit, dass das geschieht, ist in einem parlamentarischen System geringer. Aber ist eine parlamentarische Verfassung wirklich besser? Das Vereinigte Königreich beispielsweise ist eine parlamentarische Demokratie mit einer unkodifizierten Verfassung – einer Verfassung, die nicht aus einem einzelnen Dokument besteht, sondern aus einer umfangreichen Sammlung relevanter Statuten, die bis zu 800 Jahre alt sind. Verfechter des parlamentarischen Systems argumentieren, dass es trotz der vielen Herausforderungen der Nachkriegszeit nie einen Staatsstreich oder einen Aufstand wie in Amerika gab, da ein unpopulärer Premierminister einfach die Unterstützung des Parlaments verliert und keine andere

Wahl hat, als sich um die Unterstützung anderer Parteien zu bemühen oder ohne Gewaltanwendung zurückzutreten. Das mag sein. Aber nur, weil nie Gewalt ausgebrochen ist, heißt das nicht, dass das Vereinigte Königreich besonders demokratisch ist, es gut regiert wird oder die politische Führung breite Legitimität genießt. Man muss sich nur das Verhalten von Boris Johnson während der Coronapandemie vor Augen halten, die »Partygate«-Affäre, die sexuellen Übergriffe, die sein Minister während des Lockdowns verübte, das Verhalten der Polizeikräfte und anderer Institutionen während dieses Zeitraums, und dann die rasche Aufeinanderfolge neuer Premierminister, nachdem er schließlich widerwillig zurücktrat. An den Märkten herrschte Chaos; seine Nachfolgerin konnte sich nur einige Wochen an der Macht halten, bevor Johnson und andere Konservative ihre Hüte wieder in den bitter umkämpften Ring warfen. Ist das gut genug? Die britische Politik mag damals zwar noch ein besseres Bild abgegeben haben als das US-Kapitol, aber dennoch waren viele Menschen Misshandlungen durch die Polizei ausgesetzt oder starben an Covid. Beweist das also, dass parlamentarische Systeme besser sind als die Präsidialsysteme auf der anderen Seite des Atlantiks, die zu gewalttätigen Machtkämpfen führen? Geht es nicht noch besser?

Gesetze werden in dem Vertrauen darauf befolgt, dass sie zum gewünschten Ergebnis führen werden. Dabei wird aber vergessen zu hinterfragen, ob die durch politische Prozesse an die Macht gekommenen Verantwortlichen überhaupt die Loyalität des Volkes verdienen – auch wenn alle Regeln befolgt wurden; oder ob der Prozess und alle Regeln – ähnlich wie ein unausgereifter Algorithmus, der Werbung für Produkte zeigt, die man nicht kaufen will – am Ende nur zu einem verhängnisvollen Fehlgriff geführt haben.

Was ist die Alternative zu hierarchischen Machtstrukturen in einer Demokratie und zu den Wahlgesetzen, mit denen die Machtpositionen besetzt werden? Spontane, horizontale, nichthierarchische Eigenverantwortlichkeit. In den vergangenen Jahren gab es viele Beispiele für gute demokratische Organisation: Während der Pandemie von 2019 bis 2021 entstand eine spontane, nichthierarchische Ordnung, die zu einer Zeit in der echten Welt funktionierte, in der Regierungen ihre Bürger im Stich ließen; in der in einer der wichtigsten Demokratien der Welt ein abgewählter Präsident mutmaßlich einen Aufstand anzettelte. In diesen Beispielen zeigte sich weitgehend eine entstehende konstruktive Ordnung. Als in den vergangenen Jahren viele Regierungen und Staatsstrukturen schmerzlich versagten, warteten die Menschen nicht erst auf Anweisungen der Obrigkeit, sondern wurden schnell und effektiv selbstständig tätig; auf lokaler Ebene, aber auf der ganzen Welt in ähnlicher Weise. Sowohl die sozialen Bewegungen, die auf die Occupy-Bewegung folgten, als auch die als Reaktion auf die Pandemie entstandenen Mutual-Aid-Netzwerke (Organisationen der gegenseitigen Hilfe) zeigten, dass Menschen Gerechtigkeit anstreben können und werden – außerhalb von Regierungsstrukturen oder gar ihnen zum Trotz. Menschen werden also unter den richtigen Bedingungen die richtige Ordnung etablieren. Die über die sozialen Medien verbreiteten spontanen Protestaktionen von Black Lives Matter ermutigten eine junge Generation von Aktivisten, gemeinsam für ihre Rechte zu kämpfen. Mutual-Aid-Netzwerke lieferten in der Coronazeit Nahrungsmittel und Medikamente an Menschen in Quarantäne, während in Regierungen immer noch über die Wirksamkeit von Gesichtsmasken gestritten wurde. Beide Beispiele zeigen, dass die Charakterstärke der Menschen ausreicht, um ohne eine feste Ordnung zu leben; dass es nicht nötig ist, Anführern blindlings zu folgen; und dass ein gutes Zusammenleben so möglich ist (zumindest ist es nicht schlechter, als wenn alle Verantwortung an eine Regierung abgegeben wird).

In der Stadt Grenoble am Rand der französischen Alpen tat sich vor einigen Jahren eine Gruppe fremder Menschen zusammen, um zwei junge Brüder aus einer brennenden Wohnung in dem Viertel Villeneuve zu retten. Die Jungen, drei und zehn Jahre alt, waren in 15 Metern Höhe gefangen. Sieben Männer, die aus ehemaligen französischen Kolonien nach Frankreich eingewandert waren, hatten Schreie gehört und liefen zu dem Wohnblock. Sie kannten einander nicht, aber ohne zu zögern wurden sie aktiv. Sie verschränkten ihre Arme und riefen den Jungen zu, sie sollten springen. Die meisten dieser Männer erlitten durch die Rettungsaktion Verletzungen und mussten operiert werden. Sie brachen sich Arme, Finger und sogar Schultern. Die Jungen überlebten jedoch unbeschadet. Daraufhin gab es im Rathaus eine Dankesveranstaltung für die Männer, bei der ihre Selbstlosigkeit gewürdigt wurde. Nur sechs der sieben erhielten Auszeichnungen. Der siebte Mann war ein illegaler Einwanderer, der nach der Rettungsaktion schnell die Flucht ergriff. Er hatte nicht nur Knochenbrüche, sondern auch seine Freiheit riskiert, um den Jungen zu helfen. Danach musste er sich vor der Polizei verstecken.[3]

TEIL II: DIE LÖSUNGSWEGE

Das mag nur ein kleines Beispiel am Rande sein, aber in ihm kommen derselbe Altruismus und dieselbe Tatkraft zum Vorschein, die auch die Nachbarschaftshilfe während des Hurrikans Katrina im Jahr 2005 beflügelten oder die Einwohner Kaliforniens nach dem Erdbeben in San Francisco im Jahr 1906. Oder die Protestwelle, die in einem der letzten grünen Flecken Istanbuls ihren Ursprung nahm, weil die Stadt immer weiter zugebaut wurde. Im Jahr 2013 plante die türkische Regierung, im Gezi-Park ein Einkaufszentrum zu errichten, was auf Widerstand der Zivilgesellschaft stieß. Die Proteste der sogenannten Gezi-Park-Bewegung, die daraus entstand, erfassten schon bald die ganze Türkei und wurden mit den Protesten im Mai 1968 und der Occupy-Bewegung verglichen. Wie Zeynep Tufekci in einem ihrer Artikel schreibt: »Die Gezi-Park-Proteste bevorzugten, wie viele andere Proteste auf der ganzen Welt, Selbstorganisation und lehnten formale Politik und Organisationen ab. Alles wurde von Freiwilligen organisiert, die auch Gemeinschaftsküchen, Büchereien und Kliniken betrieben, in denen Demonstrierende mit kleinen oder auch lebensbedrohlichen Verletzungen behandelt wurden.«[4] Das ist spontane, horizontale, nichthierarchische Eigenverantwortlichkeit, die auf ein bestimmtes Problem oder eine Reihe von Missständen fokussiert ist. Sie entsteht oft als Reaktion auf staatliches Handeln oder auch Untätigkeit der Regierung, die ein Vakuum hinterlässt. Die Bürger erkennen, dass dringender Handlungsbedarf besteht, weil sich eine große Kluft zwischen den Bedürfnissen und Wünschen der Bevölkerung und dem Regierungshandeln auftut. Diese Bürgerbewegungen erinnern in mancher Hinsicht an die Schattenwirtschaft, die in sowjetischen Planwirtschaften entstand. Der zentrale Unterschied ist natürlich, dass die meisten dieser Bewegungen nicht versuchen, sich betrügerisch zu bereichern, sondern wichtige Gesellschaftsthemen in den Fokus der Öffentlichkeit rücken wollen. Manchmal gelingt das. Andrew Haldane, ein Vertreter der Bank of England, erklärte im Jahr 2012 öffentlich, dass die Kritik der Occupy-Bewegung am internationalen Finanzsystem in moralischer sowie intellektueller Hinsicht berechtigt war. Daraufhin verabschiedete der Stadtrat von Los Angeles im Jahr 2014 die Resolution, dass die Stadt die Occupy-Bewegung unterstützen und sich einige ihrer Sorgen und Ziele zu eigen machen wolle.[5] So begann ein Austausch zwischen selbstorganisierten Bürgern und der Lokalregierung.

Das mag als ein modernes Phänomen erscheinen, da soziale Medien bei Occupy und anderen Bewegungen eine wichtige Rolle für die Organisation und den Zusammenschluss von Menschen gespielt haben. Bei manchen Bewegungen trifft das aber nicht zu. Soziale Medien scheinen keine Voraussetzung für Selbstorganisation zu sein, da sich auch Menschen ohne Internetzugang oder Handy-Apps zusammentun.[6] In den 1980er-Jahren fanden regelmäßige Montagsdemonstrationen im ostdeutschen Leipzig statt. Sie begannen mit einigen wenigen Demonstrierenden, die bekannt gaben, dass sie an einem bestimmten Tag an einem bestimmten Ort gegen die autoritäre Herrschaft der sozialistischen Regierung Erich Honeckers protestieren würden. Das führte zu einer Informationskaskade, wie es Verhaltensökonomen nennen. Normale Bürger konnten die wachsende Unzufriedenheit über das Regime mit eigenen Augen sehen, da sich den Protesten jede Woche mehr Menschen anschlossen. Dort wurden Informationen über die prekäre politische und wirtschaftliche Lage des Landes und des Regimes im Allgemeinen ausgetauscht, die die beschönigende Propaganda der ostdeutschen und sowjetischen Regierungen entblößten. So wendete sich die öffentliche Meinung allmählich gegen das Regime, was letzten Endes zum Fall der Berliner Mauer führte.[7]

Was können wir aus diesen Beispielen spontaner Kooperation lernen und in unser alltägliches Verhalten integrieren, anstatt es nur in Extremsituationen anzuwenden? Allen Beispielen sind fünf Elemente gemeinsam. Erstens existiert eine konkrete Notwendigkeit; ein Vakuum, das gefüllt werden muss. Zweitens erfahren Menschen von dieser Notwendigkeit und werden aktiv. Oft verbreiten sie akkurate Informationen aus erster Hand über das Problem. Drittens werden Menschen tätig, weil sie erkennen, dass eine gesellschaftliche Notwendigkeit dafür besteht. Viertens sehen sie den Ursprung der drohenden Gefahr oder des metaphorischen Bösen als außerhalb ihrer unmittelbaren Gemeinschaft liegend an. Und fünftens entwickelt sich ein kleiner Kreis von selbstorganisierten Individuen, der die Anstrengungen zur Bewältigung der schweren Aufgabe unterstützt.[8]

Vielleicht können wir auch aus den Studien von Charles Fritz Lehren ziehen. Dieser war während des Zweiten Weltkrieges als US-amerikanischer Soldat in Bath in England stationiert und beobachtete voller Neugierde und anthropologischer Aufmerksamkeit das Verhalten in den Personenkreisen, in denen er sich bewegte. Trotz allgegenwärtiger Furcht und Entbehrung schienen die Menschen, die ihn umgaben, hoffnungsvoll und relativ fröhlich zu sein. Es verblüffte ihn, dass »die traditionellen britischen Klassenunterschiede größtenteils verschwunden waren. Zwischen Menschen, die vor dem Krieg noch nie miteinander gesprochen hatten, existierten jetzt warmherzige, fürsorgliche persönliche Beziehungen; sie sprachen offen miteinander über ihre Sorgen, Ängste und Hoffnungen; und sie teilten bereitwillig ihre knappen Vorräte mit anderen, die in größerer Not waren. Obwohl man annehmen könnte, dass es amerikanischen und anderen alliierten Soldaten verübelt würde, die Konkurrenz um knappe Ressourcen zu vergrößern, wurden sie in britischen Haushalten herzlich willkommen geheißen. Sie fanden dort ein zweites Zuhause vor, das ihre Einsamkeit und ihr Heimweh linderte.«[9] Als Fritz in die USA zurückkehrte, studierte er Soziologie an der University of Chicago und veröffentlichte einige faszinierende Arbeiten über die Relevanz von Katastrophen für das alltägliche Leben. Darin beschrieb er »therapeutische Effekte von Katastrophen« und überlegte, wie der in Notsituationen feststellbare signifikante Anstieg altruistischen und prosozialen Verhaltens dauerhaft gesellschaftlich nutzbar gemacht werden könnte.[10]

Zu welchen Ergebnissen kam er? Zunächst einmal beschäftigte er sich kaum mit Regeln und Gesetzen. Das hängt auch damit zusammen, dass diese in Krisenzeiten häufig außer Kraft gesetzt werden. Mein altes Ich wäre bei diesem Gedanken panisch geworden, da manche Regierungen das ausnutzen könnten – und manchmal auch tun –, um kontroverse politische Programme durchzusetzen.[11] Fritz konnte aber keine durch Katastrophen ausgelöste Zunahme von aggressivem Verhalten der normalen Bürger sich selbst oder anderen gegenüber feststellen – unabhängig davon, was die Regierung tat. Aggressives Verhalten nahm vielmehr ab. Eine weitere von Fritz' kontraintuitiven Feststellungen war, dass die Moral von Gemeinschaften, die eine Katastrophe ereilt hatte, in der Folge sprunghaft anstieg. Das hing mit dem Verlangen zusammen, schnellstmöglich den »Normalzustand« wiederherzustellen.

Der wichtigste Aspekt von Fritz' Überlegungen für dieses Buch ist seine Annahme, dass es konkrete Möglichkeiten gibt, diese Tendenz des Menschen zu konstruktivem, kooperativem Verhalten zu nutzen und sie »alltäglich« werden zu lassen – die »therapeutischen« Elemente »temporärer Katastrophengesellschaften«, wie er sie nennt, in dauerhafte, stets präsente Grundpfeiler menschlicher Gemeinschaften zu überführen.

Im Unterschied zu anderen Stressfaktoren führen Katastrophen dazu, dass Menschen aktiv werden und altruistisch handeln. Naturkatastrophen wie Erdbeben, Pandemien und Tsunamis sind nicht vage und abstrakt, sondern konkret wahrnehmbar und messbar. Sie werden als externe Einflüsse beinahe übernatürlichen Ursprungs wahrgenommen, im Gegensatz zu den Konflikten, die als Folge menschlichen Handelns innerhalb der Gemeinschaft entstehen – beispielsweise ausgelöst durch Rassismus, Homophobie und andere Spannungen im täglichen Zusammenleben. Katastrophen sind die großen, quantifizierbaren äußeren Monster; gesellschaftliche Konflikte die amorphen inneren. Doch auch auf diese können wir besser reagieren, indem wir eine andere Sichtweise einnehmen: Der alltägliche Stress muss als geteilter Stress anerkannt werden, von dem alle gemeinsam betroffen sind. Der Tod eines geliebten Menschen, eine Scheidung, die Adoption eines Kindes – in modernen Industriegesellschaften sind dies gänzlich private Angelegenheiten. Die Ratschläge der Medien laufen meistens darauf hinaus, sich im Privaten mit dem geistigen Wohlbefinden zu beschäftigen. Aber was würde passieren, wenn wir das Gegenteil davon tun? Wenn wir alle gemeinsam an dem Stress Anteil nehmen, dem ein Mitglied unserer Gemeinschaft ausgesetzt ist? Meine sechsjährige Tochter erzählte mir, dass der Vater ihres Schulfreundes im Sterben liegt. Was können wir – die Gemeinschaft aus Eltern, Lehrern und Kindern – tun, um einen Teil des Stresses mitzutragen, unter dem die Familie leidet? Wie können wir der Familie die nötige Privatsphäre lassen, um die letzten kostbaren Momente gemeinsam in Würde zu verbringen, aber gleichzeitig als Gemeinschaft den Verlust betrauern und die Belastung durch die Abwesenheit des Vaters mittragen? Dies geschieht manchmal und ist in gewissem Umfang in einigen Kulturen etabliert, aber es sollte zur Normalität gehören. Außerdem muss der Stress, der durch Rassismus, Frauenfeindlichkeit und anderes Unrecht alltäglich verursacht wird, als öffentliches Unrecht anerkannt werden. Wir müssen begreifen, dass er sich nicht nur gegen Teile der Gemeinschaft richtet, sondern gegen die Gemeinschaft als Ganzes.

Warum ist das so? Forschungsergebnisse zeigen, dass in Gemeinschaften mit historisch stark ausgeprägter Solidarität, die nicht nur auf Katastrophenzeiten beschränkt war, Stressfaktoren gemeinsam bewältigt und Angriffe auf das Wohlergehen eines Einzelnen als Angriffe auf das öffentliche Leben gesehen wurden.[12] Veränderungen, die durch ein

Trauma ausgelöst wurden, können besser akzeptiert und verarbeitet werden, wenn viele Menschen die Erfahrung gemeinsam durchmachen. Das geschieht in Katastrophensituationen. Gemeinschaften, in denen solches Leid geteilt wird, sind widerstandsfähiger. Im modernen Leben ist ein Trauma Privatangelegenheit, was bedeutet, dass Individuen bei der Bewältigung alltäglicher Frustrationen und Traumata auf sich allein gestellt sind. Das erzeugt Isolation und Spaltung, die uns zurückwerfen auf die Hobbes'sche Welt des Krieges aller gegen alle. Eigentlich sollten Regeln, Gesetze und Verfassungen dem entgegenwirken, aber sie haben dabei versagt, Altruismus und Zusammenhalt zu fördern. Das ist kein Wunder, da sie uns etwas Essenzielles geraubt haben: geteilte Erfahrungen und geteilte Verantwortung.

Forscher fragen sich, weshalb gemeinsam erlebte Krisen zur Auflösung von seit Langem bestehenden sozialen und ethnischen Spaltungen führen. Ein faszinierendes Forschungsergebnis besagt, dass geteilter Verlust, wie er durch Naturkatastrophen hervorgerufen wird, übergeordnete Ziele in den Fokus rückt. Dadurch haben Menschen einen Grund, sich zusammenzuschließen und gemeinsam aktiv zu werden, auch wenn sie dafür unsichtbare Grenzen überschreiten müssen. Gesellschaftliche Spaltungen durch Klassen, Ethnien und Hierarchien werden – zumindest vorübergehend – durch diesen Prozess überbrückt. So entstehen temporäre Utopien, in denen Menschen einander helfen, ungeachtet dessen, welchen exklusiven gesellschaftlichen Gruppen sie ursprünglich angehörten. Diese Trennungslinien lassen sich nicht ohne Weiteres auflösen, und ich will nicht behaupten, dass von den zahllosen Ländern mit tiefen sozialen Spaltungen magischerweise genau die florieren, in denen es Naturkatastrophen gab. Zwar sind alle Menschen gleichermaßen von ihnen betroffen, aber die Auswirkungen bekommen diejenigen überproportional zu spüren, deren Infrastruktur in schlechtem Zustand ist, und das hängt natürlich mit sozialen Schichten und ethnischer Herkunft zusammen. Oft kommt es deshalb zu Konflikten, aber dennoch existiert in der Gesellschaft der Eindruck, dass alle gemeinsam Opfer eines zufälligen, zerstörerischen Ereignisses externen Ursprungs wurden. Dadurch wird anerkannt, dass kein Mitglied der Gemeinschaft für das Unheil verantwortlich ist, das die Welt aller in Schutt gelegt hat. Vielleicht kann so eine unstrukturierte soziale Landschaft entstehen, die im wahrsten Sinne des Wortes eine Tabula rasa darstellt und neue Möglichkeiten wie auch Chancen für Innovation, Kooperation und Veränderung bietet.

Einige Jahrzehnte später untersuchte Rebecca Solnit die Relevanz und die Implikationen der Forschungsergebnisse von Fritz und anderen. Solnits eigene Betrachtungen zum »in der Hölle erbauten Paradies« enthalten inspirierende Geschichten über Solidarität, gegenseitige Hilfe und echtes zivilgesellschaftliches Engagement während Katastrophen, die vom »Blitz« (den Bombenangriffen der deutschen Luftwaffe) in den 1940er-Jahren in London bis zum Erdbeben in Mexiko-Stadt im Jahr 1985 reichen. Ihre Schilderungen widersprechen der gängigen Vorstellung, dass nach Katastrophenereignissen immer Plünderungen stattfinden und alle nur versuchen, die eigene Haut zu retten. Solnit schließt mit den eindringlichen Worten, dass die von ihr untersuchten Individuen und Organisationen in der Lage sind zu handeln, weil sie »von Hoffnung und Liebe angetrieben werden und nicht von Furcht. Sie gleichen einer Schattenregierung – einem zusätzlichen System, das mehr leisten könnte, würde es an die Macht gewählt. Katastrophen etablieren es […]. Katastrophen offenbaren, wie anders die Welt sein könnte.«[13]

Diese andere, bessere Welt kann es aber auch geben, ohne dass erst Katastrophen Leben und Gemeinschaften zerstören. Dafür müssen wir uns jenen Teil ihrer Zerstörungskraft zunutze machen, der Furcht und Entfremdung auslöscht, der die Mauern zwischen sozialen Klassen und Ethnien niederreißt, der die tiefgreifende Privatisierung des Lebens und die Selbstbezogenheit der Menschen vernichtet. Natürlich ist Privatsphäre ein wichtiges Menschenrecht. Alle Menschen haben das »Recht, in Ruhe gelassen zu werden«.[14] In der heutigen Zeit sind wir aber so stark unserem privaten Leben verhaftet, dass es sich wie ein Keil zwischen uns und die Gemeinschaft zwängt. Dadurch wird die Privatsphäre zum Problem, und ihr eigentlicher Sinn wird entstellt.

Wir müssen lernen, Alltagsbelastungen gemeinsam zu tragen und als Bedrohung der ganzen Gemeinschaft anzuerkennen. Auch wer nur auf Eigennutz bedacht ist, muss sich bewusst sein, dass Armut in der unmittelbaren Gemeinschaft negative Auswirkungen erzeugt, die alle betreffen – nicht nur die Armen. Sie lässt beispielsweise die Kriminalitätsrate ansteigen und verursacht höhere Gesundheitsausgaben. Jenseits dieser egoistischen Sichtweise sollte Menschen in Notlagen natürlich auch Mitgefühl entgegengebracht werden. Schon dadurch wird das Leid geteilt und das Böse externalisiert, wodurch soziale Probleme leichter gelöst werden können.

Dann können wir dazu übergehen, unser Handeln an unmittelbaren Nöten zu orientieren, denn zum Glück gibt es nicht immer Krisen, aber es wird immer Nöte geben. Ein typisches Beispiel dafür ist, dass staatliche Schulen in einigen Ländern subventionierte Schulmahlzeiten anbieten, damit Kinder unter der Woche wenigstens eine ausgewogene Mahlzeit pro Tag bekommen. Verzögerungen bei der Gesetzgebung verhindern jedoch häufig, dass diese Regelungen tatsächlich wirksam werden. Jüngst kam es beispielsweise in Schottland zu einem Konflikt zwischen Regierungsministern und Lehrkräften wegen der Forderung, dass alle Grundschüler kostenlose Schulmahlzeiten erhalten sollten.[15] Diese Debatten führten in Schottland und auch in anderen Ländern zu Verzögerungen und gegenseitigen Schuldzuweisungen, weil es um ein politisch aufgeladenes Thema geht – nicht alle sind der Meinung, dass Kinder mit Steuergeld verpflegt werden sollten. Folglich werden politische Entscheidungen in diesem Bereich aus dem Bauch heraus getroffen, obwohl genau bekannt ist, wie wichtig diese Mahlzeiten für die zukünftigen Generationen unserer Länder sind. Kürzlich, nach der Coronapandemie, untersuchte eine internationale Forschergruppe, wie sich die Finanzkrise 2008 auf einkommensschwache Familien mit Kindern zwischen neun und neunzehn Jahren im Vereinigten Königreich, Portugal und Norwegen ausgewirkt hatte. Sie kam zu dem Schluss, »dass öffentlich finanzierte, nahrhafte Schulmahlzeiten Kinder vor den direkten Auswirkungen der Armut auf ihre Ernährungssicherheit schützen, während eine unterfinanzierte und schwach regulierte Schulverpflegung die Benachteiligung und Ausgrenzung von Kindern verstärkt«.[16]

TEIL II: DIE LÖSUNGSWEGE

Warum sollte man also in einem solchen Fall auf die Gesetzgebung warten? Ja, man kann der Meinung sein, dass sich Regierungen systematisch mit Problemen auseinandersetzen müssen, und wir sollten das auf jeden Fall von ihnen fordern. In vielen Teilen der Welt warten die Menschen aber nicht. Sie richten ehrenamtlich Lebensmitteltafeln ein, wo Essen an Bedürftige und auch Schulkinder verteilt wird. So entstanden spendenfinanzierte Organisationen, die überschüssige Lebensmittel von Supermärkten und Großhändlern einsammeln und an örtliche Wohltätigkeitsorganisationen verteilen, aber auch Abholstellen in Gemeindezentren oder Gemeinschaftsgärten, wo ein Kühlschrank aufgestellt wurde, aus dem Menschen sich nehmen können, was sie brauchen. Politisches Handeln ist träge und von Verzögerungen geplagt, politische Entscheidungen werden oft rückgängig gemacht. Und nach der Qualität der meisten Schulmahlzeiten zu urteilen, scheint es nicht das Ziel zu sein, eine gesunde, zufriedene Bevölkerung großzuziehen. Lebensmitteltafeln und kleine Abholstellen sind Teil der Gemeinden, in denen sie bestehen, daher herrscht dort oft ein größeres Verantwortungsgefühl als in Regierungen. Sie werden keine Tiefkühlpizza und Backkartoffeln auftischen, sondern versuchen, frische, regionale Produkte zu verteilen, und das mit dem Ziel, Lebensmittelverschwendung zu reduzieren. Lokale Lebensmittel für die Menschen vor Ort.

In Oxford befindet sich eine der renommiertesten Universitäten der Welt. Gleichzeitig leben hier 29 Prozent der Kinder unter der Armutsgrenze. Oxfordshire setzt sich aus 83 Bezirken zusammen und zehn davon gehören zum ärmsten Fünftel Englands. Organisationen wie Oxford Food

Hub (OFH), die nur von Ehrenamtlichen geführt werden, bemühen sich, der Unterernährung entgegenzuwirken. Sie warten nicht, bis die Regierung tätig wird.[17] OFH beliefert wöchentlich 150 Organisationen in ganz Oxfordshire mit dem Äquivalent von 20 000 Mahlzeiten. Die Schulen in Oxford gehören auch zu den Empfängern.

In diesem ersten Kapitel über Lösungswege geht es eigentlich um Herrschaft, und zwar nicht darum, wie man sie erlangt oder verbessert, sondern wie sie obsolet werden kann und warum sie für einige der wichtigsten und drängendsten Aufgaben der heutigen Zeit nicht wirklich benötigt wird. Das soll aber nicht dazu ermutigen, Regierungen zu stürzen, eine Pöbelherrschaft zu etablieren, alle Gesetze zu missachten und gegenwärtige Amtsinhaber zu ignorieren. Es sollen auch keine existierenden Regeln gebrochen und keine Unruhe gestiftet werden, um politische Entscheidungen zu beeinflussen. Vielmehr plädiere ich dafür, selbst aktiv zu werden und inklusive, auf gegenseitiger Hilfe basierende Gemeinschaften aufzubauen, wie sie in den vorangegangenen Beispielen beschrieben wurden. Wir brauchen sie. Wenn wir als selbstorganisierte Bürger wissen, was wir wollen und brauchen, können wir gute, konstruktive Formen der Selbstorganisation finden und selbst bestimmen, wie wir als Gruppe handeln, welche Entscheidungen wir für unsere Gemeinschaften treffen und wie wir einander helfen. Dadurch bleiben den gewählten Volksvertretern weniger Aufgaben, die sie bewältigen müssen, und sie kommen unter Druck, ihre Entscheidungen unserem Vorgehen anzupassen.

Kritiker werden mir entgegnen, dass nur die richtigen Regeln benötigt werden, um die gegenwärtige Lage zu ver-

TEIL II: DIE LÖSUNGSWEGE

bessern, und höchstens die Öffentlichkeit direkter in Regierungsprozesse und Gesetzgebungsverfahren einbezogen werden sollte. Das könnte zum Beispiel mit einem Losverfahren geschehen, bei dem Bürger zufällig für ein Gremium ausgewählt werden, das politische Entscheidungen für das Gemeinwesen trifft. Manche Verfechter dieses Prinzips halten es auch für möglich, auf lokaler Ebene mit solchen Projekten zu beginnen und dann auf immer höhere Ebenen vorzustoßen, bis schließlich eine alternative Regierungsform auf nationaler Ebene gebildet werden kann.[18] Ich sehe den Reiz darin und bin auch der Meinung, dass Dialog und Kommunikation mit der Kommunalregierung ein wichtiger erster Schritt sind. Die Vorstellung einer im Losverfahren gewählten Regierung weckt bei mir aber schlechte Erinnerungen an einen kalten Tag in Boston, als ich Geschworenendienst leisten musste. Wir saßen alle versammelt in einem Raum und wussten, dass es sinnlos war. Die Konfliktparteien würden höchstwahrscheinlich einen Vergleich anstreben, um eine Gerichtsverhandlung mit ungewissem Ausgang zu vermeiden. Während dieser langen Stunden freundete ich mich mit niemandem an, niemand sprach miteinander – alle wollten nur schnellstmöglich nach Hause gehen. Darin sehe ich auch ein Problem des Losverfahrens für Volksvertreter. Wenn die Menschen nicht aus eigenem Antrieb zusammenkommen, sondern dazu gezwungen werden, und sich mit einem Thema auseinandersetzen sollen, das ihnen vollkommen egal ist, dann wird ihr Handeln nicht durch Solidarität motiviert sein.

Das Losverfahren und andere Regierungsformen mit zufällig zusammengestellten Bürgerkomitees zäumen das

Pferd von hinten auf. Sie etablieren zu wollen, ohne zuerst Bürger in die Lage zu versetzen, aktive, engagierte Vertreter der Gemeinschaft zu werden, wiederholt nur den problembehafteten Entwicklungsprozess, den wir schon einmal durchlaufen haben. Im Vereinigten Königreich und Frankreich implementierten frustrierte Regierungen stellenweise bereits Losverfahren und Bürgerkomitees, um Gesetzesvorschläge zu diskutieren und auszuarbeiten, die komplexe Probleme wie Klimawandel und jüngst in Frankreich Sterbehilfe behandelten.

Diese Experimente wurden mehrfach stark dafür kritisiert, keine wirklichen Bürgerkomitees mit legislativer Macht oder überhaupt irgendeiner Art von Einfluss zu sein. Die Regierung nutze sie nur als Resonanzboden für ihr Handeln. Als ich vor Kurzem einen französischen Intellektuellen nach seiner Meinung zu diesen Komitees fragte, bezeichnete er sie als »Bullshit«. Zumindest in der Form, die sie bisher in einer demokratischen Republik angenommen hatten, die er seine gesamte Karriere lang verteidigt hatte.

Die Philosophin Cristina Lafont weist darauf hin, dass viele der vorgeschlagenen alternativen Formen repräsentativer Demokratie immer noch blinden Gehorsam der Regierten verlangen, egal, wie die Regierenden gewählt wurden und wie viele es sind. Die Alternative dazu ist, dass Gesetzgebung und politische Entscheidungen nur mit voller Unterstützung aller Betroffenen gemacht werden können (wobei zu klären wäre, wie das auf nationaler Ebene gehandhabt werden soll).[19] Die von manchen Wissenschaftlern propagierten Bürgerräte sind also problembehaftet. Neben den häufig genannten Kritikpunkten sehe ich ihre grundlegende

Schwäche darin, dass sie den Entscheidungsfindungsprozess verbessern wollen, anstatt vorrangig Menschen dazu anzuregen, aktiv zur Demokratie beizutragen.

Für solche Konzepte sind auch starke soziale Bindungen nötig, die aber in großen Gebieten nicht bestehen – unabhängig davon, ob es deliberative Demokratien sind oder nicht. Die Bedeutung sozialer Beziehungen lässt sich an der Herz-Kreislauf-Gesundheit zeigen. Eine Studie untersuchte, wie hoch die Wahrscheinlichkeit ist, nach einem ersten Herzinfarkt zwölf Monate lang zu überleben. Unter anderem wurde festgestellt, dass die Überlebenschance von Menschen mit »stark ausgeprägten sozialen Beziehungen« um 50 Prozent höher war.[20] Das bedeutet, dass diese Bindungen für die Genesung genauso hilfreich sind wie das Aufgeben des Rauchens und dass sie sogar eine stärkere Wirkung entfalten als der korrelierende Faktor Übergewicht.

Ausgehend von diesen Erkenntnissen untersuchten Evolutionspsychologen wie Robin Dunbar die Fähigkeit des Menschen zum Aufbau starker sozialer Beziehungen. Insbesondere wurden das neurologische Substrat des Gehirns erforscht sowie die wichtigsten kognitiven Mechanismen, die es ermöglichen, sich in einer stabilen Gruppe mit stabilen Beziehungen – einer Art sozialer Ordnung – zurechtzufinden. Die durchschnittliche Größe des sozialen Gefüges, in dem Menschen funktionieren können, beträgt laut Dunbar im Schnitt nur 150 Mitglieder. Das gilt für Jäger und Sammler ebenso wie für Armeen und Organisationen und alles Sonstige. Selbst englische Dörfer hatten in der Vergangenheit durchschnittlich nur 150 Einwohner. Dasselbe

2. NICHT BLIND DEN ANFÜHRERN FOLGEN

stellte er dann auch bei 250 verschiedenen Primatenspezies fest. Bei genauerer Betrachtung zeigt sich aber, dass innerhalb dieser 150 Mitglieder nur jeweils zwischen vier oder fünf Menschen enge soziale Beziehungen bestehen. Auch die Daten von Twitter und Facebook zeigen, dass Interaktionen größtenteils innerhalb eines relativ stabilen Freundeskreises mit vier oder fünf Personen stattfinden. Dunbar identifizierte verschiedene Ebenen des sozialen Kontakts, und nur im innersten Kreis von etwa fünf Menschen konnte er emotionale Verbundenheit feststellen. Diese Fünfergruppe trug am meisten zur physischen und mentalen Gesundheit bei. Dunbar zeigte außerdem, dass Menschen gern anderen aus ihrer Gruppe von 150 einen Gefallen tun – Außenseitern jedoch nur, wenn sie einen Vorteil daraus ziehen können.[21] Auf Basis dieser Feststellungen schlage ich vor, dass die Fünfergruppe und die direkt angrenzenden konzentrischen Kreise die Grundlage für Bürgerinitiativen bilden sollten. Es ist entscheidend, sich zu kennen und wiederholt miteinander zu interagieren, um sinnvolle Pläne für die Gestaltung der Gesellschaft zu schmieden. Das ist eher das Gegenteil von zufällig gewählten Komitees. Unabhängig davon, ob Dunbars Interpretation der Daten und die anschließenden Diskussionen über die genaue Gruppengröße von 150 einleuchten, zeigt seine Forschung, dass die Größe von Gruppen eine wichtige Rolle spielt und kleinere Gruppen besser funktionieren.

Je größer also Gruppen sind und je weiter sie über den vertrauten kleinen Kreis hinausgehen, desto unwahrscheinlicher ist es, dass lokale Vernetzung gelingt, was aber für eine echte demokratische Selbstverwaltung unerlässlich ist. Der

Volksvertreter muss nicht sofort abgeschafft werden, aber wenn wenigstens Menschen zur Wahl stehen, die wir kennen, entsteht eine wechselseitige Beziehung. Das ist der erste Schritt in Richtung einer idealtypischen Demokratie – nicht blinde Loyalität gegenüber bevollmächtigten Regierungen, während sich das eigene Leben um Arbeit, Urlaub und Netflix dreht.

Vor einigen Jahrzehnten saß ich in einem Hörsaal, der um neun Uhr morgens schon brütend heiß war, und blickte auf eine Präsentationsfolie. Darauf war eine schaumartige Struktur zu sehen, die einer Bienenwabe glich. Ich befand mich im Santa Fe Institute in New Mexico, das den Schmetterlingseffekt untersuchte. Dieser Begriff stammt aus der Chaostheorie, einem Teilgebiet der Mathematik, das in den scheinbar zufallsbasierten komplexen Systemen der Welt Muster ausfindig machen will.[22] Der schwitzende junge Dozent von der Penn State University erklärte, wie Schaumblasen mit der Zeit stabile Strukturen bilden. In der Fluiddynamik wird dieser Prozess als »Vergröberung« bezeichnet. Das beste und auch köstlichste Beispiel dafür ist die Schaumkrone eines frisch gezapften Pint Guinness. Zuerst scheint es so, als wäre das ganze Glas nur mit beiger Creme gefüllt. Diese Creme besteht komplett aus Schaum – Millionen kleiner Blasen, die aneinanderkleben. Allmählich verändert sich diese Struktur, da die Oberflächenspannung mancher Blasen nachgibt und das enthaltene Gas in angrenzende Blasen entweicht. Dieser Prozess vollzieht sich so lange, bis das Glas zum Großteil mit einem mahagonifarbenen Getränk gefüllt ist, das von einer Schicht beiger Blasen gekrönt ist. Diese ähneln sich stark in Form und Größe. Das ist nicht durch

2. NICHT BLIND DEN ANFÜHRERN FOLGEN

eine äußere Einwirkung geschehen. Die Blasen haben sich selbst organisiert. Nachdem sie aus dem Zapfhahn in das Glas gefüllt wurden, haben sie selbstständig ihre eigene Ordnung etabliert.

Dieser Prozess der Vergröberung einer Schaumstruktur beim Zapfen eines Pint Guinness vollzieht sich von selbst, aber mit einer solchen Eleganz, dass er mit einer mathematischen Formel beschrieben werden kann.[23] Ich glaube, dass die Guinness-Blasen etwas Wichtiges veranschaulichen: Wenn sie sich selbst überlassen werden, finden die Natur, die Blasen sich selbst zurecht. Sie ordnen sich spontan in einer geeigneten Struktur an. Eine Zeit lang befinden sie sich in einem wahrnehmbaren harmonischen Gleichgewicht: Wir können es sehen und schmecken. Niemand sagt den Blasen, was sie tun sollen. Sie haben sich selbst organisiert, und nachdem sie eine Weile das Nirwana genossen haben, merken sie, dass es jetzt Zeit ist, sich aufzulösen.

Wenn ihr dezentralisierter, natürlicher Prozess jedoch gestört wird, wird aus dem Bier entweder eine schale Enttäuschung oder es entsteht eine andere, problematische Art von Ordnung. In der Fluiddynamik wird eine gestoppte Entwicklung als Vermehrung eines einzelnen Defekts bezeichnet. Eine einzige Blase beginnt zu dominieren, was gewöhnlich durch menschliche Eingriffe in den natürlichen Prozess der Blasen ausgelöst wird.

Man stelle sich vor, wie die Entwicklung der Blasen gestört wird, während sie versuchen, sich in einer Petrischale selbst zu organisieren. Durch einen Fehler des Laboranten, wegen dem zur falschen Zeit Luft in die Schale gelangt, entsteht eine einzige große Blase. Sie ist von kleineren Blasen umgeben, die versuchen, den gewohnten Prozess zu befolgen, aber das nicht können. Die große Blase in der Mitte wird immer größer und dominiert zusehends den Raum wie eine Autokratin. Sie beraubt die benachbarten Blasen ihres Gases, bringt ihre Seitenwände zum Kollabieren und wird immer größer. Dieser Prozess wurde uns im Santa Fe Institute demonstriert. Das Gleiche hat sich aber auch immer wieder im Geschichtsverlauf ereignet – mit Menschen und nicht mit Blasen.

Die Nationalsozialistische Deutsche Arbeiterpartei (NSDAP) kann beispielsweise als große Blase gesehen werden. Sie war stark hierarchisch organisiert und mobilisierte ihre Mitglieder mit einer Mischung aus Skrupellosigkeit und Charisma. So raubte sie den anderen deutschen Parteien »Luft« und Stimmen und erzwang ihren Kollaps.[24] Schon bald dominierte die NSDAP den gesamten politischen Raum. Der Fall der Weimarer Republik und die anschließende Machtergreifung der Nazis werden in einer Petrischale sichtbar. Unmittelbarer als in jenem Labor kann man, glaube ich, die damaligen Ereignisse nicht nacherleben.

Natürlich ist das eine kontroverse und grobe Vereinfachung dieser komplexen Geschichtsepoche. Ich weiß das, weil ich selbst zu diesem Thema geforscht und zahlreiche Quellen wie Archive, Interviews und andere Forschungsarbeiten ausgewertet habe.[25] Es ist dennoch eine nützliche Analogie, weil es zwischen Blasen und Menschen große Ähnlichkeiten gibt. Wenn sich in Gesellschaften wie im nationalsozialistischen Deutschland oder in Südafrika während der Apartheid eine stabile Ordnung herausbildet, dann geschieht das mit langsamer Manipulation, Propaganda und

2. NICHT BLIND DEN ANFÜHRERN FOLGEN

hierarchischer Kontrolle, wodurch dezentralisierte und demokratische Prozesse verdrängt werden. Diese stabile und alles erstickende Ordnung wirkt in Kombination mit repressiver Staatsführung und oft auch Gesetzen – einschließlich Verfassungen –, die eine solche Staatsführung überhaupt erst ermöglichen.[26] Dadurch wird Selbstorganisation behindert, mit verheerenden Auswirkungen. Oft heißt es, die Natur benötige Autorität, damit eine gute Ordnung bestehen könne. Das stimmt aber nicht. Vielmehr droht die Natur unter der Autorität zu ersticken.

In jenem Juli in Santa Fe unternahmen wir einen weiteren Versuch, eine »Blasengesellschaft« in einer Petrischale zu erzeugen. Dieses Mal wollten wir in einem Partyzubehörgeschäft Helium erwerben, um den Prozess zu beschleunigen. Nach einer langen Diskussion mit den Verkäufern darüber, warum wir keine kostenlosen Ballons haben wollten, überzeugten die Doktoranden sie schließlich, dass wir das Helium nicht inhalieren, sondern künstliche Gesellschaften in einer Petrischale züchten wollten. So gingen wir ans Werk. Als ich am nächsten Morgen das Labor betrat und unser Experiment begutachtete, fand ich wider Erwarten keine stabile Struktur vor. Es war keine geordnete Bienenwabe entstanden, aber es war auch kein singulärer Defekt zu erkennen. Anscheinend war einfach *nichts* passiert. Als ich gerade wieder gehen wollte, sah ich es: Das Plexiglas hatte einen kleinen Riss, durch den Luft eingetreten war. Das hatte die Blasen daran gehindert, ihre gute Ordnung zu erschaffen. Die Hülle mancher Blasen hatte nachgegeben und sie hatten sich mit anderen verbunden. Manche waren einfach nicht mehr da. Traurigerweise schien das Experiment gescheitert zu sein. Alles, was blieb, war ein großes Durcheinander.

Als ich jedoch genauer hinsah, lächelte ich.

»Le Pen!«, rief ich. Andrew, der junge Dozent und Leiter des Labors, musste lachen. Sein Doktorand für angewandte Mathematik, der anscheinend von meinen bizarren Analogien genervt war, rollte die Augen. Er hatte recht, aber die Sache ist die: Als der rechtsextreme französische Politiker Jean-Marie Le Pen bei den Europaparlamentswahlen in den 1970er-Jahren zum ersten Mal in Erscheinung trat, war er nur der Führer einer winzigen Gruppe. Er wurde geächtet und man hielt sich von ihm fern. Niemand glaubte, dass er politisch Erfolg haben würde, aber wie ein kleines bisschen schlechte Luft drang er von außen in die stabile, demokratische politische Struktur ein.

Mit der Zeit geschah etwas Bemerkenswertes. Seine Luft, seine Botschaft, begann sich zu verbreiten. Menschen fingen an, seine Partei zu wählen, und diese vermochte es zunehmend, das Gleichgewicht des gesamten politischen Systems in Frankreich ins Wanken zu bringen. Die rechtskonservativen und auch die Linksaußen-Parteien verloren Luft an ihn. Seine ausländerfeindliche Rhetorik und die Hervorhebung traditioneller »französischer Werte« fanden Anklang bei Menschen des rechten und linken Spektrums. Das bisschen neue Luft forderte immer mehr Raum in der politischen Landschaft, wodurch sich die restlichen französischen Parteien schrittweise verändern und anpassen mussten. Das setzte sich so lange fort, bis der rassistische, populistische, antidemokratische Politiker im Jahr 2002 die zweite Runde der französischen Präsidentschaftswahlen er-

2. NICHT BLIND DEN ANFÜHRERN FOLGEN

reichte. Nun war er zu einem bedeutenden Akteur geworden. Durch einen Fehler war er in eine Struktur geboren worden, durch einen kleinen Riss namens Europaparlament hereingesickert. Auf diese Weise sind auch Trump und andere Außenseiter allmählich und überraschend an der Spitze demokratischer Systeme in Erscheinung getreten. Sobald sie durch den Riss im Glas eingetreten waren und die natürliche Struktur der anderen Parteien durcheinandergebracht hatten, konnten sie, durch das Wahlrecht und die Verfassung geschützt, unsere Anfälligkeit für problematische Anführer ausnutzen.

Ich möchte nun dazu aufrufen, niemandem blind zu folgen, sondern eine Blase zu bilden – und zwar eine empathische, kooperative Blase.

3. Die eigenen Rechte – verantwortungsvoll – einfordern

Im Jahr 2005 saß ich auf dem Rücksitz eines rostigen, silbernen Renaults. Neben mir saß Hakim, der Groß-Kadi von Mayotte, der uns bereits im ersten Kapitel begegnet ist. Er trug die traditionelle weiße Dischdascha, und sein Haar war unter einem karierten Turban verborgen. Seine zerbrochene Brille wurde mit Klebeband zusammengehalten und rutschte langsam seine dunkle Nase hinunter, während er auf dem grauen Vinylsitz nach rechts sackte. Wir fuhren die National Route No. 1 entlang, um zu dem kleinen Fischerdorf Mtsamboro im Norden der Hauptinsel zu gelangen. Dort gab es einen unlösbaren Konflikt, bei dem wir vermitteln sollten.

Wir teilten uns eine Orange, und der Groß-Kadi unterrichtete mich über die Details des Falls. Eine junge Frau behauptete, dass sie um ihr Anrecht auf das Haus ihrer Familie betrogen wurde. Hakim rief mir in Erinnerung, dass im 7. Jahrhundert Siedler vom Roten Meer diese winzigen Inseln vor der Küste Madagaskars erreicht hatten. Dort hatten sie eine florierende bantusprachige Bevölkerung mit einer matriarchalischen Gesellschaftsform angetroffen, in der Frauen über großen Einfluss verfügten. Die Siedler führten auf der Inselgruppe den Islam ein sowie islamische Ge-

3. DIE EIGENEN RECHTE – VERANTWORTUNGSVOLL – EINFORDERN

richte mit islamischen Richtern oder Kadis. Im alltäglichen Leben waren für die Bantus jedoch ihre Traditionen und sozialen Normen weiterhin wichtiger als die islamischen Regeln und Gesetze. Als der Sultan von Mayotte die Inseln im 19. Jahrhundert an die Franzosen verkaufte, wurden sie Teil der Französischen Republik, und so galt dort zusätzlich die französische Verfassung. Formell gesehen. Denn die Einwohner waren nicht ausschließlich Franzosen, Muslime und Afrikaner, sie waren all das, und für sie galten nun eine Vielzahl von Regeln, Gesetzen und eine von Frankreich eingeführte Verfassung, die mit mehreren Kulturen und Traditionen koexistierten. Es herrschte jetzt Rechtspluralismus, wie es die Anthropologen nennen.

Das klingt einzigartig und exotisch, aber in vielen Ländern der Erde verhält es sich ähnlich. Auch im Vereinigten Königreich und in den USA koexistieren vielfältige Arten von Regeln, Traditionen und Ebenen für den Erlass und die Änderung von Gesetzen. All diese verschiedenen Bausteine des Rechts gelten für Menschen verschiedenster Herkunft und Identität. Das birgt das Potenzial für katastrophale Entwicklungen: Wenn eine Gesellschaft Gesetze als einziges Mittel dafür vorsieht, über Rechtsansprüche verschiedener Bevölkerungsgruppen zu entscheiden und zu urteilen, kann das mehr Probleme hervorrufen, als gelöst werden.

In der matriarchalischen Gesellschaftsform der afrikanischen Bantu werden Töchter respektiert und geschätzt; sie sind sozial und finanziell gut integriert. Die Mütter haben in der Familie eine bedeutende Stellung und treffen wichtige Entscheidungen.[1] In Mayotte war es daher üblich, dass nach dem Tod der Eltern die Tochter das oberste Anrecht auf das

Haus der Familie hatte und ein Sohn in der Erbfolge weiter unten stand. Wenn die Familie kein Haus besaß, war nach dem gesellschaftlichen Verständnis der Bruder dazu verpflichtet, seiner Schwester eines zu bauen. Diese Regel existierte schon seit Jahrhunderten und wurde auch nach der Einführung des Islam als ein wichtiges Element des sozialen Friedens angesehen.

Als die Franzosen ein Jahrhundert später ihr säkulares Recht auf der Inselgruppe einführten, konnten sich die Männer Mayottes plötzlich auf die Gleichheit vor dem Gesetz berufen. Laut dem französischen Erbrecht hatten Männer jetzt die gleichen Erbansprüche wie ihre Schwestern.

Wie wirkte sich das auf das Verhalten aus? Junge Menschen begannen, Gesetze strategisch gegeneinander einzusetzen, wodurch ein funktionierendes Sozialgefüge gestört wurde. Laut der Bantutradition hatten Söhne kein Anrecht auf das Elternhaus, wenn sie eine Schwester hatten, die es in Besitz nehmen wollte. Laut dem Recht der Französischen Republik und dem Gleichheitssatz standen Männern und Frauen gleiche Anteile des Erbes zu, also hatten Männer nun doch ein Anrecht. Sorgte dieses in der französischen Verfassung und dem französischen Recht verankerte Prinzip für größere Gerechtigkeit im Erbrecht Mayottes? Nein. Die Einführung des französischen Rechts rief Männern in Erinnerung, dass laut dem islamischen Recht, das auch schon einmal auf ihren Inseln gegolten hatte, Söhnen das Doppelte des Erbanteils von Töchtern zustand. Manche Männer begannen also, sich bei Erbstreitigkeiten auf das islamische Recht zu berufen, was davor nicht geschehen war. Sie versuchten, mehr als die Hälfte des Erbes zu bekommen, und bisweilen auch so viel wie nur möglich, was Hakim als eine Pervertierung des islamischen Rechts ansah.

Die Einführung kodifizierter Regeln brachte soziale Traditionen ins Wanken und kreierte einen Mischmasch aus widersprüchlichen Regeln. Das rief einerseits Verwirrung hervor, führte aber auch dazu, dass die Menschen in strategische und egoistische Denkmuster verfielen und sich nur die Regeln und Gesetze rauspickten, die ihren Interessen dienten. Es war ein heilloses Durcheinander. Anstatt dass all die unterschiedlichen Rechtstraditionen eine gute soziale Ordnung schufen, setzten sie einen Prozess der gesellschaftlichen Desintegration in Gang.

Eine solche Entwicklung scheint unvermeidlich zu sein, solange es Menschen gibt, die Regeln nur zum eigenen Nutzen auslegen und ausschließlich an den eigenen Gewinn denken. Nun, wen kümmert's?

Es sollte uns kümmern. Mayotte ist keine exotische Ausnahme. Gesetze, Regeln und Verfassungen sind oft wie Kostüme, die für Aufführungen getragen, fortwährend verändert und den momentanen politischen Gegebenheiten angepasst werden. Hätten wir ohne diese Regeln und Gesetze, aber im Wissen um unsere Rechte größere Anreize für Kompromisse und Verhandlungen? Würden wir wieder zu den gesellschaftlichen Vereinbarungen zurückkehren, die auf Gemeinschaft, Vertrauen und gemeinsamer Identität basieren? Und wäre das nicht eine dauerhaftere Lösung, als lediglich Gesetze verständlicher zu machen, zu optimieren (wenn das überhaupt möglich wäre) und dem Rechtspluralismus die Schuld für alle Probleme zu geben? Eigennütziges

TEIL II: DIE LÖSUNGSWEGE

Gewinnstreben, das gesellschaftlich gesehen ein Nullsummenspiel ist, kann nicht das Ziel eines guten Bürgers sein. Um unsere Rolle als Bürger neu zu denken, müssen wir verstehen, dass wir unseren Mitmenschen zu ihren Rechten verhelfen können, indem wir unsere eigenen Rechte ein wenig einschränken.

Dazu gehört auch, dass wir unsere Rechte in einer Weise wahrnehmen, die Vereinbarungen darüber ermöglicht, wann sie eingefordert werden können und wann wir auf ihre Einforderung verzichten, um die Rechte anderer nicht zu schmälern. Die Aushandlung von Rechten muss auf der untersten Ebene der gesellschaftlichen Organisation beginnen, ähnlich der ursprünglichen Lösung der Bantu für das Erbschaftsrecht. In der Praxis bedeutet das, einen gemeinsamen Austausch anzustreben und eine Basis dafür zu finden. Beispielsweise sollten Schwule auch von einem christlichen Konditor eine Hochzeitstorte kaufen können, weil der in der Lage ist, vor sich zwei Menschen zu sehen und nicht ein Paar, dessen sexuelle Präferenzen mit seinen eigenen in Konflikt stehen.

Skeptiker mögen einwenden: *Für den Durchschnittsbürger ist es schwer zu wissen, was seine Rechte sind und wie er sie schützen kann. Warum sollen Gesetze und Verfassungen das nicht für uns übernehmen? Gesetze legen fest, ob es Homosexuellen gestattet ist, in den eigenen vier Wänden Geschlechtsverkehr zu haben. Ob sie heiraten dürfen und durch den Staat finanziell geschützt werden. Sie legen fest, ob Waffenbesitz legal ist. Ob man einer Person mit starken Schmerzen helfen darf, ihr Leben zu beenden. Ob Frauen an ihrem Wohnort Abtreibungen durchführen lassen dürfen.*

3. DIE EIGENEN RECHTE – VERANTWORTUNGSVOLL – EINFORDERN

All diese Dinge legen sie fest. Also sollen Gerichte und Richter entscheiden, und die Polizei soll vollstrecken.

Das Problem ist, dass Verfassungen, Gesetze und Richter diese Dinge nicht eindeutig festlegen. Oftmals bleiben sie vage, wie beispielsweise der Oberste Gerichtshof der USA bei den Fällen Roe gegen Wade und Dobbs gegen Jackson (beide das Abtreibungsrecht betreffend). Deshalb können derartige Angelegenheiten nicht vollständig dem Rechtssystem überlassen werden.

Wenn rechtliche Entscheidungen wirklich so eindeutig wären, würde dann unter neun hochgebildeten Rechtsgelehrten Uneinigkeit über die »richtige« Entscheidung herrschen? Würden sie so unterschiedliche Ansichten vertreten, wie es die Richterinnen und Richter des Obersten Gerichtshofs seit Jahrzehnten tun?

Die Auslegung der Verfassung – was unsere Rechte sind und ob sie gewahrt werden – ist unsere Aufgabe als Bürger, da die Rechte für uns gelten. Unsere Fähigkeit zu interpretieren ist uns jedoch abhandengekommen. Schon bald nachdem die ersten Verfassungen implementiert wurden, gab das Volk schrittweise die Verantwortung für die Ausarbeitung und Auslegung von Gesetzen ab. Von nun an wachten Richter über unsere Rechte. Das war kein Plan des Obersten Gerichtshofs gewesen. Diese Entwicklung hatte stattgefunden, da Gesetze und Verfassungen zunehmend miteinander in Konflikt gerieten. Umfang und Komplexität von Verfassungen nahmen stetig zu, und der Gesetzesbestand wurde um immer neue Rechte, Verpflichtungen und Einschränkungen erweitert. Jemand musste die Übersicht behalten. Diese allmähliche Verlagerung führte dazu, dass sich Bürger immer weniger mit Gesetzen beschäftigten und das anderen überließen.

Wenn aber Richterinnen und Richter Verfassungen interpretieren, ist das eine Form von Übersetzung. Die US-amerikanische Verfassung wurde beispielsweise vor 250 Jahren geschrieben. Dieses Dokument muss nun nicht in eine andere Sprache, sondern in ein anderes Zeitalter, für andere Menschen übersetzt werden. Die heutigen Umstände, Zusammenhänge, Ethnien, Technologien, Vorstellungen von Geschlecht und Gleichberechtigung und viele Grundwerte haben sich im Lauf der Zeit zum Teil dramatisch verändert. Ist es überhaupt möglich, eine Übersetzung und Auslegung zu finden, die für alle Betroffenen gerecht ist? Kann die Übersetzung eines Textes echten Menschen im echten Leben Gerechtigkeit widerfahren lassen? Und was ist mit Ländern, in denen streng säkulare Verfassungen gelten, wie Frankreich mit seiner besonderen Form des Laizismus, oder Deutschland, wo jüngst praktizierende Muslime eingewandert sind und ihre Religion im öffentlichen Raum nicht ausüben dürfen, weil sogar ihre Kleidung nach der Auslegung von Verfassungstexten manchmal verboten ist?

Traduttore, traditore. Übersetzer, Verräter. So klagten die Italiener im 16. Jahrhundert, als immer mehr französische Übersetzungen ihres geliebten Dante erschienen. Übersetzen bedeute, Verrat zu begehen. Und es gibt nur eine Möglichkeit, das zu verhindern: Wir müssen aufhören, zu übersetzen. Wir müssen die Sprache unserer Rechte lernen, und wir müssen es selbst tun.

Ich will ein – tragisches – Beispiel geben. In den 1980er-Jahren wurde der vierjährige Joshua DeShaney von seinem

Vater so gewaltsam verprügelt, dass er ins Koma fiel. Eine eilig durchgeführte Hirnoperation offenbarte, dass Joshua schon über einen langen Zeitraum wiederholt Hirnblutungen erlitten hatte. Seine Mutter verklagte das Amt für Soziale Dienste in Winnebago dafür, Joshuas durch den 14. Zusatzartikel zur Verfassung garantierte Freiheit und Gleichheit vor dem Gesetz verletzt zu haben. Sie konnte beweisen, dass das Amt von den wiederholten Misshandlungen wusste und keine Schutzmaßnahmen eingeleitet hatte. Joshuas Fall landete schließlich vor dem Obersten Gerichtshof, wo die Mehrheit der Richter entschied, dass das Amt in Winnebago laut der Verfassung nicht in dieser Weise für Joshuas Schutz zuständig war und also seine Pflichten nicht verletzt hatte.

»Armer Joshua […]. Das ist die traurige Realität des ›American Way of Life‹ und der Verfassungsgrundsätze, die in letzter Zeit voll patriotischer Inbrunst und mit stolzen Proklamationen über ›Freiheit und Gerechtigkeit für alle‹ gerühmt werden: Dieses Kind, Joshua DeShaney, ist nun dazu verdammt, sein restliches Leben lang schwerstbehindert zu sein.« Das schrieb Richter Harry Blackmun, der sich gegen seine Amtskollegen und deren Auslegung der Verfassung gestellt hatte. Der Fall zeigte, dass Leviathan zwiegespalten und verwirrt war. Richter Blackmun sagte es geradeheraus: Die Verfassung bringt uns weder Ordnung noch Gerechtigkeit, und die staatliche Autorität kann daran nichts ändern, da sie selbst gespalten ist.

Elena Kagan, gegenwärtig Richterin am Obersten Gerichtshof, war dort als Rechtsreferendarin beschäftigt, als Joshuas Fall zur Prüfung vorgelegt wurde. Sie verfasste ein

Memorandum, in dem sie appellierte, den Fall wegen seiner Bedeutung nicht zu verhandeln.[2] Ihre Begründung? Sie sah Anzeichen dafür, dass Bezirksrichter und Lokalpolitiker auf eigene Faust begannen, aus der Verfassung positive Verpflichtungen für den Staat herauszulesen, in Zukunft Kinder wie Joshua zu schützen und lokale soziale Dienste mehr in die Verantwortung zu nehmen. Somit würden die Bestimmungen von unten nach oben ausgehandelt werden. Angesichts der damaligen politisch konservativen Ausrichtung des Gerichts befürchtete Kagan eine negative Entscheidung, die zu einem rechtlich bindenden Präzedenzfall für die ganzen USA werden würde. Das würde die spontane, positive Aushandlung von Rechten unterbinden, die bereits ohne oberste richterliche Autorität stattfand. Ihre Befürchtung wurde Realität.

Die vielleicht wichtigste Frage, die dieser Fall aufwarf, vor Gericht aber nicht zur Sprache kam, war: Wo waren die Nachbarn? Wo die Gemeinde? Wo waren die guten Samariter? Warum taten wir alle nichts? Warum sympathisierten wir mit der vor Gericht unterlegenen Meinung und empfanden Schmerz angesichts des Schicksals von Joshua, nahmen dann aber die Entscheidung des Obersten Gerichts einfach hin?

Wir müssen verstehen, dass Gesetze und Verfassungen keine vollständige Garantie für ein gutes Leben bieten. Tatsächlich können sie uns auf verschiedene Weise beträchtlich schaden. Sie lassen uns im Stich; sie lassen Spielraum für Interpretation und können dadurch wirkungslos sein; und sobald sie einmal ausgelegt wurden, sind die Auslegungen in Stein gemeißelt oder zumindest schwer zu ändern. Sie können auch, wenn es zum Beispiel um die Religionsfreiheit geht, zu so viel Chaos und Konflikten führen, dass Einzelne sich darin verfangen wie in einem Spinnennetz und keine Möglichkeit haben, sich zur Wehr zu setzen. Ihr größtes Manko könnte jedoch sein, dass sie uns unsere Rechte nehmen, nur um sie durch Regeln zu ersetzen, die vor langer Zeit und in einem völlig anderen gesellschaftlichen Kontext festgelegt wurden. Ein Beispiel dafür ist die jüngste Entscheidung des Obersten Gerichtshofs der USA über Abtreibung. In dem Fall Dobbs gegen Jackson entschied die Mehrheit der Richter, dass in dem Fall Roe gegen Wade die damalige Mehrheit der Richter im Unrecht gewesen sei und die US-Verfassung Frauen das Recht auf Abtreibung nicht zugestehe. Folglich sei es Sache der einzelnen Bundesstaaten, darüber zu entscheiden.

»Die Rechtsauslegung findet in einem Gebiet des Schmerzes und des Todes statt.« Mit diesen Worten beginnt ein berühmter Artikel eines der interessantesten Rechtsgelehrten unserer Zeit: Robert Cover, ein ehemaliger Professor an der Yale Law School. So verhält es sich in der Tat, und Cover fährt fort: »Eine Richterin artikuliert ihr Verständnis eines Textes, und dadurch verliert jemand seine Freiheit, seinen Besitz, seine Kinder oder sogar sein Leben.«[3] In den 1980er-Jahren bezeichnete Cover das als die Gewalttätigkeit des Wortes. Er erlebte vielfach, wie diese Auslegung des Gesetzes in der Praxis stattfand, und es verängstigte ihn sehr. Verfassungen müssen Interpretationsspielraum lassen, aber dieser Spielraum kann auch großen Schaden anrichten. Richterliche Auslegung beeinflusst sowohl Qualität wie Quantität des Lebens von Staatsbürgern; sie kann

Konflikte und Chaos verursachen und Lebenssituationen unerträglich machen. Wird dadurch der soziale Frieden gefördert?

US-amerikanische Rechtsprofessoren behandeln in ihren Kursen regelmäßig einen bekannten hypothetischen Fall. Er wurde im Jahr 1949 von Lon Fuller niedergeschrieben und beschreibt eine fiktive Situation im 5. Jahrtausend, in der fünf Höhlenforscher unter der Erde feststecken. Sie müssen unter großem Druck Entscheidungen treffen, die schließlich dazu führen, dass ein Mitglied der Gruppe getötet und verzehrt wird, damit die anderen überleben.[4] Anschließend werden sie gerettet und landen wegen Mordes vor Gericht, wobei das zu dieser Zeit gültige Gesetz die Todesstrafe für sie vorsieht. Der Oberste Gerichtshof soll ein Urteil fällen und ist mit sieben Richtern besetzt, die alle das Gesetz und die Fakten des Falls unterschiedlich interpretieren. Seit Fuller diesen Fall vor einem halben Jahrhundert veröffentlichte, haben bekannte Rechtsgelehrte noch weitere hypothetische Richter und mögliche Meinungen hinzugefügt. Der Zweck des Ganzen ist es, Jurastudierenden die Unmöglichkeit der richtigen Auslegung und gleichzeitig die dramatischen Konsequenzen dieser unvermeidlichen Unmöglichkeit vor Augen zu führen.

Eine ähnliche, aber reale Situation ereignete sich einige Tage nach Thanksgiving im Jahr 2007. Alle Beteiligten waren unterschiedlicher Meinung, und ein Richter musste unter Zeitdruck die Verfassung auslegen, weil das Leben eines kranken Jungen auf dem Spiel stand. Der 14-jährige US-Amerikaner Dennis Lindberg war durch den Einfluss seiner Großmutter ein Zeuge Jehovas geworden. Er starb wenige Stunden nachdem das Gericht von Skagit County im Staat Washington sein Recht zur Verweigerung einer lebensrettenden Bluttransfusion bekräftigt hatte. Seine Weigerung war durch das verfassungsmäßige Recht auf religiöse Freiheit gedeckt. Der zuständige Richter konstatierte, dass der Junge sich »quasi selbst zum Tode verurteilte«. Dennoch respektierte er die Entscheidung, da Dennis aufgrund seiner religiösen Überzeugungen »die Transfusion für unrein und unwürdig hielt«.[5]

Als US-Amerikanerin, die mittlerweile seit vielen Jahren in Europa lebt, fühle ich mich oft wie eine Astronautin, die vom Weltall aus zum ersten Mal die Erde erblickt. Von hier oben aus hat man eine unglaublich klare Sicht. Die US-amerikanische Auffassung von Freiheit, die durch die Verfassung geschützt wird, gestattet eine Vielzahl von privaten und öffentlichen Praktiken. Dazu gehören auch das Recht auf freie Meinungsäußerung – selbst für die umstrittene »Hate Speech« – und gesetzliche Ausnahmen für religiöse Praktiken. Europa ist wie eine andere Welt. Dort sind nicht nur die Einflüsse des römischen Rechts spürbar, sondern auch die Nachwirkungen des Krieges und des Kommunismus, in dem das Individuum nichts zählt. In Dennis Lindbergs Fall gab es nichts, das der zuständige Richter Dennis' verfassungsmäßigem Recht auf freie Religionsausübung hätte entgegensetzen können, um sein Leben zu retten. Er konnte aus der Verfassung keine Verpflichtung zum Retten seines Lebens herauslesen. Nicht, weil sie nicht existierte, sondern weil – und das ist entscheidend – sie nicht aus dem Text übersetzt wurde. Der Richter »fand« sie nicht, er interpretierte den Text nicht so, dass eine Verpflichtung erkennbar gewesen wäre. Das hätte er aber vielleicht gekonnt. Unter den Beteiligten herrschte Uneinigkeit: Dennis' behandelnde Ärzte waren an den medizinischen Eid der American Medical Association gebunden und wollten sein Leben retten. Seine Eltern waren nicht religiös und wollten, dass er lebte. Dennis selbst aber sagte, er sei an die durch die US-Verfassung geschützten Regeln seiner Religion gebunden. All diese »Regeln« – die Verfassung, der medizinische Eid, die religiösen Vorschriften der Zeugen Jehovas – gerieten miteinander in Konflikt. Obendrein prallten die verschiedenen Meinungen der Eltern und Ärzte, der Großmutter und von Dennis aufeinander. Eine »gute Ordnung« oder gar Gerechtigkeit war dabei nirgends mehr erkennbar. Der 14-jährige Dennis befand sich in einem schlechten physischen und psychischen Zustand und starb. War es nicht die Aufgabe von Regeln, Gesetzen und vor allem Verfassungen, diesen schutzlosen, kranken Minderjährigen zu beschützen? Dennis wollte nicht sterben, aber er wollte auch kein vermeintlich unreines Blut in sich tragen, wie seine Religion ihn glauben ließ. Um zu überleben, würden mehrere Transfusionen notwendig sein, und so entschied er sich für den Tod. Ist das Gerechtigkeit?

Zum Vergleich will ich den Fall der jungen Karen Ann Quinlan schildern, der in den 1980er-Jahren in den USA Schlagzeilen machte. Die bis dahin unbekannte 21-Jährige aus Pennsylvania wurde für fast ein Jahrzehnt zu einer der meistdiskutierten Personen des Landes. Sie war nach dem Konsum von Valium und Alkohol in ein dauerhaftes Wachkoma gefallen. Ihre Eltern verlangten als praktizierende Katholiken, dass ihr Beatmungsgerät abgeschaltet werden sollte, weil sie dachten, es bereite ihr Schmerzen. Trotz Anzeichen für einen Hirntod verweigerten das die Ärzte, und so leiteten die Eltern rechtliche Schritte ein. Im Jahr 1975 gingen sie vor Gericht, und der Fall landete schließlich vor dem Obersten Gerichtshof New Jerseys. Im Jahr 1976 urteilte das Gericht, dass die Forderung der Eltern mit Quinlans Recht auf Privatsphäre in Einklang stand, und so wurde ihr Beatmungsgerät abgeschaltet. Quinlan lebte noch neun Jahre weiter, in denen sie künstlich ernährt wurde, bis sie im Jahr 1985 an Atemversagen starb.

Der zuständige Richter hätte aus Quinlans Recht auf Privatsphäre auch genauso gut *kein* Recht darauf herauslesen können, nicht beatmet zu werden. Rechtsauslegung ist fortwährend damit beschäftigt, Rechte zu finden oder nicht zu finden. Wie kann aber garantiert werden, dass die richtigen Rechte gefunden oder nicht gefunden werden – dass durch diesen Prozess allen Menschen Gerechtigkeit widerfährt? Die Verfassung der USA koexistiert wie alle anderen Verfassungen auf der Welt mit vielen anderen Gesetzen, Regeln und Kodizes, aber auch mit seit Langem bestehenden Traditionen und Glaubensvorstellungen. Das ist auch in unserem Fall in Mayotte so. In Frankreich, der Schwesterrepublik der USA, haben Richter oft gläubigen Bürgerinnen und Bürgern – auch Erwachsenen – ihr religiös begründetes Recht auf Verweigerung medizinischer Behandlung abgesprochen. Als Begründung führten sie ihre oberste Verpflichtung zum Schutz des Lebens an. In beiden Ländern sind die Verfassungen, Rechte und daraus entstehenden Konflikte ähnlich. Sie werden jedoch sehr unterschiedlich übersetzt und ausgelegt.

Manche dieser Beispiele erscheinen wie Anomalien in einem ansonsten gerechten System – obskure, medienwirksame Geschichten, die zu Tränen rühren. Das stimmt aber nicht. So etwas ereignet sich in unseren Demokratien täglich: Richter interpretieren die Verfassung und fällen dabei Urteile über Leben und Tod. Wer kann schon sagen, ob sie »richtig« entschieden, das Gesetz »richtig« ausgelegt haben? Und ob jene, die anderer Meinung sind, unrecht haben? Oft haben sie das nicht. Die persönliche Meinung eines Richters bestimmt, wie er die Verfassung und Gesetze im Allgemeinen auslegt. Daher haben anderslautende Meinungen zwangsläufig das Nachsehen. Um ein Klischee zu zitieren: Vieles geht bei der Übersetzung verloren.

Um noch ein Beispiel anzuführen: Im Oktober 2004 demonstrierte ein 15-jähriges muslimisches Mädchen aus Straßburg anschaulich, welche Probleme koexistierende Normen und Gesetze mit sich bringen. Sie schor ihren Kopf kahl, um zur Schule gehen zu können. Ihr zufolge war das die einzige Möglichkeit, wie sie gleichzeitig dem säkularen französischen Recht und dem althergebrachten islamischen Recht gerecht werden konnte. Erstgenanntes bestimmte ihr öffentliches Leben und verbot das Tragen eines Kopftuchs an staatlichen Schulen; Letztgenanntes bestimmte ihr Gewissen und verlangte, dass sie ihr Haar in der Öffentlichkeit bedeckte. Mit einem kahl geschorenen Kopf konnte sie beidem Folge leisten. Sie brachte es spontan fertig, einen Ausgleich herzustellen, der ihr den Schulbesuch ermöglichte. Die Regeln, die Gesetze und die Verfassung Frankreichs gaben ihr nicht den Rückhalt, den sie in dieser komplexen Situation benötigte – wenngleich sie von sich in Anspruch

3. DIE EIGENEN RECHTE – VERANTWORTUNGSVOLL – EINFORDERN

nahmen, das zu tun.[6] Sie erzeugten Chaos, aus dem sie sich schließlich befreien konnte. Vermutlich hätte sie jedoch nicht diesen Weg gewählt, wenn ihr Alternativen zur Verfügung gestanden hätten.

Ich habe hier nur einige Einzelfälle aufgeführt, aber es gibt viele ähnliche. Sie alle deuten auf einen Fakt hin, der überall alltäglich wahrnehmbar und unbestreitbar ist: wohldurchdachte Regeln, wie Gesetze und insbesondere Verfassungen, sind nicht in der Lage, unsere Rechte zu schützen. Sie versagen dabei, uns zu beschützen und Schaden abzuwehren. Manchmal, wie in den oben genannten Beispielen, lassen ihre Artikel und Zusatzartikel gefährliche Praktiken zu und entbinden den Staat von der Pflicht, seinen Bürgern zu helfen. Wir sind auf diese Hilfe jedoch in vielerlei Hinsicht angewiesen.

Oberste Gerichtshöfe wie der US-amerikanische versagen auf diese Weise. Sie sind die höchste Instanz im Justizsystem und damit das höchste Berufungsgericht, aber sie sind auch die Hüter der Verfassung. Verfassungsgerichte funktionieren anders, aber auch sie versagen.[7] Sie existieren außerhalb der regulären Struktur der Judikative, und der Schutz der Verfassung ist ihre Hauptaufgabe. In einigen Ländern können Verfassungsgerichte sogar eine abstrakte Normenkontrolle durchführen. Dabei können Richter ihre Auffassung zu Rechtsnormen abgeben, ohne dass gegenwärtig ein davon betroffener Fall vor Gericht verhandelt wird. In anderen Ländern wie beispielsweise Deutschland können sich einzelne Bürgerinnen und Bürger direkt an das Verfassungsgericht wenden und Verfassungsbeschwerde einlegen. Dazu müssen sie nachweisen, dass sie alle anderen

TEIL II: DIE LÖSUNGSWEGE

Rechtswege ausgeschöpft haben und ihre Rechte verletzt wurden.

Oberste Gerichtshöfe und Verfassungsgerichte sollen sicherstellen, dass Leviathan, dem die gesellschaftliche Ordnung anvertraut wurde, seiner Aufgabe im Einklang mit den geltenden Regeln, der Verfassung und den gesellschaftlichen Werten nachkommt. In der Vergangenheit hat sich das als nützlich erwiesen, aber Gesellschaften werden immer diverser. Auch wenn alle Bürger die Grundwerte und die Hierarchie ihrer Geltung akzeptieren, werden ihre Bedeutung und ihre Grenzen doch oft unterschiedlich interpretiert. Ich plädiere nicht dafür, die Grundrechte oder Verfassungen generell abzuschaffen – vielleicht eines Tages, aber erst in ferner Zukunft. Bestimmte Rechte wie beispielsweise das Medizinrecht, das Einfluss auf Leben und Tod hat, benötigen Regulierung, bis wir uns als Bürger darüber klar geworden sind, wie es gehandhabt werden soll. Vorläufig sind sie also notwendig, aber es sollten Schritte dahin unternommen werden, dass auch derlei Rechte nicht im Zentrum stehen. Vielmehr sollten Verfassungen nur das Grundgerüst sein, in dem wir uns bewegen – die Zweitbesetzung in unserem Drama. Wir müssen unsere eigene im Fluss befindliche Ordnung anstreben und selbst entscheiden, was gerecht ist. Wir müssen zivilen Gehorsam praktizieren, aber uns selbst und unseren Gemeinschaften gegenüber. Wir müssen unsere Rechte – verantwortungsvoll – wahrnehmen.

Manchmal ist es notwendig, nicht auf der vollständigen Durchsetzung der eigenen Rechte zu beharren, um die Rechte anderer zu schützen. Dies ist ein Aushandlungsprozess, der jeden Tag aufs Neue stattfinden muss.[8] Diese Aus-

3. DIE EIGENEN RECHTE – VERANTWORTUNGSVOLL – EINFORDERN

handlung wird manchmal scheitern, weil Menschen sich weigern, auf etwas zu verzichten, das ihnen ihrer Meinung nach zusteht. Es hängt von unserem geteilten Verständnis von Gerechtigkeit ab, wie weit wir diese Aushandlungsprozesse ausdehnen können und was wir mit ihnen erreichen. Damit ist nicht Selbstjustiz à la Clint Eastwood oder Quentin Tarantino gemeint, auch wenn deren Filme oft ein befriedigendes Ende haben. Ich will damit auch nicht das organisierte Verbrechen befürworten, wenngleich es als eine hierarchische Form der Abwendung vom Staat gesehen werden kann – organisierte kriminelle Gruppen stellen bestehende Gesetze und Autoritätsstrukturen infrage und schaffen somit eine Alternative zur staatlichen Ordnung.[9] Aber es *ist* vielleicht meine Reaktion auf eine Welt, die Al Pacino als rebellischer Rechtsanwalt in einem Justizdrama aus den 1970ern im Schlussplädoyer beschreibt: »Gerechtigkeit für alle. Aber es gibt da ein Problem. Beide Seiten wollen gewinnen. Wir wollen gewinnen, ungeachtet der Rechtsprechung, und wir wollen gewinnen ungeachtet der Wahrheit.«[10]

Mit meinen Studierenden in Bologna führe ich gerade eine Diskussion darüber, dass Gerechtigkeit keine naturgegebene Eigenschaft ist, die in einem Dokument verschriftlicht wurde. Gerechtigkeit ist keine objektive Sache, sondern eine subjektive Wahrnehmung von Fairness, und als solche kann sie nur als innere Tugend wirklich existieren. Wie wir alle wissen, gibt es keine universell gültige Definition von Gerechtigkeit, und es wird immer Meinungsverschiedenheiten und Gewinner und Verlierer geben. Wir können es aber nicht einfach der Verfassung oder den Gerichten überlassen, Gerechtigkeit für uns zu definieren. Ihr Urteil wird unter anderem durch Wettbewerb, Stolz, finanzielle Anreize und Restriktionen beeinflusst. Indem uns Gerichte einen so großen Teil unserer Arbeit abnehmen und eine so große Bedeutung in unserem Leben erlangen, indem wir Richtern die Last aufbürden, zu entscheiden, was gerecht ist und was nicht, haben wir unser Verständnis davon verloren, was Gerechtigkeit wirklich ist. Es ist nur noch ein dumpfes Gefühl davon übrig geblieben. Wir müssen also herausfinden, wie wir einen Teil dieser Aufgabe wieder selbst übernehmen können – wie wir auf der untersten Ebene gesellschaftlicher Organisation unsere Rechte selbst aushandeln können. Beispielsweise können die Menschen in einer Kleinstadt gemeinsam entscheiden, dass eine Statue im Park die Rechte einer bestimmten Gruppe verletzt, und dann diese Statue entfernen oder abdecken; sie können sich auch darauf einigen, dass der Gebetsruf einigen wenigen Nachbarn wichtig ist und man ihn deswegen nicht als Lärmverstoß anzeigen sollte. Es sind kleine Beispiele mit großen Botschaften, die in der Summe zu einem besseren Verständnis für unsere Mitmenschen beitragen. Wir müssen gemeinsam entscheiden, was »das Richtige« ist, wie es Michael Sandel mit schlichter Eleganz ausdrückt.[11]

Vor fast zwei Jahrzehnten taten sich Nachbarn zusammen und verklagten die Stadtverwaltung Oxfords. Sie wollten eine 0,04 Quadratkilometer große unbebaute Landfläche im Norden Oxfords schützen, die einst dem St. John's College gehört hatte. Nun gehörte der Stadt Oxford dieses »Buschland«, in dem Unkräuter wucherten und das der Vorsitzende Richter Lord Hoffmann als »nicht idyllisch«

bezeichnete. Nur ein Viertel der Fläche war überhaupt begehbar, und das auch nur für »robuste Wanderer«. Die Frage war: Wer hatte ein Anrecht auf dieses Land? Die Stadt wollte es an einen Bauträger verkaufen, der im zugebauten, teuren Oxford Sozialwohnungen errichten würde. Die Bagger standen schon bereit, aber die Anwohner konnten die Bauarbeiten verhindern, wofür ihnen NIMBY-Verhalten (Not In My Back Yard, sinngemäß: »eigentlich schon, aber bitte nicht bei mir«) vorgeworfen wurde. Es gelang ihnen, indem sie die Fläche als »Dorfanger« klassifizieren ließen. Mit einem Dorfanger wird nicht unbedingt »robustes Wandern« in Verbindung gebracht, und so musste das Konzept eines Dorfangers neu gefasst werden. Damit das Stück Land als Erholungs- und Freizeitfläche gelten konnte, musste die Klagepartei außerdem darlegen, dass diese Nutzungsform praktiziert wurde. In einer bahnbrechenden Entscheidung legte der Oberste Gerichtshof den Begriff des Dorfangers so aus, dass er diese Fläche miteinschloss.[12]

Innerhalb der nächsten zehn Jahre verwandelte die Nachbarschaftsinitiative den Anger jedoch quasi in ein Naturschutzgebiet, für das sie eigene Regeln festlegte.[13] Es wurden Schilder aufgestellt, die Joggen und Radfahren verboten, und der Anger hatte nur einen Zugang. Einige Anwohner wandten sich an die Initiative mit der Bitte, mehr Menschen in das Projekt einzubeziehen und Zugangs- und Nutzungsmöglichkeiten der Fläche zu verbessern, doch die Gruppe beharrte darauf, dass das den dortigen Wildtieren schaden würde. Dank der großartigen Bemühungen der Initiative ist es heute ein schönes und verwildertes Gelände mit reichhaltiger Flora und Fauna, zugänglich für alle, doch die Ausgestaltung all dessen haben nur einige wenige für sich beansprucht.[14]

Warum zählen die Rechte einer Gruppe von Bürgern mehr als die Rechte von anderen? Das Leben anderer? Das Leben von Armen und Obdachlosen? Wir vergessen immer wieder gern die Rechte der anderen und sind nicht bereit, hinter die unserer eigenen Gruppe zurückzutreten und die Rechte anderer Gruppen zu respektieren: über ethnische, religiöse, geschlechtliche, sozioökonomische Grenzen und auch Altersgrenzen hinweg. Es müssen so viele Bürger wie möglich in die Aushandlungsprozesse einbezogen werden. Wie die Stadtplanerin Yasminah Beebeejaun sagt: »Die Verwirklichung gesetzlicher Rechte bzw. der Schutz durch das Gesetz stellt sich nicht automatisch ein, so, als würde ein direkter Zusammenhang zwischen Gesetzgebung und Alltagsleben bestehen. Vielmehr finden im Alltagsleben komplexe Verhandlungen statt, in denen die Konzepte und Praktiken von Staatsbürgertum, Ausgrenzung und Vorurteilen gemeinsam mit anderen Stadtbewohnerinnen und -bewohnern erlebt und kreiert werden. Unsere Rechte werden verkörpert und bilden den Kontext, in dem Annahmen über unsere Subjektpositionen gemacht werden.«[15] Das ist ein akademisches Statement für eine akademische Leserschaft. Die Botschaft ist aber simpel und gleichzeitig tiefgründig: Echte demokratische Aushandlung von Rechten findet dann statt, wenn wir in den Räumen aneinandergeraten, in denen wir interagieren, und damit definieren, wer wir sind und wie wir unsere Rechte nutzen und uns zu eigen machen.

Dieses Kapitel handelt von Rechten: von den verschiedenen Möglichkeiten, wie wir als Individuen über den Schutz unserer eigenen Rechte verhandeln und dabei gleichzeitig die Rechte anderer schützen können. Das ist es, was meiner Meinung nach Gerechtigkeit im Kern ausmacht. Und es ist auch wahres Staatsbürgertum, denn so sind wir nicht ausschließlich vom staatlichen Schutz unserer Rechte abhängig und begnügen uns nicht nur passiv damit, was diese Rechte uns bieten. Anstatt Untertanen des Staats zu sein, sollten wir zu Akteuren werden. Dabei gibt es natürlich Grenzen: Wir dürfen keine Bürgerwehren gründen oder ohne einen rechtlichen Rahmen und medizinisches Fachwissen Entscheidungen über Leben und Tod treffen. Ferner sollten wir uns meiner Meinung nach nicht bewaffnen, auch wenn die Verfassung das gestattet, und wir sollten unsere Ziele nicht mit gewaltsamen Mitteln erreichen. Natürlich wird es immer kontroverse, polarisierende Debatten über schwierige Themen wie Abtreibungsrecht oder Sterbehilfe geben. Daher sollten wir uns vorerst auf Dinge konzentrieren, bei denen es nicht um Leben und Tod geht und die vergleichsweise einfach zu bewältigen sind. Danach können wir uns brisanteren Aufgaben widmen.

Man stelle sich beispielsweise eine Gemeinschaft vor, die ungebildete oder ökonomisch benachteiligte Frauen, Männer und Jugendliche aller Ethnien und Religionen weltanschaulich neutral und medizinisch korrekt über Verhütung und Familienplanung aufklärt. Dadurch treten weniger ungeplante Schwangerschaften auf. Wenn dann Vergewaltigungen oder Inzest zu Schwangerschaften führen oder wenn Föten und Mütter durch medizinische Komplikationen gefährdet sind, werden Gerichte vielleicht Frauen einen legalen und sicheren Weg zur Beendigung der Schwangerschaft anbieten. Zudem wären diese Frauen nicht mehr so wie jetzt Vorurteilen und Schikanen ausgesetzt.[16]

Unsere Rechte stehen heute im Mittelpunkt vieler Debatten – von der gleichgeschlechtlichen Ehe über die Religionsfreiheit bis hin zur Redefreiheit; von der Abtreibung und dem Recht auf Leben, der Freizügigkeit, dem Recht, Impfungen zu verweigern, bis zur Privatsphäre im Zeitalter von Facebook und so weiter. Das von mir konzipierte Staatsbürgertum basiert im Kern darauf, darüber zu diskutieren und Wege aufzuzeigen, wie diese Rechte durch gemeinsame Aushandlung geschützt werden können (anstatt das dem Rechtssystem zu überlassen). Wenn also Gerichte keine Lösung sind, was ist es dann, und wie können wir es in die Tat umsetzen?

In der Rechtsphilosophie und Verfassungstheorie findet eine lebhafte Diskussion darüber statt, wie Bürger mehr Kontrolle über Entscheidungen bekommen können, die ihr Leben beeinflussen, wie beispielsweise die Staatsausgaben, Amtssprachen und Feiertage. Zunehmend dreht sich die Diskussion auch darum, wie die Bürger auf den Umgang mit schwierigen, kontroversen Fragen Einfluss nehmen können, die die Grundrechte berühren. Einer der daran beteiligten Wissenschaftler war Mark Tushnet, dessen Karriere in den 1970er-Jahren als Rechtsreferent am Obersten Gerichtshof der Vereinigten Staaten begann. Dort war er Mitautor eines Memorandums, das beim Gerichtsurteil im Fall Roe gegen Wade eine wichtige Rolle spielte. In den darauffolgenden Jahrzehnten wurde Tushnet zu einem der meistzitierten Verfassungsrechtler und plädierte schließlich dafür, »den Gerichten die Verfassung wegzunehmen«. *Taking the Cons-*

titution Away From the Courts lautete der Titel eines seiner Bücher, in dem er ausführte, dass wir unsere universellen Menschenrechte mit dem »Verfassungsrecht des Volkes« schützen sollten. Dieses erhalte seine Legitimation durch die Vernunft und ermögliche eine vernunftgeleitete Debatte zwischen den verschiedenen beteiligten Volksgruppen. Tushnet beabsichtigte, den Gerichten einige der umstrittensten Entscheidungen unserer Zeit zu entziehen und sie zurück in die Hände demokratisch gewählter Organe wie der Legislative zu legen. Er mahnte, dass das zwar nicht automatisch zu besseren Entscheidungen führen würde, der Entscheidungsfindungsprozess jedoch näher an den Betroffenen stattfände. Entscheidungen würden in die politische Ebene verlagert und dort von Politikern diskutiert und verhandelt werden, die regelmäßig durch Wahlen abgewählt werden können. Das ist bei den Richtern an Obersten Gerichtshöfen nicht der Fall. Es würden zwar nicht zwangsläufig bessere Entscheidungen getroffen werden, aber die Mechanismen zur Entscheidungsfindung (öffentliche Diskussion und Wahlen) und die Beständigkeit dieser Entscheidungen (mögliche Schwankungen mit Wahlzyklen) würden sich fundamental vom elitär strukturierten Konstitutionalismus unterscheiden. Dieser zeichnet sich durch Rechtsgelehrte aus, die nicht durch Wahlen legitimiert sind und dennoch Entscheidungen treffen, die im ganzen Land gelten und quasi in Stein gemeißelt sind. Volkskonstitutionalismus und Varianten davon, die Wissenschaftler »deliberativer Konstitutionalismus« nennen, sind gegenwärtig heiß diskutierte Themen in der Rechtswissenschaft. Angesichts der bröckelnden politischen Strukturen des repräsentativen Staats, die schlechte Führungspersönlichkeiten und schlechte Entscheidungen hervorbringen und den Schutz von Rechten gefährden, fragen sich viele politische Philosophen und Rechtswissenschaftler, ob Konstitutionalismus anders gestaltet werden kann.

Ich war lange von Tushnets Argumenten überzeugt und glaubte, dass formelle Institutionen weiterhin den Großteil der Aufgaben übernehmen müssten – nur eben beratende Institutionen, die die Menschen stärker einbeziehen. Aber als ich mit den Jahren viele Auslandserfahrungen sammelte und eine Weile Co-Sekretärin des Elternbeirats an der Schule meiner Tochter gewesen war, wurde mir klar, dass ein wichtiger erster Schritt fehlte, damit ein solches Modell funktionieren kann – damit der Volkskonstitutionalismus oder der deliberative Konstitutionalismus Wirklichkeit werden kann: Wir Bürger müssen von unten her in Form von informellen und sich stetig weiterentwickelnden Strukturen die uns zustehende Macht ergreifen. In kleinen Schritten, indem wir uns zuerst mit den weniger schwerwiegenden Fragen befassen. Wir, die Bürger, und wir, die Völker, können und sollten unseren eigenen Konstitutionalismus einführen; nicht mittels Referenden oder Plebisziten, da diese Mechanismen wenig Spielraum für Verhandlungen lassen. Sie sind lediglich undurchschaubare Nullsummen-Entscheidungsverfahren. Geschworenensysteme oder Bürgerräte sind ebenfalls ungeeignet, da sie nur Ausschüsse darstellen, deren Mitglieder ausgelost werden. Auch diese Mechanismen beinhalten Abstimmungen, wenngleich Entscheidungen immerhin erst nach vorheriger Beratung getroffen werden. Was vielmehr benötigt wird, ist ein Guerilla-Konstitutionalismus, wie ich ihn zuspitzend nennen will. Dieser bedarf kontinuierlicher Vorarbeit. Ich weiß, das klingt verrückt, aber ich will erklären, was ich damit meine.

Wir können darauf hinarbeiten, indem wir die bestmöglichen Voraussetzungen für den Guerilla-Konstitutionalismus schaffen. Beispielsweise muss das Bildungsniveau der Gesellschaft durch Alphabetisierungs- und Informationskampagnen erhöht werden, sodass gewöhnliche Menschen in die Lage versetzt werden, Probleme selbstständig zu durchdenken, und nicht das Narrativ der gesellschaftlichen Elite ungefragt übernehmen. Idealerweise sollte jeder Zugang zu neutraler Information haben oder aber tendenziöse Nachrichten erkennen können. Das wird schwer umzusetzen sein. Die mit der besten Breitbandverbindung werden am schnellsten an Informationen gelangen, aber das bedeutet nicht, dass diese Informationen qualitativ höherwertig sind. Zudem überfluten die sozialen Medien unser Leben mittels eindeutig dahingehend gesteuerter Algorithmen, dass Hasskommentare begünstigt, Wahlen beeinflusst und Probleme verstärkt werden, denen wir eigentlich begegnen wollen.[17] Regierungen errichten zunehmend Aufsichtsbehörden zur Überwachung und Kontrolle dieser Information, aber wir können und sollten uns darauf nicht verlassen, sondern stattdessen verstärkt darüber nachdenken, wie wir unsere Mitmenschen vor Ort zur kritischen Bewertung von Information befähigen können.

In unseren öffentlichen Räumen müssen Tagesnachrichten für all jene zugänglich sein, die sie nicht auf ihren Smartphones verfolgen. Früher erhaschte man einen Blick auf die neuesten Schlagzeilen im Fenster des Kiosks um die Ecke und schwatzte mit dem Verkäufer über die jüngsten Ereignisse. Das heutige Äquivalent dazu könnten solarbetriebene Flachbildschirme sein, auf denen Informationen von verschiedenen Quellen angezeigt werden (mit optionaler Audiowiedergabe für Sehbehinderte). Es gibt solche unaufdringlichen Installationen schon seit einigen Jahren in Freilichtmuseen auf der ganzen Welt, einschließlich der Holocaust-Gedenkstätten in Deutschland. Kürzlich nutzte One Planet in Australien Bildschirme für öffentliche Informationskampagnen, und auch die Künstler des in London ansässigen Sozialunternehmens Climavore versuchen, mit Installationen auf die Notwendigkeit einer Ernährungsumstellung aufmerksam zu machen. Sie möchten eine öffentliche Debatte darüber anstoßen, dass der Klimawandel eine Neuorientierung des menschlichen Konsumverhaltens erfordert. Climavore nennt seine Installationen »site-responsive iterations« – lernendes Vorantasten.[18] Das ist es, was wir für den Anfang brauchen: keine statischen, sondern vielfältige dynamische Informationen, die dazu anregen, sich Wissen anzueignen, es zu hinterfragen und mit anderen darüber zu diskutieren, um dann reflektierte Entscheidungen zu treffen.

Die Tageszeitung faszinierte viele Philosophen, einschließlich Benedict Anderson und G. W. F. Hegel. Sie sahen sie nicht nur als Wissensquelle, sondern fast schon als einen Ersatz der säkularen Welt für das morgendliche Gebet. Der Akt des Zeitunglesens wird laut Anderson »in stiller Abgeschiedenheit in der Schädelhöhle verrichtet«. Aber – und das ist für unser Vorhaben entscheidend – Anderson sagte, dass sich alle Zeitungslesenden bewusst waren, dass Tausende bis Millionen andere Menschen gleichzeitig auch diese kleine Zeremonie abhielten. »Könnte man sich ein lebhafteres Bild für die säkulare, historisch getaktete, imaginierte Gemeinschaft vorstellen?«, fragte er.[19] Anderson schrieb zudem, dass Zeitungslesende in der U-Bahn oder beim Friseur andere Menschen sehen konnten, die die gleiche Zeitung lasen. Somit hatten sie die Gewissheit, dass diese imaginierte Gemeinschaft tatsächlich »im Alltagsleben existierte«. In der heutigen Zeit schauen die Menschen in der U-Bahn oder im Park auf ihr Smartphone, und man weiß nicht mehr, was sie lesen. Das Vertrauen in die Gemeinschaft – oder zumindest darin, dass wir dieselben Nachrichten lesen und somit durch dieselben Narrative verbunden sind – ist mit dem Aufkommen des Internets und des Mobiltelefons wohl verschwunden. Wir müssen im öffentlichen Raum, auf den Piazzen, wieder Informationen öffentlich zugänglich machen. Ohne solche Markierungspunkte sind wir durch die sozialen Medien überall »verbunden« und doch gleichzeitig atomisiert. Dieser bescheidene, aber wichtige erste Schritt schafft eine offene Diskussionsgrundlage für Bürger mit ähnlichem Kenntnisstand. Nur so können die schwierigen Entscheidungen Legitimität erhalten, die in die Verfassungen betreffenden Gerichtsdokumenten festgelegt sind: gleichgeschlechtliche Ehe, Abtreibung, Sterbehilfe, freie Religionsausübung und so weiter. So werden wir einen Weg finden können, wie wir uns unsere Rechte – verantwortungsvoll – zu eigen machen können.

Diese Form des Guerilla-Konstitutionalismus wird nur unter den richtigen Bedingungen funktionieren, und eine davon ist eine gemeinsame Diskussionsgrundlage. Der Entwicklungsökonom Albert Hirschman sprach von der Bedeutung der »Rückwärts- und Vorwärtsverknüpfungen«.[20] Er war der Annahme, dass sich während der Entwicklung eines Wirtschaftssektors Rückwärtsverknüpfungen (in Form von Zulieferunternehmen) herausbilden, weil sie für das Funktionieren des Sektors erforderlich sind. Ebenso entstehen Vorwärtsverknüpfungen in Form von weiterverarbeitenden Unternehmen, die den Output des Sektors nutzen. Der Guerilla-Konstitutionalismus benötigt solche Verknüpfungen, denn ohne sie wird eine faire Aushandlung von Rechten durch die Bürger nicht gelingen. Verknüpfungen entstehen, indem wir die richtigen Ausgangsbedingungen für Kinder schaffen; indem wir freien und seriösen Informationsaustausch im öffentlichen Raum, öffentliche Debatten und bürgerschaftliches Engagement fördern. Dieser neue Sektor der Bürgerinnen und Bürger lenkt den Fokus von Gemeinschaften nun weg von den Machthabern und hin zu Autarkie und Nachhaltigkeit. Er wird der gesellschaftlichen Realität gerecht – viele Mosaiksteine, die zusammen ein Ganzes ergeben. Er stößt eine Diskussion über Rechte an und bietet vielleicht sogar Raum für Bürgerausschüsse, die schwere Entscheidungen über wichtige Themen wie Sterbehilfe treffen können.

Damit der Guerilla-Konstitutionalismus funktionieren kann, müssen sich außerdem die Menschen in ihrer Wohngegend sicher fühlen. Das ist neben seriöser Information eine der wichtigsten Voraussetzungen. Glücklicherweise hat sich gezeigt, dass eine Erhöhung des Sicherheitsgefühls – mit einigen Anfangsschwierigkeiten und einigem Vertrauensvorschuss – erreicht werden kann. Kürzlich erklärte sich die Polizei von Brownsville in Brooklyn, New York, damit einverstanden, dass die Anwohner selbst Polizeiaufgaben übernahmen und sogar Notrufe entgegennahmen. Das fünftägige Experiment wurde mit Unterstützung der Gemeinde von der Organisation Brownsville In Violence Out (BIVO) geleitet und von vielen als Erfolg gesehen. Mehrmals im Jahr gibt nun die Polizei ihre Arbeit für fünf Tage an BIVO ab, deren Fokus auf Schlichtung liegt. Deren Mitglieder tragen keine Waffen und wenden keine Gewalt an. Bisher haben Anwohnergruppen »Menschen überzeugt, illegale Waffen auszuhändigen, Ladendiebstahl verhindert, einen Mann von einem Raubüberfall auf einen Kiosk abgehalten und eine schwangere Frau davon abgebracht, ihren Partner zu schlagen, der den Kindersitz und den Kinderwagen vergessen hatte«.[21] Und das ist erst der Anfang. Dieses Programm ist Teil des »Cure Violence«-Modells (ein Gewalt-Präventionsprogramm) des öffentlichen Gesundheitswesens und orientiert sich an evidenzbasierten Maßnahmen, die insbesondere Nachbarschaften mit hoher Kriminalitätsrate sicherer machen sollen. Bei dieser Herangehensweise spielen unter anderem »glaubwürdige Boten« eine Rolle. BIVO nutzt dafür Menschen, die in Brownsville aufgewachsen sind und selbst Täter oder Opfer von Schusswaffengewalt waren. Sie sollen Gewalt Einhalt gebieten, Konflikte vor Ort schlichten und in der Nachbarschaft durch Verbreitung positiver Narrative Möglichkeiten aufzeigen. Sie besitzen Glaubwürdigkeit, weil sie selbst dort aufgewachsen sind und die gesellschaftlichen Bedingungen kennen. Das schafft eine horizontale Verbindung zu den Bewohnern des Stadtteils, die ein ortsfremder Polizist wegen seiner hierarchischen Machtposition nicht aufbauen kann.[22] Lokale, glaubwürdige, spontane Unterstützung auf Augenhöhe für die Menschen vor Ort. Das ist ein wichtiges Element des Guerilla-Konstitutionalismus. Wenn derartige Zusammenschlüsse von Menschen echte Alternativen zu staatlicher Kontrolle ihrer Gemeinschaften einerseits und totaler, gesetzloser Anarchie andererseits anbieten, dann schwinden die Notwendigkeit und das Verlangen, sich hinter dem Gesetz zu verstecken und ihm die volle Verantwortung zu übertragen. Das wird an diesem sicheren Raum gut sichtbar, der Menschen hilft, zu verstehen, wie sie ihre Rechte ausüben und gleichzeitig die Rechte anderer schützen können.

Diese Ideen und Programme zielen darauf ab, die Öffentlichkeit für bestehende Probleme zu sensibilisieren, Aufklärungsarbeit zu leisten und Ungleichheiten zu beseitigen, die Bildungsdefizite, Informationslücken und mangelndes gesellschaftliches Engagement unter der Bevölkerung zur Folge haben. Wissenschaftsbereiche, die sich mit Demokratietheorie befassen, haben solche und ähnliche Vorgehensweisen schon immer als Voraussetzung für eine funktionierende Demokratie angesehen.[23] Es ist ein Rätsel, warum sie seit Jahrzehnten aus dem akademischen Diskurs verschwunden sind und Rechts- und Politikwissenschaftler sich fast ausschließlich mit Institutionen und Staatsoberhäuptern beschäftigen.[24] Wenn wir uns stattdessen auf die Voraussetzungen für eine funktionierende Demokratie konzentrieren, werden wir eines Tages feststellen, dass wir immer weniger auf Institutionen angewiesen sind, weil wir die Kapazitäten und Fähigkeiten entwickelt haben, die großen Aufgaben selbst zu meistern. An diesem Punkt beginnen wir, uns unsere Rechte wirklich zu eigen zu machen und »ultrasozial« zu sein, wie es Psychologen und Biologen nennen. Derzeit wird wichtige Forschung durchgeführt, die verschiedene Spezies auf mehreren Kontinenten in den Blick nimmt. Dabei untersuchen unter anderem Psychologen, Wirtschaftswissenschaftler, Anthropologen, Biologen und Mathematiker, welche Bedingungen Zusammenarbeit und Vertrauen nicht nur innerhalb einer homogenen Gruppe (zum Beispiel bezogen auf Erscheinungsbild, Werte und Verhalten) begünstigen, sondern insbesondere zwischen heterogenen Gruppen.

Als die Pandemie endlich vorüber war, wollte der Elternbeirat der Schule meiner Tochter freitags wie gewohnt wieder Eis verkaufen. Diese Veranstaltung war immer beliebt und heiter gewesen. Man traf sich und gönnte sich gemeinsam eine Leckerei, und für die Kinder signalisierte es den Beginn des Sommers. Außerdem brachte es der Schule ein wenig Geld ein. Die Frage war nun aber, zu welchem Preis das Eis verkauft werden sollte. Es ist eine staatliche Grundschule, auf der fast die Hälfte aller Kinder Englisch nur als Zweitsprache spricht und viele zudem auf kostenlose Schulmahlzeiten angewiesen sind. Wir diskutierten im Elternbeirat, welcher Preis für alle Kinder erschwinglich sein würde. Gleichzeitig mussten aber die Kosten gedeckt und idealerweise sogar Gewinn gemacht werden, um Dinge wie Bälle und Hula-Hoop-Reifen für die Schule zu kaufen. Ich bat meinen ehemaligen Kollegen Gary King um Rat, der mir den spendenbasierten Ansatz nahelegte. Also verteilten wir das Eis gratis, aber baten alle, die es sich leisten konnten, um eine beliebig hohe Spende, und verwiesen darauf, dass alle Gewinne der Ausstattung der Schule zugutekämen. Dieses System war ein voller Erfolg, da nicht wenige Menschen mehr als den ursprünglich veranschlagten Preis (ein Pfund) spendeten. Niemand zwang sie dazu, aber ich will ihre Beweggründe erläutern.

Von Ökonomen und Psychologen durchgeführte Experimente belegen, dass »Framing« (auf Deutsch etwa »Rahmung«) eine wichtige Rolle spielen kann. Wenn Probleme in einer Weise diskursiv »gerahmt« werden, die zu kooperativen, altruistischen Entscheidungen ermutigt, können sich Menschen ihre Rechte verantwortungsvoll zu eigen machen, wodurch egoistische Motive an Bedeutung verlieren. Damit sind wir schon auf dem richtigen Weg.[25] In unserem Fall mussten wir also den Eiskunden erklären, dass die Spenden nicht in unsere Taschen wanderten oder für irgendeinen guten Zweck bestimmt waren, von dem sie noch nie gehört hatten, sondern den Kindern der Schule zugutekamen. Außerdem zeigen Experimente, dass Menschen beim Kauf eines »Luxusguts« – wie beispielsweise einem Eis – bereitwilliger spenden als beim Kauf eines Bedarfsgegenstands. Auch sind sie eher gewillt, für den »Luxus« zu viel zu bezahlen.[26] Menschen teilen unter diesen Umständen also bereitwilliger, weshalb man uns »unreinen« Altruismus vorwerfen könnte: Manchen Sozialwissenschaftlern zufolge ziehen wir einen Nutzen aus dem wohligen Gefühl des Gebens. Laut dieser Auffassung spenden Menschen oder helfen Fremden nicht nur aus rein altruistischen Motiven. Vielmehr ist das wohlige Gefühl, das sich durch das Geben einstellt, für uns ein persönlicher Nutzen und also ein Anreiz.

Wir wollen es fürs Erste dabei belassen. Unabhängig davon, ob der Mensch nun egoistisch oder altruistisch ist, hat die Forschung gezeigt, dass Menschen einander unter den richtigen Umständen helfen. Wir reduzieren oder begrenzen unsere Ansprüche, damit andere auch profitieren können. Um der Verwirklichung des Guerilla-Konstitutionalismus näher zu kommen, müssen wir also Themen richtig rahmen und uns das wohlige Gefühl des Gebens zunutze machen. Diese Schritte werden uns ermutigen, weil wir durch sie realisieren, dass wir anderen zu ihrem Recht verhelfen können, wenn wir unsere eigenen Rechte ein wenig beschränken. Wäre es das nicht wert?

Mit Sicherheit wird es Schmarotzer geben, die diese Großzügigkeit ausnutzen, aber es könnte sich trotzdem lohnen, dieses Risiko einzugehen. Vielleicht können auch sanfte Methoden gefunden werden, um die Schmarotzer mit ins Boot zu holen.

Es scheint viel verlangt zu sein, das wohlige Gefühl des Gebens zum Prinzip der Aushandlung von Rechten zu erheben und auf dieser Basis den Guerilla-Konstitutionalismus zu etablieren. Rechte sind natürlich eine andere Art von »Gut«. Wir können mehr Geld verdienen, aber können wir auch mehr Rechte kreieren, wenn wir auf unsere eigenen verzichten? Betrachten wir als Beispiel den Konflikt zwischen sexueller Orientierung und Hochzeitstorten. Die Obersten Gerichtshöfe in den USA und im Vereinigten Königreich berieten darüber, ob christliche Konditoren sich laut der Verfassung weigern durften, eine Torte für eine gleichgeschlechtliche Hochzeit zu backen und mit Zuckerguss »Ja zur gleichgeschlechtlichen Ehe« darauf zu schreiben.[27] Daraufhin kontaktierte ich eine solche christliche Bäckerin, die ich im Internet ausfindig gemacht hatte. »Ich würde *jedem*, der mich darum bittet, eine Torte oder etwas zu essen zubereiten«, antwortete sie. »So wie Gott auch jedem seine Liebe zuteilwerden lässt, der darum bittet. Ich mache da keine Ausnahmen.«[28] Anderen ihre Rechte mit einem wohligen Gefühl zugestehen. Sich die eigenen Rechte verantwortungsvoll zu eigen machen. Sie im Kontakt mit anderen aushandeln, dabei kreativ neu interpretieren und diesen Prozess selbst in die Hand nehmen. Sich etwas vom Kuchen nehmen, aber sicherstellen, dass auch etwas für den Nachbarn und die Nachbarin übrig bleibt.

4. Mehr Zeit auf einer Piazza verbringen

In der US-amerikanischen Sitcom *Cheers* heißt es, dass man manchmal einfach nur dorthin gehen möchte, wo einen jeder beim Namen kennt. Das stimmt tatsächlich. Verschiedenste Untersuchungen haben gezeigt, dass wir uns am liebsten da aufhalten, wo man uns kennt und mag. Einen Ort zu haben, wohin wir regelmäßig gehen können und wo wir uns zugehörig und akzeptiert fühlen, ist auch in politischer Hinsicht wichtig. Die physische Gemeinschaft, der erfahrbare öffentliche Raum und das Vereinsleben sind für die Demokratie von entscheidender Bedeutung.[1] Die für alle frei zugänglichen Räume, die ich weit gefasst als Piazzen bezeichnen will, haben wenig mit dem Recht zu tun, wie wir es kennen: Das moderne Recht entstand nicht durch Kooperation im öffentlichen Raum, sondern durch Konflikte und die Notwendigkeit ihrer Lösung.

Verlassen Sie für einen Augenblick die gemütliche Kneipe oder das Café, wo Sie gerade etwas trinken und sich mit Bekannten unterhalten, die Ihnen dabei zuhören, wie Sie sich über die Politik, die Arbeit oder die anstrengende Verwandtschaft beklagen. Stellen Sie sich stattdessen einen Dorfplatz im mittelalterlichen England vor, auf dem sich zwei nervöse Männer gegenüberstehen, um eine Meinungsverschiedenheit mit Schwertern zu klären. Die Menschenmenge um sie herum ist wie gelähmt. Die Zuschauer halten vor Aufregung den Atem an, hypnotisiert durch die Erregung des Kampfes, die unsere Seele ergreift und uns dazu bringt, zuzusehen und zu spekulieren, wer verliert. Abgesehen von der körperlichen Gewalt erinnert das an Gerichtsprozesse, die in den USA im Fernsehen übertragen werden und dort große Aufmerksamkeit erregen, von O. J. Simpson über Johnny Depp bis Gwyneth Paltrow. Auch wenn wir an einem schweren Unfall vorbeifahren, fühlen wir uns schon fast gezwungen, wider besseres Wissen langsamer zu fahren, den Kopf aus dem Autofenster zu strecken und zu gaffen – erleichtert, dass wir nicht selbst darin verwickelt sind.

Diese durch viele Jahrhunderte getrennten Beispiele habe ich nicht zufällig gewählt. Das Duell mit dem Schwert ist der Ursprung des Verhandlungsgrundsatzes, auf dem das Rechtssystem unserer sogenannten zivilisierten Länder beruht.[2] In den USA wird beispielsweise »die in Gerichtskampf und Gottesurteil zutage tretende Machtdynamik heute jedem amerikanischen Prozessanwalt vertraut sein«.[3] Der Prozess mag vom Dorfplatz in ein steriles und geordnetes Gerichtsgebäude verlegt worden sein, aber das Grundprinzip bleibt das gleiche. Es geht um die Verteidigung der Ehre, um Recht und Unrecht. Und ob auf dem staubigen Dorfplatz oder im sauberen Gerichtssaal – diese Form der Streitschlichtung hat wenig mit Kooperation zu tun, denn ein Duell ging oft bis zum Tod, und auch das Ergebnis im Gerichtssaal ist fast nie eine Win-win-Situation, sondern gewöhnlich ein Nullsummenspiel: Der Gewinn des einen Kontrahenten ist gleich dem Verlust des anderen. Man kann einwenden, dass in der Praxis viele Rechtsstreite keine Nullsummenspiele sind. Wenn Gerechtigkeit hergestellt wird, wenn die an die Gesellschaft gesendete Botschaft positive Wirkungen auf das Verhalten der nachfolgenden Generationen hat, ist es keine totale Niederlage für eine Partei, sondern ein Gewinn für die Zukunft aller. Wie James Marshall, Mitglied der Anwaltskammer des Staats New York und sowohl Prozessanwalt als auch Forscher, einmal darlegte:

> Literatur und Fernsehshows haben bei den Menschen die Vorstellung verbreitet, dass sich das Recht hauptsächlich in Gerichtsverfahren erschöpft, in denen sich knallharte, raffinierte, hinterhältige Widersacher vor ahnungslosen Jurys gegenüberstehen. Die Vorsitzenden Richter sind entweder ein leuchtendes Beispiel der Gerechtigkeit, Idioten oder korrupt. Eine Seite ist im Recht und die andere im Unrecht. Eine Seite versucht, die Wahrheit ans Licht zu bringen, die andere, sie zu verschleiern. Diese Auffassung des Rechts ähnelt dem in der *Ilias* geschilderten legendären Ideal des Krieges, in dem sich mächtige Kämpfer Auge in Auge gegenüberstehen. Nichtsdestotrotz ist diese volkstümliche Auffassung […] insoweit zutreffend, als das kontradiktorische Verfahren ein Nullsummenspiel erzeugt, wie es Spieltheoretiker nennen.[4]

Wir müssen uns jedoch nur die letzten bekannten Fälle in Erinnerung rufen, die so zu funktionieren schienen. Im Fall Roe gegen Wade im Jahr 1973 wurde die Freiheit von Frauen zur Durchführung von Abtreibungen geschützt. Die Entscheidung wurde von manchen aufrichtig bejubelt, von anderen jedoch vehement abgelehnt. Sie polarisierte und brachte Debatten in Gang, rief aber auch gewalttätige Reaktionen hervor. Es folgten viele Rechtsentscheide auf verschiedenen Ebenen des Landes, die kürzlich in dem Fall Dobbs gegen Jackson kulminierten. Die Mehrheit des Obersten Gerichtshofs urteilte im Jahr 2022, dass die Rechtsauslegung im Fall Roe und einigen späteren Fällen ›von vornherein unerhört falsch‹ war. Gleichzeitig bezeichneten die anderen Richter dieses Gerichts die Kritik ihrer Kollegen an Roe und die Urteilsaufhebung als entweder ›scheinheilig‹ oder zutiefst besorgniserregend, da weitere verfassungsmäßige Rechte in den USA ähnlich bedroht sein könnten.[5]

Auf diese Weise löst das Recht Probleme, aber reicht das? Nein, wir brauchen eine neue Struktur.[6]

Dafür möchte ich Sie zu einem anderen Schlachtfeld mitnehmen, in dessen Mitte eine friedliche Piazza liegt. Im Irak, wo der Tod allgegenwärtig war, gab es in der Internationalen Zone Bagdads einen kleinen Massagesalon namens Dojo's Day Spa. Es war ein von Palmen flankierter Wohnwagen auf Stelzen, wie viele während des Krieges in der Internationalen Zone errichteten temporären Gebäude. Was sich im Inneren abspielte, erinnerte mich stark an Bertolt Brecht. Eine junge Frau aus den Philippinen betrieb dieses Etablissement, und sie glich Mutter Courage – eine Frau, die gekommen war, um von dem Krieg zu profitieren. Ich erinnere mich noch genau an ihr Gesicht, wenn sie mir zur Begrüßung an der Tür zulächelte.[7] Einige Flaschen US-amerikanisches Shampoo waren auf einem kleinen Wandregal hinter ihr stolz zur Schau gestellt, so wie vielleicht in einem ostdeutschen Friseursalon in den 1970er-Jahren. Schließlich war es ein Kriegsgebiet. Eine andere Frau war zusammen mit ihr von Manila hergereist, um das Geschäft zu eröffnen. Sie schickten die mit jeder Massage und jeder Fußpflege verdienten US-amerikanischen Dollar heim zu ihren Kindern auf den Philippinen. Eine der Frauen erzählte mir von ihrer Hoffnung, mit diesem Geld einmal das College für ihren Sohn bezahlen zu können. Vielleicht sogar in den USA, sagte sie. Und indem sie erschöpfte US-amerikanische Soldaten nach einem strapaziösen und angespannten Tag des Kämpfens massierten, leisteten diese Frauen einen Dienst, der auf Gegenseitigkeit beruhte: Sie nahmen und sie gaben (es wurden aber keine sexuellen Dienstleistungen angeboten).

Auf einem Schild an der Wand stand »Selbst gemachtes Wohlfühlessen«, und sie servierten zusätzlich zu den Massagen hausgemachte Speisen. Indem sie diese Annehmlichkeiten inmitten der streng regulierten und militarisierten Zone anboten, gewährten sie den Soldaten eine zeitweilige Entlastung vom Stress und der Entfremdung des Krieges.

Ich betrachtete die Soldaten, die auf diese Piazza kamen. Sie entspannten sich, während ihnen sorgfältig feuchte blaue Gesichtsmasken aufgelegt wurden. Die meisten kannten einander, manche aber noch nicht, und sie lernten sich hier kennen. Sie konnten mit den Frauen darüber sprechen, was in ihrem Leben vor sich ging. Sie wurden nicht dafür verurteilt, dass sie diesen Krieg hassten und nach Hause wollten oder dass sie bleiben wollten. Vielmehr unterstützten diese Frauen sie, wenn auch nur minimal und nur für einen kurzen Moment. Sie waren ein Ersatz für die platonischen sinnlichen Freuden des heimatlichen Lebens und Komforts in Friedenszeiten: Kinder, die einem auf die Schultern klettern; Mutters warmes, selbst gemachtes Chili und so weiter. Und es funktionierte. Was bedeutete das? Natürlich handelte es sich, da es um den Austausch von Waren und Dienstleistungen zum beiderseitigen Nutzen ging, um Kapitalismus. Aber es entstanden wichtige positive externe Effekte. So bezeichnen Ökonomen Situationen, in denen ein Dritter profitiert, der nicht Teil des unmittelbaren Austauschs ist. Der Begünstigte kann eine andere Person, eine Gruppe oder die Gesellschaft im Allgemeinen sein. In diesem Fall sind es möglicherweise die Familien der Soldaten, ihre Freunde und ihre Kameraden. Inmitten eines nervenaufreibenden und instabilen Kriegsgebiets haben zwei Kräfte – Soldaten und Arbeitsmigrantinnen – organisch und spontan begonnen zu kooperieren. Sie übernehmen in begrenztem Umfang füreinander Verantwortung. Ich arbeitete einmal in einer japanischen Pianobar an der New Yorker East Side, wo es ähnlich war. Sie bot Raum für eine Art von Gemeinschaft, wie flüchtig, oberflächlich und, wage ich zu behaupten, genderspezifisch sie auch sein mochte. Es glich dem Sofa eines Psychiaters, wo eine Person dafür bezahlt wird, der anderen zuzuhören. Der resultierende Austausch zwischen Käufer und Verkäufer führt zu etwas Positivem für die Anwesenden und auch für andere, die nicht da sind. Unter den Soldaten, die das Spa besuchten, entwickelte sich ein Gemeinschaftssinn, der einem gemeinsamen Bedürfnis entsprang. Maria Montessori, die italienische Kinderärztin und Pädagogin, nannte es »Selbstfürsorge«. Manchen erscheint das unbedeutend, aber ganz im Gegenteil: An diesem Ort mitten im Kriegsgebiet konnten Menschen eine Spur von Würde finden, und sie fühlten sich besser, wenn sie ihn wieder verließen.

Michael Polanyi hätte genau diese Szene in Bagdad vermutlich als spontane Kooperation bezeichnet, auch wenn ihr in diesem Beispiel Eigeninteresse zugrunde lag. Für Kooperation ist Vertrauen nötig, und Vertrauen bedarf geteilter Wertvorstellungen. Diese entstehen wiederum oft auf solchen Piazzen.

Ein weiteres Beispiel für diese spontane Ordnung gibt es sehr weit weg von Bagdad, an einem Spielplatz in Oxford namens Bury Knowle Playground. Dort kommen im Sommer jeden Tag Kinder ungeachtet ihrer Hautfarbe, Religionszugehörigkeit und gesellschaftlichen Schicht friedlich zusammen und setzen ohne Eltern oder Erzieher eine Wasserpumpe in Gang. Diese jungen Menschen verhalten sich ähnlich wie die älteren Männer in einem Lokal an der South Side Chicagos, in dem der Soziologe Mitchell Duneier die Beziehungen zwischen Menschen unterschiedlicher Hautfarbe untersuchte. Die Forschungsergebnisse dokumentierte er in seinem preisgekrönten Buch *Slim's Table*. Duneier stellte fest, dass die Schwarzen Männer in der Gemeinde zusammenhielten und sich ihrer Identität bewusst waren, weil sich alle Männer dort unabhängig von ihrer Hautfarbe gegenseitig respektierten und ein Gemeinschaftsgefühl entwickelten. Das Lokal bot einen Raum, in dem diese Männer einander nach eigenen Regeln immer wieder erfahren konnten. Sie konnten entscheiden, wann sie kamen und wann nicht. Sie konnten sich bei billigem Kaffee unterhalten, Gemeinsamkeiten entdecken und einen Gemeinschaftssinn entwickeln. Bezeichnenderweise war dieses Lokal an der South Side von Chicago einzigartig. Wer *Sohn dieses Landes* von Richard Wright liest, Szenen aus *The Blues Brothers* ansieht oder Jim Croces »Bad, Bad Leroy Brown« anhört, versteht, dass das eines der am stärksten nach Hautfarbe und Herkunft durchmischten Viertel Chicagos – und den USA allgemein – ist, in dem erschreckend große soziale Ungleichheit herrscht.

Aber erinnern wir uns daran, was uns die Blasen gelehrt haben. Die Natur kann ihre eigene gute Ordnung finden, wenn man auf ihre Fähigkeiten vertraut. Diese Nischen in Chicago, Bagdad und Oxford zeigen, dass wir das auch können, wenn wir geteilte Räume – so klein und provisorisch sie auch sein mögen – gemeinschaftlich erschaffen und regelmäßig nutzen. Wir können ein neues Verständnis von jener uralten Idee erlangen – der Piazza: »eine Öffnung im Gewebe der Stadt, die öffentlichen Zugang und Aktivität in verschiedenen Formen erlaubt«.[8] Piazzen haben ihre Wurzeln in der griechischen Agora, und ihre Nutzungsform schwankte im Lauf der Jahrhunderte zwischen militärischer und politischer Nutzung durch den Staat und religiöser, kommerzieller und spontaner öffentlicher Nutzung. Wir sollten uns diese besonderen Orte wieder aneignen, die ich hier als Piazza bezeichne und die als öffentliche Räume zwischen privat und staatlich genutzten Flächen zu verorten sind.

Der Stadtgeograf David Harvey hat unseren »Orten der Geselligkeit«, wie er sie nennt, viel Beachtung geschenkt. Seine These ist, dass dort Differenzen aufeinandertreffen können und sollen und wir durch diesen Prozess »Konflikte austragen und beilegen« können.⁹ Sicher ist das eine utopische Vorstellung, denn an einigen Orten mündeten solche Differenzen beim Aufeinandertreffen in Gewalt. Aber diese dezentrale und spontane Austragung unserer Meinungsverschiedenheiten – und dabei die Erkenntnis, dass wir trotz unserer Differenzen doch grundlegende Werte teilen – ist auch das Herzstück meines utopischen Projekts. Wenn wir erst einmal zusammenkommen, um unsere Differenzen ein wenig besser zu verstehen, wird der Rest hoffentlich von allein passieren. Aber dafür müssen wahrscheinlich einige Auseinandersetzungen geführt werden.

Betrachten wir beispielsweise Notting Hill im Westen Londons in den 1970er-Jahren, das damals an die South Side Chicagos erinnerte. Es war voller heruntergekommener Reihenhäuser, zwischen denen zerbombte Ruinen aus dem Zweiten Weltkrieg brachlagen. Die mangelnde Bereitschaft der Stadt, für dieses Viertel finanzielle Mittel zur Verfügung zu stellen, machte es zu einem unansehnlichen Teil Londons und deshalb zu einer billigen Wohngegend. Anders als heute zog Notting Hill in den 1970er-Jahren weniger gut betuchte Menschen an. Viele von ihnen waren Einwanderer, die sich die Mieten in den grüneren und saubereren Vierteln Londons nicht leisten konnten. Sie stammten häufig aus den früheren britischen Kolonien, und unter ihnen waren zahlreiche Schwarze Familien von den Westindischen Inseln. Diese Familien fanden Trost und Gemeinschaft hier in Notting Hill. Sie etablierten Treffpunkte – ihre Version der Piazza –, wo sie ihr Essen, ihre Musik und Subkultur zelebrieren konnten. Das war nötig, um ihre eigene Gemeinschaft neben dem weißen Großbritannien nicht aus dem Blick zu verlieren.

Das Restaurant »Mangrove« in der Nummer 8 der All Saints Road, W11, war ein solcher Ort. Es war die ganze Nacht geöffnet und machte den Großteil seines Umsatzes nach Mitternacht. Verschiedenste Einwanderer aus Jamaika und anderen Gegenden der Karibik kamen hierher: Anwohner aus dem Viertel mit ihren jungen Familien genauso wie berühmte Schwarze Künstler, Intellektuelle und Musiker. Der Bürgerrechtsaktivist Frank Crichlow führte das Restaurant, aber es entwickelte sich durch das Geschehen im Quartier zu einem solchen gesellschaftlichen Dreh- und Angelpunkt. Dies führte zur Herausbildung einer echten Gemeinschaft, die einen der wichtigsten juristisch geführten Kämpfe gegen den Rassismus in der britischen Geschichte gewinnen sollte.[10]

Die Londoner Polizei führte wiederholt Razzien im »Mangrove« durch, mit der Behauptung, dort gäbe es Drogen und Prostitution. Die Anwohner bestritten diese Anschuldigungen, und es wurden nie Beweise für jedwede illegalen, antisozialen Handlungen gefunden. Nach zwölf Razzien innerhalb von 18 Monaten mit dem Vorwand, illegale Aktivitäten unterbinden zu wollen, gründeten frustrierte Anwohner gemeinsam das »Action Committee for the Defence of the Mangrove«. Am 9. August 1970 veranstalteten 150 Mitglieder dieses Komitees und andere Unterstützer aus der Nachbarschaft einen Marsch zum Polizeirevier von Notting Hill. Sie protestierten gegen die wiederholte, ihrer Meinung nach auf Rassismus beruhende Belästigung durch die Polizei. Die Londoner Polizei mobilisierte eine Spezial-

4. MEHR ZEIT AUF EINER PIAZZA VERBRINGEN

einheit mit verdeckten Ermittlern und Fotografen, die sich unter die Demonstranten mischten. Wie sich später herausstellte, stachelten diese Spezialkräfte die Menge zu gewalttätigen Ausschreitungen an, in einem gezielten Versuch der Polizei, die entstehende Black-Power-Bewegung aufs Korn zu nehmen. Die Polizei verhaftete dabei neun Menschen, die später als die Mangrove Nine bekannt wurden. Es waren Aktivisten, die das Restaurant verteidigt hatten, und sie wurden unter anderem wegen Anstiftung zum Aufruhr angeklagt.

Diese neun Verhafteten verlangten Schwarze Geschworene – eine mit ihresgleichen besetzte Jury. Nach dem Vorbild der Black-Panther-Bewegung in den USA bauten die neun Aktivisten und ihre Unterstützer ein Informationsnetzwerk auf. Sie wollten diesem lokalen Fall von Rassenkonflikten mit der Polizei nationale Tragweite verleihen und internationale Reaktionen hervorrufen. Mitglieder der Mangrove-Community verteilten Flugblätter und starteten eine öffentliche Informationskampagne, um Bewusstsein für den Fall und institutionellen Rassismus allgemein zu wecken. Nach 55 Verhandlungstagen wurden alle Angeklagten durch die Geschworenen von den wichtigsten Anklagepunkten freigesprochen, fünf von ihnen sogar von allen. Diese Entscheidung war in einer wichtigen Hinsicht bahnbrechend: Es war das erste Mal, dass ein Gericht der Londoner Polizei Rassismus und Fehlverhalten attestierte.[11] Die Aktivisten erreichten aber noch mehr.

Die Wege der Mangrove Nine trennten sich zwar, nachdem sie vor Gericht diesen Sieg errungen und im ganzen Land Unterstützung und Aufmerksamkeit erzeugt hatten.

TEIL II: DIE LÖSUNGSWEGE

Sie und ihre Gemeinschaft engagierten sich danach jedoch in verschiedenen Gruppen und Organisationen – wie Kreise in einem Venn-Diagramm –, um in den nächsten Jahrzehnten Polizeireformen und Rechenschaftspflicht in Großbritannien voranzubringen. Diese sich überlappenden Kreise der Kooperation kamen und gingen in Form von neuen Gruppen und Bewegungen und lernten dabei voneinander. Darunter war die »Mangrove Community Association«, die zu einer Art CVJM plus wurde. Sie erbrachte unter anderem Dienstleistungen für junge und alte Mitglieder der Gemeinschaft und half ehemaligen Häftlingen bei der Wiedereingliederung in die Gesellschaft. Das zeigt, wie spontane, selbstverstärkende Kooperation lokal begrenzt auf einer Piazza begann und dann genug unmittelbares Vertrauen innerhalb einer Gemeinschaft erzeugte, um schließlich die Grundlage für soziale Interaktionen auf einer Makroebene zu bilden.

Ich schickte dem offiziellen Fotografen der Mangrove Nine, dem in Jamaika geborenen Neil Kenlock, einige Fragen. Er ist jetzt über 70 und hatte damals die Erfahrungen dieser Bewegungen, aber auch die Schwarzer Menschen im Vereinigten Königreich allgemein dokumentiert. Ich wollte wissen, wie die Bewegung entstanden war, die die Mangrove Nine unterstützt hatte, wie sie sich organisiert hatte und wer ihre Anführer gewesen waren – wenn es überhaupt welche gegeben hatte. Kenlock antwortete per E-Mail, dass »niemand einem sagte, man sollte um zehn Uhr irgendwo sein. Die Leute schauten sich einfach die Lage an und handelten.« Es gab keine dominierenden Anführer und keine Hierarchie. Die Menschen informierten sich selbst. Sie holten

4. MEHR ZEIT AUF EINER PIAZZA VERBRINGEN

Leute mit ins Boot, die mehr Bildung und Erfahrung hatten und ihr Wissen mit ihnen teilten. Menschen wurden inspiriert und lernten, sie wurden nicht mobilisiert. Wichtig war, wie Kenlock sagte, dass »niemand sie dazu drängte. Sie wollten von sich aus mitmachen.« Warum? Es war offensichtlich. »Die Leute kannten sich, und sie verstanden. Alle blickten in die gleiche Richtung.«[12] Und das ist die Macht der Piazza, denn sie ermöglicht uns, buchstäblich in die gleiche Richtung zu schauen und so einen Gemeinschaftssinn zu erlangen. Indem wir das tun, können wir beginnen, koordiniert zu handeln und etwas zu bewegen, so wie in Notting Hill.

Vor einigen Jahren unternahm meine Familie einen Tagesausflug in ein Dorf auf dem Land in Oxfordshire. Hinter dem Spielplatz der Dorfschule, in Richtung des Brombeergestrüpps und der Felder, verrichtete eine Gruppe von Jungen zwischen acht und vierzehn Jahren mit Schaufeln und Spaten Schwerstarbeit. Sie gruben ein kleines Stück Land am Rand des Spielplatzes um. Zuerst dachte ich, es könnte ein Kleingartengelände werden. Tatsächlich wollten diese Jungen aber kein Gemüse pflanzen, sondern für eine Mountainbike-Strecke Hügel aufschütten. Sie modellierten nicht nur den zentralen Bereich, sondern gruben auch seitlich Kanäle, bestimmten die Neigungswinkel der Sprungschanzen und machten sich den Platz zu eigen. Den Schaukeln und Rutschen auf dem angrenzenden Spielplatz waren sie schon lange entwachsen. Nun arbeiteten sie zusammen, entschieden gemeinsam, was aus diesem Teil des Platzes jetzt werden sollte, und setzten das um. Das ist in vielerlei Hinsicht der Beginn einer Piazza.

Etwas ziemlich Ähnliches entwickelte sich in Birmingham während der Pandemie. Die jungen Leute waren in diesem Fall ein wenig älter, aber ähnlich motiviert, im Freien einen öffentlichen Raum für ihren Sport zu schaffen. Zu dieser Zeit waren die Piazzen in Gebäuden wegen der Gefahren für die öffentliche Gesundheit geschlossen. Der Bournbrook Skatepark in Birmingham wurde während der dunklen, trostlosen Tage des Jahres 2020 ins Leben gerufen, in einer für ihre soziale und ökonomische Vielfalt bekannten Stadt. Jahrzehntelang hatten Bürger hier schon versucht, sich mit dieser Diversität gegenüber den Verantwortlichen der Stadt einzubringen. In einer Welt und in einer Stadt, die die islamische Radikalisierung fürchteten, schien der Erfolg eines solchen Gemeinschaftsprojekts ungewiss.[13] Aber trotz oder vielleicht sogar wegen dieser Vielfalt innerhalb von Birmingham hat Bournbrook in den vergangenen Jahrzehnten Wellen von positivem Engagement erlebt. Es war einer der ersten Orte in Europa, wo Graffiti legalisiert wurde, und an manchen Flächen wurde sogar zum Sprühen aufgefordert. Banksy und andere mehr oder weniger bekannte Künstler hatten sich hier schon verewigt. Über die Jahre wurden jedoch durch den unvermeidlichen Generationswechsel einige dieser Stellen nicht mehr genutzt und verkamen oder verfielen sogar.

So beschloss eine Gruppe junger Skater, die ihr Eingesperrt-Sein während der Coronazeit frustrierte, angesichts der gut geeigneten, aber ungenutzten Flächen in der Stadt aktiv zu werden. Zusammen entfernten sie in unzähligen Arbeitsstunden Unkraut und Brombeergestrüpp, beseitigten Unrat und suchten dann Freiwillige mit handwerklichen

Fähigkeiten, die ihnen beim Bau eines Skateparks für die Gemeinde helfen wollten. Anfangs blockierte der Stadtrat das alles, aber nach langen Verhandlungen durfte schließlich mit dem Bau begonnen werden. Das Projekt hat sich inzwischen als solcher Erfolg erwiesen, dass der Stadtrat und auch lokale Unternehmen heute den Park unterstützen. Zum Erfolg trägt nicht zuletzt bei, dass der Park für alle umsonst zugänglich ist. Hallenskateparks verlangen Eintritt und schließen dadurch diejenigen aus, die es sich nicht leisten können. Basketball- und Fußballplätze im Freien werden vielfach durch sportliche junge Männer belegt, wogegen Outdoor-Skateparks oft Orte sind, wo sich junge Menschen aller Hautfarben, Geschlechtszuschreibungen, Fähigkeiten und Altersgruppen treffen und etwas miteinander teilen können: ihre Liebe für den Sport und die damit verbundene Subkultur. Diese gemeinsame Identität überwindet Barrieren wie Hautfarbe, Religion oder Geschlechtszuschreibung. Die Schwierigkeiten bleiben dabei sicherlich nicht aus. Aber wenn wir uns den Herausforderungen auf der Piazza – in welcher Form auch immer – stellen, werden wir nicht nur verstehen, was uns voneinander unterscheidet, sondern vor allem, wie viel wir gemeinsam haben.[14]

Nun, da die Pandemie vorbei ist, lässt sich feststellen, dass der Park und ähnliche Projekte mindestens diesen doppelten Effekt für Nachbarschaften und den öffentlichen Raum hatten. Es bleibt zu sehen, wie lange er anhält. Die Projekte haben Orte sichtbar gemacht und verlassene, verkommene Stätten in bevölkerte und beliebte verwandelt. Damit bieten sie die Grundlage für eine Wiederbelebung, die nicht nur durch Einzelhandel, Bars oder Restaurants stattfindet – eine Wiederbelebung, die sich nicht nur darauf beschränkt, Geld auszugeben. Zuallererst, und für alle deutlich wahrnehmbar, führten die rechtlichen Einschränkungen bei der Nutzung öffentlicher Räume während des Lockdowns zu einem vermehrten Aufenthalt im privaten Raum. Dadurch wuchs langfristig das Verlangen danach, mehr allein zu sein. Denn mit vermehrten und anhaltenden Rufen nach Homeoffice, Onlinelernen und Telemedizin haben sich manche, die zunächst aus reiner Notwendigkeit zu Hause geblieben sind, dann entschieden, freiwillig dort zu bleiben. Das hat eindeutig negative Auswirkungen auf unser Sozialleben. Zumindest fand ein von der British Academy geleitetes Forschungsprojekt heraus, dass »Covid-19 und die Reaktionen der Regierung darauf sich auf verschiedene Personengruppen unterschiedlich ausgewirkt haben. Oft wurden bereits existierende strukturelle Ungleichheiten verschärft – in Bezug auf Einkommen und Armut, die sozioökonomische Lage, Bildung und erworbene Fähigkeiten, wie auch zwischen den Generationen. Kinder waren besonders schwer betroffen.«[15] Diese Ungleichheiten könnten unseren Zusammenschluss als Bürger jetzt zu einer noch größeren Herausforderung machen.

Der zweite hier beschriebene Effekt ist jedoch genau der, der sich bei den Skateboardern und anderen Bürgern zeigte. Die Befriedigung ihrer Bedürfnisse hing von diesen Piazzen ab, und sie beklagten, dass diese nicht nur aus Gründen der öffentlichen Gesundheitsvorsorge gesperrt worden waren, sondern dass zudem überforderte Regierungen die Pflege der Orte vernachlässigten, solange diese geschlossen waren. Also wurden Einzelne und Gruppen tätig, indem sie ihre eigenen Piazzen schufen: von Gemeinschaftsgärten und Foodsharing-Abholstellen bis zu Skateparks. Diese Projekte entwickelten in manchen Fällen eine solche Bedeutung für die Gemeinschaften, dass sie neue Sichtweisen eröffneten, wie öffentliche Räume nach der Pandemie gestaltet werden sollten.

Die Piazza: ein Friseursalon, ein Massagesalon, ein Restaurant in der Nachbarschaft, ein Büchercafé, das die ganze Nacht geöffnet ist, ein Skatepark im Freien für die Gemeinde. Zusammen kegeln, nicht allein.[16] Sich immer wieder im öffentlichen Raum aufhalten und die Menschen dort kennenlernen, um eine gemeinsame Verbindung, ein Gefühl füreinander und ein Gespür für den Ort selbst zu entwickeln.

Nicht diese Orte selbst sind der dritte Pfeiler unseres Vorhabens, sondern vor allem die dabei entstehenden Verbindungen, die uns helfen, bessere, zufriedenere, aktivere Bürger zu werden. Das ist kein neues Konzept. Manche Länder wie zum Beispiel die USA waren früher einmal ziemlich gut darin, solche Verbindungen zu fördern, zumindest bei manchen ihrer Bürger. So gut, dass der Franzose Alexis de Tocqueville nach einer Reise in die USA das US-amerikanische Vereinsleben lobte und neidvoll die These aufstellte, dass die US-amerikanische Demokratie nur wegen dieses einzigartigen Merkmals so gut funktionierte, während es um andere Demokratien damals schlecht stand. So war es im frühen 19. Jahrhundert, aber mittlerweile hat sich viel verändert. Ich weiß nicht, wie de Tocqueville über einen gemeinsam gebauten Skatepark als eine Form des demokratischen Vereinslebens gedacht hätte, aber ich glaube, es hätte ihn beeindruckt. Während der Pandemie wurden an vielen Orten solche Projekte ins Leben gerufen. Das zeigt, dass die Grundlagen in vielen Subkulturen, wenn nicht sogar in ganzen Ländern schon latent vorhanden sind, egal, wie gespalten die Gesellschaft sein mag. Wir wissen, dass Menschen sich nach solchen Orten sehnen – von Freizeitprojekten bis zu Obstwiesen und Gemeinschaftsgärten, die weltweit wegen der Lebensmittelkrise angelegt wurden. Der öffentliche Raum ist ein Lehrmeister, der uns nun, nachdem die öffentlichen Plätze so lange geschlossen waren, viel über die Zukunft der Piazza nach der Pandemie beibringen kann.

Also warum ist all das wichtig für meine Theorie? Weil Regeln keine gesellschaftliche Zusammenarbeit erzeugen können. Das Recht ermutigt uns nicht und zwingt uns auch nicht zur Zusammenarbeit. Das ist nicht sein Ziel. Die Piazza ist der Ort, wo wir dazugehören, an dem wir uns einbringen, ein Gemeinschaftsgefühl entwickeln, verstehen, was wir gemeinsam haben und was nicht. Manchmal sind dafür auch Konflikte nötig. Stellen Sie sich vor, Sie stehen in einer langen Schlange im Supermarkt. Es ist nur eine Kasse offen, und die Mitarbeiter stehen einfach herum. Sie sehen die Personen vor und hinter Ihnen an. Eine Frau beginnt ein Gespräch und erwähnt, dass sie auf einem Kurzzeitparkplatz steht, dass sie ihr Kind von der Schule abholen muss und sich fragt, ob man nicht einfach eine weitere Kasse öffnen könnte. Andere beteiligen sich an der Unterhaltung, und ein Mitarbeiter vernimmt die Unzufriedenheit; oder eine von Ihnen nimmt – im Wissen, dass die anderen ihre Gefühle teilen – ihren Mut zusammen und bittet die Mitarbeiter, noch eine Kasse zu öffnen. Und das tun sie. Da

4. MEHR ZEIT AUF EINER PIAZZA VERBRINGEN

begreifen Sie, dass wahrscheinlich nur ein kleiner Hinweis nötig war. Das ist die Macht der Piazza, selbst wenn sie in unmittelbarer und begrenzter Weise zum Vorschein kommt.

Die Piazza funktioniert, weil sich dort Wissen verbreitet. Man selbst oder irgendjemand anderes weiß etwas, das sich dann herumspricht. Es klingt wie ein Kinderspruch oder Zungenbrecher, wenn man es so formuliert: Ich weiß, dass du weißt, dass ich weiß … und so weiter. Aber es ist ein fundamentales Konzept in der Sozialwissenschaft, die davon ausgeht, dass geteiltes Wissen das Herzstück der Kooperation bildet. Wenn Menschen versuchen, zusammenzuarbeiten, gibt es immer auch Koordinationsprobleme, zum Beispiel, wo man sich trifft und wann, wie man dahin gelangt, wer welche Aufgabe hat. Solche Schwierigkeiten entstehen ständig. Stellen Sie sich vor, Sie versuchen, für Ihr Kind ein Spieltreffen mit zwei seiner Freundinnen zu vereinbaren. Oder noch schwieriger – eine kleine Gruppe von Verwandten für einen Geburtstag zusammenzutrommeln. Sogar in der heutigen hochtechnisierten Welt ist das nicht einfach. Regierungen – vor allem totalitäre – nutzen es gern aus, dass Koordination komplex ist und häufig ein Mangel daran die Zusammenarbeit torpediert. Das versetzt sie in die Lage, Proteste und andere Arten kollektiven Handelns zu unterbinden, mit denen existierende Praktiken infrage gestellt werden sollen. In Filmen über den Kalten Krieg, die das Leben in Osteuropa und der Sowjetunion zeigen, wird das Ziel der Diktatur offensichtlich, Wissensverbreitung zu unterbinden. Die Menschen sollten nicht merken, dass auch andere die Nase voll von dem Regime hatten und etwas verändern wollten, und dass auch andere gemerkt hatten, dass sie nicht allein waren, und so weiter. Diktaturen gedeihen, indem sie die Menschen vereinzeln. Isolierte Menschen sind gewöhnlich schwächer und wissen nicht, dass andere wissen, dass sie wissen, dass alle die Unterdrückung satthaben und bereit sind, etwas zu tun – solange sie es nicht allein tun müssen. Wenn geteiltes Wissen nicht existiert, dann gibt es nur privates Wissen – oder gar keins: nur eine vom Regime, seinen Marionetten oder jemand anderem mit eigenen Interessen verbreitete Art Fake News. Echte Demokratie braucht Kooperation. Dafür ist geteiltes Wissen nötig. Geteiltes Wissen braucht die Piazza.

Der Spieltheoretiker Michael Chwe, der sich mit geteilten Wissensbeständen auseinandersetzt, beschrieb ein in Mexiko durchgeführtes Experiment.[17] Er schrieb, dass

> Eric Arias, ein Politikwissenschaftsstudent an der Universität von New York, in Zusammenarbeit mit dem mexikanischen UNESCO-Büro in einer ländlichen Gemeinde in Oaxaca namens San Bartolomé Quialana die Wirksamkeit einer Audio-Seifenoper untersuchte, die sich gegen Gewalt richtete. Arias stellte fest, dass es keine signifikanten Auswirkungen auf die Einstellung zu Gewalt gegen Frauen hatte, wenn sich ein Mann das Hörspiel zu Hause auf einem CD-Spieler anhörte. Doch wenn es auf dem Dorflautsprecher oder in Gemeindeversammlungen gespielt wurde, ließ sich ein Effekt feststellen. Mit anderen Worten schien die Seifenoper nur dann zu wirken, wenn sie geteiltes Wissen war; wenn jede Person wusste, dass die anderen sie auch gehört hatten.[18]

4. MEHR ZEIT AUF EINER PIAZZA VERBRINGEN

Wer die Botschaft gegen Gewalt im öffentlichen Raum hörte, dem war klar, dass andere sie gerade auch hörten. In diesem Moment realisierten sie, dass andere jetzt ebenfalls wussten, wie problematisch Gewalt gegen Frauen war. Folglich war die Vorstellung, dass häusliche Gewalt schrecklich war, jetzt Teil des allgemeinen Wissens. Das ist ein weiteres Beispiel für die einzigartige Macht der Piazza.[19]

Gibt es noch weitere Belege aus anderen Zeiten oder Orten, dass das wirklich eine Bedeutung für die Demokratie hat – dass es unser Leben auf eine andere Weise besser macht? In den späten 1980er-Jahren untersuchte Bob Putnam, mein früherer Harvard-Kollege, zusammen mit den italienischen Forschern Robert Leonardi und Raffaella Nanetti die italienische Demokratie. Bob und sein Team wollten verstehen, wie sich innerhalb eines Landes regionale Unterschiede in der Verfestigung demokratischer Strukturen herausbildeten. In den 1970er-Jahren beschloss die italienische Zentralregierung, die Dezentralisierung voranzutreiben und allen Regionen eine gewisse rechtliche Autonomie in bestimmten politischen Bereichen zu gewähren. Dazu gehörte auch die institutionelle Infrastruktur. Bob und seine Kollegen erforschten, warum mehr als 20 Jahre später manche dieser Regionen leuchtende Beispiele der Demokratie waren (effizient, transparent, effektiv bei der Bereitstellung öffentlicher Güter), während andere kaum auch nur die grundlegenden Kriterien erfüllten. Was sie herausfanden, war bemerkenswert: Der demokratische Erfolg hing nicht in erster Linie von der Integrität und den Bemühungen der Abgeordneten oder der Qualität der Institutionen ab, sondern vielmehr von den horizontalen Beziehungen zwischen den Bürgern. Putnam bezeichnete diese Beziehungen und die damit verbundenen Normen als soziales Kapital. Norditalien schnitt in der Untersuchung bei Weitem am besten ab, und Putnam und sein Team stellten fest, dass diese Region anders als der Süden eine starke Tradition des gemeinschaftlichen Engagements hatte, zu dem Zünfte, Vereine, Chöre und viele andere Dinge gehörten.[20]

Zwei Vorbehalte sind zu erwähnen. Erstens bedeutet Korrelation noch nicht Kausalität. Es ist also unklar, ob gemeinschaftliches Engagement Demokratie begünstigt oder andersherum. Ein bewiesener Zusammenhang ist bei dieser Art der Forschung aber schon ein Erfolg. Darüber hinaus wurde in der norditalienischen Stadt Reggio Emilia in der Region Emilia-Romagna ein Vorschulansatz entwickelt, der die Vorstellungskraft von Pädagogen auf der ganzen Welt beflügelte. Diese Region übertraf in Putnams Forschung alle anderen, und sie wird später noch genauer zur Sprache kommen. Es erscheint also plausibel, dass durch soziales Kapital aufgebautes Vertrauen für die Demokratiekultur und die Bürger auf lange Sicht eine Bedeutung hat.

Der zweite Vorbehalt betrifft die möglichen Gefahren durch Perversionen des sozialen Kapitals. Sie können auch als Perversionen sozialer Gruppen gesehen werden. Sheri Berman formulierte eine wichtige Kritik an der Vorstellung, dass Bürgervereinigungen und insbesondere gut organisierte Gruppen unausweichlich zu einer stabilen Demokratie führen. Sie zeigte, dass zum Beispiel die Nazis in Deutschland während der experimentellen und fortschrittlichen Weimarer Zeit existierende Bürgervereinigungen ins Visier nahmen und infiltrierten. Sodann nutzten sie dieses dichte Netzwerk aus sozialem Kapital, um ihre faschistischen Ziele voranzutreiben.[21] Diesbezüglich ist Wachsamkeit geboten. Aber was ich wirklich anregen möchte, sind nicht so sehr die hierarchischen Vereine und Jugendmannschaften mit hohen Mitgliedsbeiträgen und Leistungserwartungen – auch wenn das vergnügliche Freizeitaktivitäten sein können. Vielmehr ist mir an der spontanen Begegnung von Menschen im öffentlichen Raum gelegen, wo man frei kommen und gehen kann, ohne etwas zu bezahlen; wo Anführer – wenn es überhaupt welche gibt – reine Vermittler oder Koordinatoren sind und keine Vorsitzenden oder Trainer oder Mannschaftskapitäne; und wo wir aus freien Stücken zusammenkommen und wissen, dass uns niemand zwingt, hier zu sein, wenn wir nicht wollen.

Vor einem halben Jahrhundert beschäftigte sich der deutsche Philosoph Jürgen Habermas als einer der ersten theoretisch mit dem, was er als »Öffentlichkeit« bezeichnete. In einem viel beachteten Lexikonbeitrag führte Habermas aus: »Unter Öffentlichkeit verstehen wir zunächst einen Bereich unseres gesellschaftlichen Lebens, in dem sich so etwas wie öffentliche Meinung bilden kann. Der Zutritt steht grundsätzlich allen Bürgern offen.«[22] Die deutschen Nachkriegsdenker – und allen voran Habermas – waren sich bewusst, dass marxistische Theorien nicht in der Lage waren, realistische Wege für die Zukunft aufzuzeigen. Sie hatten den Bau der Berliner Mauer miterlebt, und doch fanden sie dieses intellektuelle Projekt – die Kritik am Kapitalismus im Werk von Karl Marx und Friedrich Engels – nicht völlig falsch. Die Frankfurter Schule, eine lose Gruppe Intellektueller, stellte sich vehement gegen die Weise, wie der Marxismus in der Sowjetunion und in Osteuropa politisch umgesetzt wurde. Sie suchten aber nach einer Möglichkeit, Elemente von Marx' intellektuellem Projekt zu retten und für die damals nach dem Krieg dringlichen Probleme nutzbar zu machen. Verständlicherweise beschäftigten sie sich weniger mit politischen Klassen und Politikern, sondern konzentrierten sich auf die Macht der Öffentlichkeit, die Macht der einfachen Bürger, die sich an frei zugänglichen Orten trafen, um Gedanken, Kritik an den herrschenden Klassen und nicht zuletzt Vorstellungen für eine bessere, gerechtere und demokratische Zukunft zu entwickeln.

Aber Habermas und seine Kollegen waren sich der großen Herausforderungen bei der Schaffung eines idealen, wirklich öffentlichen Raums bewusst – speziell der Voraussetzung, dass »der Zutritt […] grundsätzlich allen Bürgern offen[steht]«. Um diese Betonung von »alle« zu verstehen, müssen wir nur an Frauen und Minderheiten denken, an Menschen mit körperlichen oder geistigen Einschränkungen und an alle anderen, denen der freie Zugang zum öffentlichen Raum verwehrt ist. Dadurch können sie nicht am wichtigen und notwendigen Prozess des sozialen Lebens teilhaben, der die Herausbildung einer »öffentlichen Meinung« ermöglicht.

Das Internet und die sozialen Medien haben den öffentlichen Raum für alle sozialen Gruppen zugänglicher gemacht. Der von ihnen geleistete Beitrag ist signifikant, wenngleich Beeinflussung und Kontrolle durch kommerzielle und andere private Interessen mit im Spiel sind. Aber während wir jetzt aus der Pandemie von 2020 herauskommen, brauchen wir mehr denn je einen echten öffentlichen

4. MEHR ZEIT AUF EINER PIAZZA VERBRINGEN

Ort, wo man sich von Angesicht zu Angesicht wahrnehmen kann; eine Piazza, deren Zugang nicht nur theoretisch, sondern auch realistisch und konkret für alle garantiert ist. Wie werden solche Räume über das Jahr 2024 hinaus aussehen? Sie können und dürfen keine Räume mehr sein, die bestimmte Gruppen – sei es wegen der Geschlechtszuordnung, der Hautfarbe oder anderer Eigenschaften – formell oder praktisch von der Teilnahme ausschließen. Wir erkennen mittlerweile an, dass manche bedeutenden historischen Orte mit einem Rollstuhl nicht erreichbar sind und Pflastersteine für bestimmte Menschen eine große Hürde sein können. Menschen ohne Behinderung können entscheiden, ob Stöckelschuhe das Risiko wert sind, sich auf dem Weg zur Radcliffe Camera in Oxford den Hals zu brechen (ich weiß, wovon ich spreche). Wenn man aber keine andere Wahl hat, als mit dem Rollstuhl über Steine zu holpern, um zu öffentlichen Räumen zu gelangen, ist das etwas ganz anderes.

Und was ist mit den unsichtbaren Pflastersteinen? Wir müssen auch an Autisten denken, die manche Räume überwältigend finden; an Mütter mit Babys oder Kleinkindern, die einen ruhigen Platz zum Stillen brauchen; an Trans-Personen, die nicht in der Öffentlichkeit angestarrt oder verspottet werden wollen; an Menschen, die aus verschiedenen Gründen ihre Wohnung oder ihren Arbeitsplatz nicht verlassen können, um sich mit anderen zu treffen, etwa weil sie wegen ihrer unsicheren finanziellen Lage wenig Freizeit haben. All diese Lebenssituationen stellen Barrieren beim Zugang zum öffentlichen Raum dar. Es liegt an uns, offene Piazzen zu schaffen, die alle regelmäßig besuchen können, und zu überlegen, wie Freizeit zu einem festeren Bestandteil des normalen Tagesablaufs werden kann. Nicht die Art zur Schau gestellter Freizeit, über die sich Thorstein Veblen – zu Recht oder fälschlicherweise – im späten 19. Jahrhundert Sorgen machte: der verschwenderische Konsumismus, der seiner Ansicht nach keine echte Freizeit war, sondern nur eine Jagd nach Sozialprestige. Was wir brauchen, ist Muße, die es erlaubt, sowohl unsere Unterschiede schätzen zu lernen als auch Gemeinsamkeiten zu finden.[23]

Schon auf eine Piazza zu gelangen, kann also schwierig sein und Menschen vom Zugang ausschließen. Deshalb müssen wir die Barrierefreiheit mit neuen Ideen vorantreiben. Apoorva Tadepalli, eine Journalistin aus Bombay, kommentierte das folgendermaßen:

> Es gibt die infrastrukturelle Ausgrenzung durch die Haltestellen der öffentlichen Verkehrsmittel und die Fahrpläne. Sie wurden für nicht behinderte Bürojob-Pendler entworfen, die nicht schwanger sind und unterwegs nicht zum Lebensmittelladen oder zur Kita müssen. Frauen unterliegen auch der ›Pink Tax‹ – dem Mehrpreis, der von Frauen für geschlechtsspezifisch verpackte Produkte und Dienstleistungen wie Haarschnitte verlangt wird –, weil sie mehr als Männer von den öffentlichen Verkehrsmitteln abhängig sind und mehr Geld dafür ausgeben müssen. Das ist insbesondere der Fall, wenn ihre Hauptbeschäftigung Kindererziehung oder die Pflege Angehöriger ist. Ein weiterer Faktor ist die psychologische Ausgrenzung: Frauen müssen die Angst vor möglichen Angriffen im öffentlichen Raum in ihrem Tagesablauf berücksichtigen, was eine seelische Belastung ist (und vielleicht auch

eine finanzielle: Zur Sicherheit wird ein Taxi genommen oder eine Wohnung in einem Gebäude mit Sicherheitsdienst bezogen).[24]

Tadepalli bezog sich dabei auf ein Buch von Leslie Kern, einer feministischen Stadtforscherin aus Toronto. Kern will ein Bewusstsein dafür schaffen, wie unsere Städte und Räume – ob offen oder verdeckt, absichtlich oder unabsichtlich – diskriminieren und ausschließen und deshalb alles andere als demokratisch sind.[25]

Kern hilft zum Glück nicht als Einzige dabei, die Piazzen zu öffnen – im spirituellen oder wörtlichen Sinn. Auch Architekten und Forscher, die sich mit öffentlicher Gesundheit, Geografie und Stadtplanung beschäftigen, gestalten gemeinsam sogenannte *trauma-informed neighbourhoods*. Das sind öffentliche Räume, deren Planer die physischen Aspekte des Quartiers – »Beleuchtung, Verkehrsdichte, Lärm und Grünflächen« – begutachten und versuchen, schädliche Auswirkungen auf die körperliche und auch die seelische Gesundheit zu dokumentieren. Dabei untersuchen sie, wie spezifische Gestaltungsformen von Wohnvierteln Traumata herbeiführen oder aber zur Heilung beitragen können. Letztgenanntes versuchen sie in der Stadtplanung zu etablieren.[26]

Als Vollzeit-Elternteil braucht man die Möglichkeit, tagsüber die Wohnung verlassen und sich zur Piazza begeben zu können, und das, ohne die Kinder Gefahren auszusetzen. Wer tagsüber als Kindermädchen arbeitet und nachts noch Bürogebäude putzt, muss trotzdem am gesellschaftlichen Leben teilhaben können. Die strenge Unterscheidung zwischen privatem und öffentlichem Raum hat zu lange eine unrealistische Konzeption der Piazza aufrechterhalten: weiße Männer, die ihre Freizeit genießen. Im Wesentlichen ist es das, was de Tocqueville sah und liebte. Jedoch würde er, dem die Gleichberechtigung so sehr am Herzen lag, den heutigen Zustand als einen guten Anfang sehen, aber auch als unausgewogen, ungerecht und ungesund. Unsere öffentlichen Räume und unser gesellschaftliches Leben werden niemals wirklich gedeihen, solange nicht alle Zugang haben und die zur Teilhabe notwendigen Möglichkeiten bekommen.[27]

Neben Kern erarbeiten zunehmend auch Geografen, Stadtplaner und Landschaftsarchitekten praktische Konzepte zur Verbesserung der Zugänglichkeit des öffentlichen Raums. Ein Beispiel ist die Forschung der Geografin Elizabeth Sweet, die glaubt, dass Gewalt in Städten durch die Verschmelzung des öffentlichen und des privaten Raums reduziert werden kann. Anstatt sie zu trennen, soll die Grenze zwischen ihnen verwischt werden – ganz im Gegensatz zur Frankfurter Schule, die beide Räume trennte, um das gesellschaftliche Leben zu schützen. Die private Sphäre scheint heutzutage im Zentrum vieler Probleme zu stehen, einschließlich der weiter andauernden Unterdrückung von Frauen, aber auch von trans- und homosexuellen Menschen; sie ist immer noch der vorwiegende Lebensraum für Menschen mit bestimmten Behinderungen oder gesellschaftliche Minderheiten, die sich, wenn nicht rechtlich, dann emotional oder anderweitig aus dem öffentlichen Raum ausgeschlossen fühlen. Der Vollzeit-Elternteil ohne Freizeit; der junge Mann mit chronischem Fatigue-Syndrom, der es nicht aus dem Bett schafft; der autistische Teenager, der Angst vor sozialen Interaktionen hat. Deshalb plädiert Sweet für eine Stadtplanung, die die privaten Bereiche des Menschen – Körper und Emotionen – als Ausgangspunkte nimmt. Das ist verkörpertes Staatsbürgertum. Es ist sinnvoll, weil körperliche und emotionale Sicherheit von entscheidender Bedeutung für die Gemeinschaft (den öffentlichen Raum) sind und sich direkt auf Körper und Geist (die Privatsphäre) auswirken. Für Sweet stehen diese Bereiche in einer dynamischen Wechselwirkung – warum sollten sie also künstlich getrennt werden? Einen Stadtraum zu durchdenken, beinhaltet für Sweet auch die Berücksichtigung urbaner Emotionen. Jeder Versuch, etwas zu schaffen, das einer Piazza nahekommt, muss echte Teilhabe für alle ermöglichen, aber auch die Fähigkeit dieser Räume zur Aufnahme und Schlichtung von Emotionen sicherstellen. Die Verbindung des Privaten mit dem Öffentlichen, die Erzeugung einer Durchlässigkeit zwischen beiden Sphären, wird beide Räume angenehmer und einladender machen.[28] Die praktische Umsetzung dieses theoretischen Konzepts müssen wir gemeinsam erarbeiten.

Einige Ansatzpunkte dafür existieren bereits. Untersuchungen haben gezeigt, dass wir alle durch unsere Abwesenheit von den Piazzen während der Pandemie deutlich häufiger an körperlichen und seelischen Problemen litten, die direkt mit unserer Isolation zusammenhingen.[29] Aber als wir schließlich zu diesen Orten und Räumen zurückkehrten, vor allem zu den Piazzen im Freien, stellten wir erstaunt und erfreut fest, was sich verändert hatte. Die Umweltverschmutzung hatte abgenommen, die Biodiversität war dagegen gestiegen. Vogelarten benutzten wieder Paarungsrufe, die man wegen des Lärms von Verkehr und Industrie seit Jahrzehnten nicht mehr gehört hatte; und Bewohner mancher Teile Indiens konnten zum ersten Mal seit Jahrzehnten wieder von ihren Dächern aus den Himalaja sehen. Das war ausschlaggebend dafür, mit einem anderen Verständnis in unsere Räume zurückzukehren. Wir begannen, über Licht und Lichtverschmutzung nachzudenken; wir machten uns Gedanken darüber, wie unsere Sinne durch unsere öffentlichen Räume überwältigt anstatt genährt worden waren.

Nehmen wir die Geräusche – oder ihr Fehlen. Alain Corbin, der große französische Historiker der Sinne, bemerkte, dass vor Jahrhunderten »die Intimität von Orten, die des Schlafzimmers und seiner Möbel wie auch die des Hauses, mit Stille verbunden war«.[30] Tatsächlich könnten wir mit der Stille beginnen und mit allem, was sie beinhaltet – nicht nur die Abwesenheit von Lärm. Das Ziel ist nicht ein Verbot von Geräuschen, sondern eine stückweite Zurückgewinnung der Intimität der Privatsphäre und ihre Übertragung in den öffentlichen Raum. Unsere Rückkehr auf die Piazzen nach der Pandemie hat gezeigt, dass wir mit Stadtplanern und Kommunalverwaltungen daran arbeiten können, ein lebendiges öffentliches Museum der Stille zu erschaffen, wo sich verschiedene intime Teile unseres privaten Selbst im öffentlichen Raum willkommen und entspannt fühlen können; entspannt genug, um geteilt und gemeinsam erlebt zu werden. Corbin hält ein ausgezeichnetes Plädoyer: »Wenn ich in diesem Buch die Stille der Vergangenheit wachrufe – wie Menschen sie gesucht haben; welche Qualitäten, Lehren, Taktiken und welch reiche und mächtige Sprache der Stille innewohnten –, hilft uns das vielleicht, wieder zu lernen, zur Stille und damit zu uns selbst zu finden.«[31] Und wie kann uns das gelingen? Die »15-Minuten-Stadt« wird derzeit heiß diskutiert und könnte hier weiterhelfen.

Das Konzept der 15-Minuten-Stadt wurde neuerdings durch den französisch-kolumbianischen Stadtplaner Carlos Moreno populär. Er beklagt, dass wir uns immerzu an eine städtische Infrastruktur anpassen müssen. Sie erschwert die Fortbewegung zu Fuß oder mit dem Fahrrad, um menschliche Grundbedürfnisse zu befriedigen. Für Einkäufe, Arztbesuche, den Kauf eines Brots oder das Aufsuchen des nächsten Spielplatzes ist meistens ein Auto nötig, und teilweise wird auf diese Aktivitäten wegen der aufwendigen Fortbewegung auch verzichtet. Das hat zur Folge, dass die Piazzen verschwinden.

Moreno regte an, dass die Orte, an denen ein Großteil der Grundbedürfnisse von Stadtbewohnern erfüllt werden kann, für sie innerhalb von 15 Minuten erreichbar sein müssten. Städte von Paris bis Seattle versuchen bereits, das umzusetzen.

Wie ist das möglich? Zum einen können existierende Räume kreativ umgenutzt werden. Beispielsweise können Schulhöfe nach Schulschluss geöffnet bleiben, sodass dort nachbarschaftliche Aktivitäten oder Veranstaltungen stattfinden können. Anstatt nachmittags die Eltern von den Schulhöfen zu scheuchen, könnten sie mit ihren Kindern bleiben oder würden sogar dazu ermutigt. Vielleicht werden dann dort von der Stadt bezuschusste Tai-Chi-Kurse gegeben. Ältere Menschen könnten auf dem Gelände spazieren gehen, um Bewegung zu bekommen. Moreno geht es darum, Vorhandenes zu nutzen. Orte können und sollen verschiedenen Zwecken dienen. Wir sollten dafür sorgen, dass es auf diesen Piazzen wieder so wie einst zugeht, mit weniger Verkehr und Lärm, aber dafür mehr Klang – dem Klang von Menschen, die sich unterhalten, spielen, leben.

Moreno sagte im Jahr 2020 in einem TED-Talk, dass es für die 15-Minuten-Stadt nur drei Voraussetzungen gibt. (Sie braucht zweifelsohne unterstützende Infrastruktur, wobei Kommunalverwaltungen, städtische Haushalte und Planungsabteilungen helfen können.) Erstens müssen laut Moreno Städte für Menschen gebaut werden, nicht für Autos. Zweitens muss jeder Quadratmeter Stadtfläche für verschiedene Zwecke genutzt werden, nicht ausschließlich für einen. Und drittens muss das Quartier so beschaffen sein, dass die Bewohner dort ohne Pendeln gut leben und arbeiten können. Das heißt natürlich nicht, dass die Menschen nicht reisen dürfen oder sollen. Das Ziel ist nicht, Enklaven oder sektenartige Kommunen zu erschaffen, die mit Mauern Bewohner ein- und Außenstehende aussperren. Die mittelalterliche ummauerte Stadt ist hier kein Vorbild, auch wenn wir uns von der Geschichte inspirieren lassen.

Aristoteles nahm an, dass die Politik für die Entwicklung von guten Bürgern entscheidend sei, weil er glaubte, dass der Charakter sich durch die Teilhabe an der Polis zum Guten entwickelte – gut in dem Sinn, dass Bürgertugenden in Form einer bestimmten wohlmeinenden Einstellung gegenüber den Mitbürgern zutage traten, die Menschen, in den Worten Michael Sandels, »zu Hause nicht entwickeln können«.[32] Ich möchte dieses Kapitel abschließen, indem ich hier eine wichtige Abwandlung vorschlage: Wir müssen genau die von Sandel thematisierten Bürgertugenden entwickeln, aber das kann und muss zu Hause geschehen. »Zu Hause« meint aber weder die private Wohnung noch die Lokalpolitik, sondern den öffentlichen Raum zwischen beidem, den ich hier Piazza genannt habe und der in vielerlei Hinsicht »politisch« ist und sein sollte.

Forschungsergebnisse zeigen, wie das funktioniert. Vor Beginn der Pandemie haben Soziologen und Kriminologen eine Stadt mit einer der höchsten Kriminalitätsraten im Vereinigten Königreich untersucht. Sheffield war während der industriellen Revolution das Zentrum der Stahlproduktion, weswegen dort ein hoher Lärmpegel herrschte. Die Forschenden wollten herausfinden, ob zwischen den verschiedenen Wohnvierteln signifikante Unterschiede bestanden, und wenn ja, was die »Überflieger« erklärte, die trotz der Faktoren, die gewöhnlich zu hohen Kriminalitätsraten führten, ziemlich gut abschnitten. Anhand von in der Vergangenheit vorgenommenen Einsparmaßnahmen bei staatlichen Investitionen in die Infrastruktur und bei der Polizei ließ sich untersuchen, ob manche sozialen Gruppen in dieser komplexen Stadt besser als andere damit zurechtgekommen waren – »resilient« waren.[33] Wie im viele, viele Kilometer und Kulturen entfernten Kerala, in San Francisco und auch in Chicago konnten die Forscher tatsächlich Unterschiede feststellen. Der am häufigsten genannte Faktor für die Entwicklung eines Gemeinschaftsgefühls und des Wunsches nach gemeinsamem Fortschritt war öffentlicher Gemeinschaftsraum, sowohl in Form von Grünflächen als auch von Räumen in Gebäuden. Dabei war entscheidend, dass soziale Spannungen und Umweltzerstörung in diesem Raum minimiert waren und Menschen ein Gefühl von Sicherheit erfahren konnten, in all ihren Bedeutungen.[34] Die Piazza erfüllte also einen wichtigen Zweck, denn hier konnten sich Menschen von Angesicht zu Angesicht treffen, Ideen austauschen und ein Gefühl füreinander entwickeln. Dies trug nicht nur zur Entspannung und zur körperlichen und seelischen Gesundheit bei, sondern förderte bei den Bürgern auch ein Gefühl der Sicherheit.

Also verbringen Sie öfters mal Zeit auf einer Piazza. Nehmen Sie Freunde oder Nachbarn mit. Oder lernen Sie dort neue Freunde kennen und finden Sie heraus, was sich daraus entwickelt. Dieser Akt kann uns helfen, hierarchische Führungsstrukturen hinter uns zu lassen. Wir müssen uns nur zu diesen Räumen begeben und einfach dort sein. Das verleiht uns ein verkörpertes Staatsbürgertum – eines, das unser sensorisches und motorisches System aktiviert.[35] Denn das Recht kann uns zügeln und uns wissen lassen, ob die Vorhaben unserer Anführer rechtmäßig sind oder nicht. Aber vergessen wir nicht seine kontradiktorische Natur, seine Gewalt. Wie der Rechtswissenschaftler Austin Sarat sagt: »Das Recht beruht auf Gewalt und nutzt sie als Gegenschlag zu der mutmaßlich noch tödlicheren und destruktiveren Gewalt, die sich nur knapp jenseits der Grenzen des Rechts befindet. Aber die Gewalt, auf der das Recht beruht, bedroht immer auch die Werte, für die es steht.«[36] Wir brauchen aber in unseren Demokratien nicht noch mehr Gewalt, egal, welcher Art.

Dieses Kapitel handelte von den kooperativen Räumen des Staatsbürgertums: Wie wir sie erschaffen können, wie wir sie uns nutzbar machen können und wie wir das Potenzial erkennen, das sie für uns beinhalten, wenn wir uns dort aufhalten. Das nächste Kapitel handelt von den Projekten, die in diesen Räumen spontan entstehen können. Diese Projekte werden umgekehrt auch dazu führen, dass wir immer wieder dorthin zurückkehren. Bis alle anderen, die sich dort aufhalten, uns beim Namen kennen.

5. Die eigenen Tomaten anbauen und sie mit anderen teilen

In der semiariden Landschaft Südfrankreichs, ungefähr eine Fahrstunde entfernt von Montpellier, der am schnellsten wachsenden Stadt des Hexagone, besuchte ich kürzlich ein französisches Paar mittleren Alters, Frédéric und Dominique. Sie experimentieren mit Permakultur auf einer weiten, unbewohnten und sehr trockenen Landfläche, was sie auch als politisches Projekt verstehen. Mithilfe neuer, aber simpler Technologien und gleichzeitig im Vertrauen auf uralte Grundsätze hoffen sie, zu dem zurückzufinden, was sie und viele andere für das ursprüngliche griechische Verständnis des Wortes »Mensch« halten: »von der Erde«.

Frédérics Argumentation rief mir in Erinnerung, dass in der griechischen Mythologie der Titanengott Prometheus die Menschen aus Lehm schuf, aus der Erde selbst. Indem er den Göttern das Feuer stahl und es den Menschen brachte, gab er ihnen die Macht, für sich selbst und ihre Mitmenschen zu sorgen. Das Projekt von Frédéric und Dominique ist nur grob umrissen und soll sich ohne festen Plan spontan weiterentwickeln. Das Ziel ist, sich selbst erhaltende und die Natur bewahrende Strukturen aufzubauen. Mithilfe von Sonnenenergie und Wasserkraft sollen Nahrungsmittel erzeugt, Gebäude beheizt und nicht nur das Land, sondern

5. DIE EIGENEN TOMATEN ANBAUEN UND SIE MIT ANDEREN TEILEN

auch eine Gemeinschaft von Besuchern und Wissensvermittlern genährt werden. Es soll keine isolierte Insel werden, sondern ein Experiment der Selbstversorgung, ohne Abhängigkeit vom Staat und der Privatindustrie. Angestrebt wird ein sinnvoller Austausch mit anderen. Ihr Swimmingpool wurde nicht mit dem entsprechend großen CO_2-Fußabdruck industriell gefertigt und importiert, sondern besteht aus einer Grube, die ausgehoben wurde und in der natürlich wachsende Algen als Filtersystem dienen. Als ich darin schwamm, umgab mich smaragdgrüne Farbe, und mein Körper genoss das saubere, chlorfreie Wasser. Meine zwei Kinder und ich blickten hoch in den weiten Himmel über uns und spürten eine Verbundenheit mit der Welt, die uns wahrhaft erdete. Beflügelt von dieser Hingabe an den Kosmos und der körperlichen Wahrnehmung seiner Substanz, jenseits alles Materialistischen, können wir uns öffnen für Solidarität und Selbstgenügsamkeit als Grundlage für die spontane Ordnung, die wir brauchen. Hier begann ich, mir eine Welt vorzustellen, in der wir uns die Grundsätze der Selbstversorgung zu eignen machen, um dem doppelten Problem von Lebensmittelknappheit und Umweltzerstörung Herr zu werden.

Das Recht legt noch nicht fest, wie Selbstversorgung implementiert werden soll, was aber gerade dort wichtig wäre, wo unser Alltag direkt betroffen ist: bei der Nahrung und der Umwelt. Außerdem zielt das Recht nicht darauf ab, uns zur Eigenständigkeit zu erziehen. Wie können wir also erwarten, dass es uns ermutigt, unsere eigenen Nahrungsmittel anzubauen und mit anderen zu teilen? Man mag einwenden, dass das Umweltrecht zunehmend an Bedeutung gewinnt. Rund um den Globus arbeiten Völker neue Gesetze aus, um die Erde zu schützen, Regierungen und Unternehmen vor Gericht zu bringen und sie für zerstörerische politische Entscheidungen und Praktiken zur Rechenschaft zu ziehen. Das sind wichtige Anwendungen des Rechtssystems, und ich will nicht behaupten, dass sie nutzlos sind. Tatsächlich ist das ein wichtiges Gebiet, in dem Bürger Gesetze nutzen können, wenn man sie dafür sensibilisiert. Als zum Beispiel der Oberste Gerichtshof von Nepal dem Konzern Godavari Marble mitteilte, dass eine saubere und gesunde Umwelt definitiv als Teil des Rechts auf Leben in der Verfassung von Nepal garantiert war, musste sich das Unternehmen dem fügen. Bald darauf wurde ein Umweltschutzgesetz verabschiedet.[1] Während das für die Gesundheit des Einzelnen wie für die Umwelt ein sowohl praktisch wie symbolisch wichtiger Schritt war, versuchte der Oberste Gerichtshof von Nepal gleichzeitig, seine Kritik an Godavari Marble durch die Feststellung zu relativieren, dass diese Industrie für die Wirtschaft von Nepal von essenzieller Bedeutung war. Oft haben bei diesem heiklen Balanceakt die Bürger und ihr Recht auf Nahrung und auf ein angemessenes, nachhaltiges Leben das Nachsehen. Und wenn das Recht und die Rechtsprechung zu sehr den Interessen der Großindustrie dienen, zulasten der Gesundheit von Mensch und Natur, zeigen die traurigen Folgen der Rechtsverdrehungen, wie tief wir uns in eine Abhängigkeit von Gesetzen und Gerichten begeben haben.

Hierzu ein Beispiel: Vor einigen Jahren reiste ich nach Norditalien, um mit dem Kriegsfotografen Alex Majoli von Magnum zu arbeiten. Unter seiner Anleitung wollte ich eine

5. DIE EIGENEN TOMATEN ANBAUEN UND SIE MIT ANDEREN TEILEN

visuelle Ethnografie von Rechtsverdrehungen erstellen, und so zog ich eines kalten Novembertages früh am Morgen mit meiner Kamera los, um Fotos von Milchkühen zu schießen. Diese speziellen Kühe gaben Milch wie andere Kühe auch, aber diese Milch wurde in Kleinstädten und Dörfern mittels rund um die Uhr zugänglicher Verkaufsautomaten vertrieben. Hier handelte es sich nicht um die über Nacht geöffneten Supermarktketten: Bei diesem System lieferten lokale Bauern ihre Rohmilch an sterile Behälter, sodass Menschen jederzeit mit ihren eigenen Flaschen kommen und sie auffüllen konnten. Und das Interessanteste daran: Es war unpasteurisierte Rohmilch, ein Tabu in vielen Teilen der Welt.

Ich war davon fasziniert und machte mich ans Werk. Ich knipste Fotos von den Kühen und den Bauern; von den Maschinen und den Menschen, die sie benutzten. Ich begleitete eine Bäuerin, als sie die Verkaufsautomaten befüllte, nachdem sie den ganzen Morgen lang junge Kälber versorgt hatte. Diese direkte Lieferung von Produkten mit einer extrem kurzen Lieferkette interessierte mich außerordentlich, nicht zuletzt, weil die örtlichen Behörden diese Form der Autarkie gebilligt hatten.

Als wir später zu unserem Fotoseminar zurückkehrten, schienen Alex und seine Mitarbeiter im Cesura Lab leicht amüsiert. Diese großzügigen Bauern hatten uns mehrere Flaschen Rohmilch mitgegeben, und wir genossen sie mit heißem Tee, während wir unser Tagwerk betrachteten. Sie fragten mich, warum ich so davon eingenommen war. Weil, erklärte ich ihnen, in meinem Heimatland USA Rohmilch in vielen Bundesstaaten gesetzlich verboten ist. Sie wird als Gesundheitsrisiko angesehen. Es gibt Risiken: Wenn Bauern bei der Produktion nicht sauber arbeiten und ihre Tiere nicht regelmäßig testen, können durch bakterielle Kontamination der Milch verursachte Krankheiten zu einer Gefahr für die öffentliche Gesundheit werden. Seit Anfang des vergangenen Jahrhunderts schreiben viele Bundesstaaten vor, Milch zu pasteurisieren, wobei im Lauf der Zeit verschiedene Änderungen und Ausnahmen eingeführt wurden. Deshalb ist heutzutage in einigen Teilen der USA diese köstliche Rohmilch, die wir zu unserem Tee genossen, schwieriger zu erwerben als eine Schusswaffe. Zu den Bundesstaaten, die im Jahr 2022 die laxesten Waffengesetze hatten, wo aber der Verkauf von Rohmilch gesetzlich verboten war, gehörten Alabama, West Virginia, Wyoming, Georgia, Alaska, North Dakota und Kentucky. So kann das Rechtssystem bei Lebensmitteln und unseren natürlichen Lebensgrundlagen in eine enorme Schieflage geraten. Wenn es darum geht, Menschen dabei zu helfen, ihre eigene Gesundheit und die der Erde eigenständig zu schützen, scheint das Gesetz noch große Defizite zu haben.[2]

Auf den Spuren des US-amerikanischen Denkers und Schriftstellers Henry David Thoreau schuf der Wirtschaftswissenschaftler Scott Nearing in Maine sein eigenes *Walden*, indem er Selbstversorgung auf dem Land praktizierte und anderen breibrachte.[3] Im Vereinigten Königreich tat es ihm John Seymour gleich und lehrte uns, das Land und uns selbst zu nähren; für unsere natürliche Umgebung und unsere Nahrung Verantwortung zu übernehmen; zu Werten wie Schlichtheit und einer anderen Vorstellung von »genug« zurückzukehren. Das für uns vielleicht bedeutendste Projekt ist ein 32 Hektar umfassender Biobauernhof im Bundesstaat New York, die Soul Fire Farm, die Leah Penniman kürzlich gegründet hat. Dort wird eine einzigartige Form von Permakultur praktiziert, das silvopastorale System, das die Natur achtet. Dessen Erträge werden an die »Lebensmittelwüsten« im ethnisch diversen Albany gespendet. Zudem werden dort Schwarze Landwirtinnen und Landwirte geschult und ermutigt, sich mit Lebensmittelselbstversorgung auseinanderzusetzen. Leah und andere sehen das als einen entscheidenden Schritt im Kampf für Rassengerechtigkeit, da ihr zufolge 98 Prozent des Ackerlandes in den Vereinigten Staaten Weißen gehören.[4] Wie kann das in einem Land gerecht sein, in dem – im Jahr 2020 – Weiße nur 62 Prozent der Gesamtbevölkerung ausmachten?

Das ökologische Konzept des *Rewilding* ist eng mit Permakultur verwandt und hat vor allem seit der Pandemie in vielen Ländern Fuß gefasst – auf dem Land, aber auch in Städten. Auf einem stillgelegten Bauernhof in Sussex, der einst mit Antibiotika und halbindustriellen Methoden betrieben wurde, beschloss man, das Land in seinen »wilden« Zustand zurückzuversetzen. Die Besitzerin Isabella Tree beschreibt in ihren Memoiren wunderschön, wie das Land seit der Wiederherstellung eines wilden, ungepflegten Zustands die Rückkehr seltener und wichtiger Tier- und Pflanzenarten erlebt hat, die vor langer Zeit dort existiert hatten. Sie stehen in enger Harmonie mit anderen einheimischen Arten, einschließlich uns.[5] Aber so wichtig diese Projekte für das Klima und eine romantische Idylle auch sein mögen, stoßen sie doch auf Widerstand und führen zu Konflikten – manchmal ausgelöst durch realistische Befürchtungen. Es regt sich Widerstand von Bauern, die der Meinung sind, dass dieses Land für die Lebensmittelerzeugung für lokale Gemeinden in der heutigen Zeit bestimmt ist und nicht für unsere Vorfahren, die Jäger und Sammler waren. Widerstand gibt es auch von denen, die befürchten, dass es nur den Reichen nützt, guten Boden nicht zu bestellen. Die unterprivilegierten Schichten brauchen Wohnraum und günstige Lebensmittel – nicht überteuertes Biofleisch von erlesenen Züchtungen. Tatsächlich ist es schwer, ein Gleichgewicht zwischen der Erhaltung unserer natürlichen Lebensgrundlagen einerseits und der Versorgung der Bevölkerung und der Verhinderung von Lebensmittelknappheit andererseits zu finden.

Die Aufgeklärtesten unter den selbstversorgenden Landwirten und *Rewilding*-Gurus, die sich als Hüter des Landes von der Vergangenheit bis in die Zukunft verstehen, eint vielleicht ein Prinzip, das den Ausgangspunkt für ein neues Gleichgewicht bilden kann: Sie wollen ihre eigenen Ressourcen und oft auch die der örtlichen Gemeinde nutzen, um Letztgenannte zu versorgen und so das Land und all seine Geschöpfe zu beschützen – einschließlich, aber nicht beschränkt auf uns Menschen. Selbstversorgung mit dem Ziel, Lebensmittelknappheit abzuwenden und unsere natürlichen Lebensgrundlagen zu schützen, wendet sich wie auch die *Rewilding*-Bewegung in Großbritannien, den Vereinigten Staaten und anderen Ländern gegen die industrielle Landwirtschaft. Beide Praktiken widersetzen sich Vorgehensweisen, die sie als schlecht informiert und kurzsichtig ansehen und die ihre Bemühungen verkomplizieren oder dämonisieren, das Land mit seiner natürlichen Leistungsfähigkeit und seinen menschlichen wie nichtmenschlichen

Bewohnern zu respektieren. Außerdem haben beide ein Verständnis von individuellem und kollektivem Handeln, das die Bürger ernst nimmt und hofft, dass diese vielleicht in einem künftigen Entwicklungsschritt unserer Welt in der Lage sein werden, im Sinne des Wohls aller zu denken und zu handeln, um die Abhängigkeit von multinationalen Supermarktketten und globalen Konzernen zu verringern. Letztlich geht es ihnen um die Zukunft unserer Kinder.

Mit dieser Art von Selbstversorgung ist nicht der vereinzelnde, individualistische Ansatz der Überlebenskünstler gemeint, die die Gemeinschaft und den Staat ignorieren und sich nur um sich selbst kümmern. Vielmehr schlage ich vor, von frühen Theoretikern des internationalen Handels wie David Ricardo und John Stuart Mill zu lernen. Sie entwickelten das einfache, aber mächtige Konzept des komparativen Kostenvorteils: Nationen sollen miteinander zum beiderseitigen Nutzen Handel treiben, aber die eigenen Aktivitäten dabei auf die Wirtschaftsbereiche konzentrieren, in denen sie natürliche Vorteile haben. Sodann sollen sie mit Nationen Handel treiben, die in anderen Bereichen führend sind. Genau das sollte auch die Basis unseres Selbstversorgungskonzepts sein. Unser Vorbild ist nicht der Astronaut Mark Watney aus dem Film *Der Marsianer*, der Kartoffeln auf dem Mars anbaut, um zu überleben – auch wenn er seine natürlichen Vorteile nutzt und das Einzige anbaut, das ihm möglich ist. Die Idee ist vielmehr, dass wir uns bewusst mit anderen verbinden und zum gegenseitigen Vorteil mit ihnen horizontalen Handel betreiben. Das Ziel des Austauschs ist nicht die Gewinnerwirtschaftung, sondern gegenseitige Unterstützung und natürliche Umverteilung, die stattfinden kann, wenn wir unsere eigene Nahrung anbauen und einen Überschuss haben, der jemand anderem zugutekommen kann.

Die Idee der US-amerikanischen Sitcom *Gilligan's Island* war simpel: Sieben Menschen aus verschiedenen Gesellschaftsschichten werden auf einer einsamen Insel ausgesetzt und müssen nicht nur lernen, miteinander auszukommen, sondern auch, den Gedanken des komparativen Vorteils zu entwickeln und zu gebrauchen, um zu überleben. Als ich im Grundstudium Wirtschaftswissenschaften studierte, wurde manchmal *Gilligan's Island* angeführt, um verschiedene Konzepte zu erklären. Darin tritt eine Gruppe unterschiedlicher stereotyper Charaktere auf, die sich nicht unbedingt leiden können und außer ihrem Schicksal wenig gemeinsam haben – ein distanzierter Millionär und seine vornehme Frau, ein schlauer, nervöser Professor, ein glamouröser Filmstar, eine bodenständige junge Bäuerin und natürlich der Kapitän und der liebenswerte Gilligan. Sie alle verfügen in unterschiedlichem Grad über Fähigkeiten und Intelligenz und haben ausgeprägte, oft anstrengende Wesenszüge. Gemeinsam sind sie jedoch einfallsreich genug, um auf dieser winzigen Insel mitten im Pazifik zu überleben und sogar einigermaßen zufrieden zu sein. Das ist ein Sinnbild dafür, wie wir unser Leben begreifen müssen. Wir leben heutzutage zunehmend in Gemeinschaften, die mindestens genauso heterogen sind, nicht nur in Bezug auf Persönlichkeit und Intelligenz und Fähigkeiten, sondern auch, was Merkmale wie Hautfarbe, Religion und Herkunft betrifft. Es gibt jedoch große Herausforderungen beim Überschreiten dieser Barrieren, aber keine eindeutigen Lösungen dafür, wie ich im nächsten Kapitel über »Ethno-Food« darlege. Diese Lösungen werden aber für eine Form der Zusammenarbeit dringend benötigt, die Brücken baut und darauf abzielt, nicht nur den gravierenden Unterschieden zu trotzen, sondern mit ihrer Hilfe eine starke Gemeinschaft aufzubauen. Die Forschung bescheinigt gerade solchen Gemeinschaften ein hohes Maß an Widerstandsfähigkeit und Resilienz.[6] Gilligan und sein verschollener, zusammengewürfelter Haufen hatten keine andere Wahl, als zu kooperieren. Weder Staat noch Regierung oder Unternehmen konnten ihnen helfen.

Glücklicherweise befinden wir uns nicht in einer so prekären Lage, aber wir haben zugelassen, dass Staat, Regierung und Unternehmen unsere Bemühungen erschweren, das Zusammenleben gleichberechtigter zu gestalten. Im Jahr 2021 veröffentlichten Investigativjournalisten von *Guardian* und *Food & Water Watch* einen kritischen Bericht, in dem unsere vermeintliche Entscheidung, wie wir uns ernähren, als Illusion entlarvt wurde. Sie dokumentierten, warum und wie »wenige mächtige transnationale Konzerne jedes Glied der Lebensmittelversorgungskette dominieren: von Saatgut und Dünger über Schlachthöfe und Supermärkte bis zu Cornflakes und Bier«. Und als ob das noch nicht genug wäre: »Mindestens die Hälfte der zehn am schlechtesten bezahlten Berufe ist in der Lebensmittelindustrie zu finden. Farmen und Fleischfabriken gehören zu den gefährlichsten und ausbeuterischsten Arbeitsplätzen« in den USA, dem von ihnen untersuchten Land.[7] Gesetze sollen diese Sektoren regulieren, aber die Gesetzgeber sorgen sich nicht notwendigerweise um die Interessen der Allgemeinheit, wenn sie sich mit diesen Industrien befassen. Während sich die Pandemie ausbreitete, unterzeichnete der damalige US-Präsident Donald Trump »ein Dekret [...], das das fleischverarbeitende Gewerbe verpflichtete, trotz zunehmender Berichte über den Tod von Arbeitern in den Fabrikanlagen durch Covid-19 geöffnet zu bleiben, um Engpässe in der Lebensmittelversorgung der Nation zu verhindern«. Dabei nutzte er ein Gesetz, den »Defense Production Act«, um Fleischfabriken als »kritische Infrastruktur« zu klassifizieren.[8] Viele sahen das als Klüngelei zwischen der Fleischindustrie und der Regierung an, die das Recht benutzte, um Unternehmen zu schützen, und gleichzeitig die Gesundheit und Sicherheit der Arbeiter und der Bevölkerung aufs Spiel setzte.[9] Das Lebensmittelrecht ist in vielen Ländern eng mit mächtigen Lobbygruppen der Industrie verflochten. Statt des Fokus auf Unterstützung und Regulierung der Massenproduktion braucht die breite Gesellschaft jedoch Lebensmittelsicherheit durch Ermächtigung von Individuen und Gemeinschaften und die Erhaltung des Ackerlandes.

Projekte auf der ganzen Welt versuchen, unsere Abhängigkeit von der Lebensmittelindustrie und ihren Zulieferunternehmen zu verringern, wie auch von den Gesetzen, die sie regulieren und schützen. Sie verfolgen die Idee der gleichberechtigten Zusammenarbeit, vor Ort und direkt mit dem Land. Manche Menschen wollen nicht länger warten, bis Regierungen endlich handeln, wenn private und öffentliche Landflächen ungenutzt bleiben oder durch von Gesetzen geschützte Konzerne kontrolliert werden. Angesichts von Ernährungsungerechtigkeit und steigenden Lebensmittelpreisen haben sie vielfältige Ideen entwickelt.

5. DIE EIGENEN TOMATEN ANBAUEN UND SIE MIT ANDEREN TEILEN

Viele gründen Gemeinschaftsgärten für die lokale Bevölkerung, die sich an frühen Formen der Selbstversorgung orientieren und auf Teilen und Zusammenarbeit Wert legen, um der Vereinzelung zu begegnen. Dazu zählt der Cutteslowe Community Orchard, der gegenwärtig in Oxfordshire aufgebaut wird. Die Geschichte dieser Vorstadt ist faszinierend. Sie wird schon im Domesday Book von 1086 mit verschiedenen mittelalterlichen Schreibweisen erwähnt, die kein Fremder aussprechen kann. Cutteslowe war einst ein prähistorischer Grabhügel und viel später der Ort, wo (in den 1930er-Jahren) drei Meter hohe Mauern mit eisernen Spitzen errichtet wurden, um die ärmeren Mieter in den Sozialwohnungen von den reichen Landbesitzern fernzuhalten. Während der Pandemie wurde hier ein einzigartiges Gemeinschaftsprojekt ins Leben gerufen, das aber jetzt ums Überleben kämpft. Edible Cutteslowe (auf Deutsch: »essbares Cutteslowe«) definiert sich als informelle Gruppe, die »Gemüse und Obst nachhaltig und regional erzeugen möchte. Dabei hoffen wir, eine Gemeinschaft aufzubauen und Spaß zu haben. Es ist ganz einfach. Man baut Gemüse oder Obst an und lädt andere zur Ernte ein.«[10] Das Projekt zielt darauf ab, die ganze Gemeinde durch ein Unterstützungsnetzwerk miteinander zu verbinden, und arbeitet dafür mit der örtlichen Grundschule, dem Gemeindezentrum und einer Lebensmitteltafel zusammen, dem Cutteslowe Community Larder, die Menschen hilft, denen selbst Grundnahrungsmittel und andere elementare Dinge fehlen. Und der Anfang war so einfach. Eine Gruppe von Anwohnern beschloss im Jahr 2020, sich zu treffen, um einen Teil ihres Gemeindelandes in der Gegend von North Oxford zu renaturieren und dort Nahrungsmittel anzupflanzen. Die Gruppe nutzt soziale Medien wie Nextdoor, um in der Nachbarschaft bekannt zu werden, und so bin auch ich auf sie gestoßen. Die Menschen aus der Umgebung werden dazu eingeladen, sich regelmäßig auf dieser Piazza einzufinden, um gemeinsam das Land urbar zu machen und Obstbäume zu pflanzen und zu pflegen. Jeder darf sich dort Obst pflücken oder auch einfach auf ein Schwätzchen vorbeikommen.

Das Ganze lässt sich leicht als nette Nische für die Mittelklasse abtun, die grüne Oasen und Freizeit in einem der reichsten und grünsten Teile des Vereinigten Königreichs genießen kann. Das ist irgendwie richtig, doch viele der Teilnehmer sind arbeitende Eltern mit wenig Freizeit. Es ist jedoch eine kleine Gemeinde am Rand einer reichen Stadt. Wäre dasselbe auch in einem viel größeren und komplexeren Gebiet möglich – einer Großstadt, einer Metropole? Und könnte es dort auch bekannt werden? Als das New Yorker Guggenheim Museum mitten in der Pandemie im Jahr 2020 seine Hauptausstellung »Countryside: The Future« eröffnete, entschied das Museum, an der 5th Avenue nachhaltig Cherrytomaten anzubauen. In einer Zeit, die von Tod und Stillstand heimgesucht war, sollte das ein symbolisches Zeichen für Leben und Wachstum sein. Wie die *New York Times* berichtete, »waren die in einem – wie eine Art Schiffscontainer für radioaktive Stoffe aussehenden – Behälter auf dem Fußweg beherbergten Tomaten nur drei Wochen lang als Teil der Ausstellung zu sehen, bevor die Stadt in den Lockdown ging. Aber sie wachsen immer noch. Jeden Dienstag werden ihre Rispen abgeschnitten und der [Le-

5. DIE EIGENEN TOMATEN ANBAUEN UND SIE MIT ANDEREN TEILEN

bensmitteltafel] City Harvest gespendet, jedes Mal mindestens hundert Pfund«.[11]

Diese Kunstaktion ernährte noch lange die unterprivilegierten New Yorker und schuf dadurch eine Reihe wichtiger Netzwerke der Zusammenarbeit, die auch nach dem Ausstellungswechsel des Museums weiter bestehen. Der nächste Schritt wäre, das zu vervielfältigen: mehr solche Tomatenexperimente, die sich auch in andere Landwirtschaftsbereiche oder Branchen wie Textilien oder sogar IT übertragen lassen. Auch Schulkinder können einbezogen werden, und so entstehen lokale Netzwerke, die sich selbst am Leben halten und an anderen Orten Ableger bilden. Es liegt auf der Hand, dass Menschen, die zusammenkommen, um Tomaten anzubauen und mit anderen zu teilen, wahrscheinlich ähnliche Werte und Vorstellungen haben, was die Welt ist, wie sie sein sollte und was ein gutes Leben ausmacht. Und über kurz oder lang werden auch in anderen Zusammenhängen lebende Menschen mitmachen, die trennenden Gegensätze überwinden und Einigkeit in gemeinsamen Zielen finden, auch wenn nicht alle die gleichen Werte hochhalten. Die Gemeinschaft bleibt divers und doch geeint, und so gedeiht sie. Heute mögen es Tomaten sein, morgen vielleicht etwas anderes.

Diese Orte werden zu Mikrokosmen, die wir für uns selbst erschaffen können, indem wir innerhalb unserer Gemeinschaften den komparativen Vorteil nutzen, um füreinander und für uns selbst zu sorgen. Vielleicht war es kein Zufall, dass Nachbarn ausgerechnet im bereits erwähnten Stadtteil Villeneuve zwei Brüder vor einem tödlichen Feuer retteten. Dieses Viertel war ein bedeutendes Experiment in

»Popular Urbanism«, einer Art Werkstatt für Stadtentwicklung von unten, die aus der Bewegung des Mai 1968 in Frankreich entsprang. Aktivisten, Pädagogen, Architekten und Künstler verschiedener Hautfarbe und Herkunft standen hier für ihre Rechte ein – vor allem in Bezug auf Wohnen und Bildung. Aktivisten wie André und Ariane Béranger gründeten gemeinsam mit Nachbarn Bürgervereinigungen, gaben ihre eigenen Zeitungen heraus und führten runde Tische für die Anwohner ein, zu denen sie Lokalpolitiker einluden, damit Entscheidungen zusammen mit Bürgern getroffen wurden und nicht nur für sie. Ihr Motto war: »Was für die Bewohner ohne ihre Einbeziehung getan wird, wendet sich oft gegen sie.«

Es gibt auch Belege, dass diese Art von Selbsthilfe und unorganisiertem Organisieren ein wichtiges Unterstützungsnetzwerk weben kann, selbst in den gottverlassensten Städten der Welt. In den 1970er-Jahren wollten zwei prominente Architekten, der Niederländer Rem Koolhaas und der Nigerianer Kunlé Adeyemi, wissen, was mit einer Gesellschaft passiert, wenn der Staat sich zurückzieht. Sie hatten festgestellt, dass das in Lagos der Fall war und diese Stadt sich selbst überlassen worden war, von der Finanzierung bis zu den Dienstleistungen. Aber zu ihrer großen Überraschung war das Vakuum, das der gescheiterte Staat hinterlassen hatte, gefüllt worden von »einer unglaublichen Verbreitung eigenständiger Handlungsfähigkeit: Jeder Bürger musste täglich vielleicht 400 oder 500 eigenständige Entscheidungen treffen, um in diesem extrem komplexen System zu überleben [...]. Es war die ultimative dysfunktionale Stadt – aber tatsächlich mobilisierte sie mittels all der Initiativen und des Einfallsreichtums eine unglaublich schöne, fast utopische Landschaft der Eigenständigkeit und Handlungsfähigkeit.«[12] Es ist kein Zufall, dass die Ausstellung des Guggenheim-Museums, in der Tomaten angebaut wurden, hauptsächlich von ebendiesem Koolhaas gestaltet worden war und dass ihr Horizont über die Bürgersteige Manhattans hinausging: Sie zeigte nicht nur Lagos, sondern auch andere Gegenentwürfe zu hierarchisch regierten und durch Gesetze geregelten Gesellschaften. Die Ausstellung begann vor Covid-19 und wurde von den städtisch orientierten Kritikern zuerst amüsiert aufgenommen, doch seit ihrer Öffnung für das breite Publikum wird sie zunehmend als wichtig und weitsichtig angesehen.

Verfassungs- oder Rechtswissenschaftler beschäftigen sich selten mit Selbstversorgung. Die Funktionsweise einer Verfassung besteht darin, dass sie dem Staat eine Struktur gibt und ein vertikales Abhängigkeitsverhältnis zwischen Regierenden und Regierten schafft. Dies kann zu dem eisernen Käfig werden, über den sich der Soziologie Max Weber sorgte. Das Recht und die Bürokratie, die es trägt, sind rational und kontrollierend – auch deshalb verliert das Klima den Kampf, auch deshalb wurden Coronaschutzmaßnahmen verzögert eingeleitet und so weiter. In diesem Kapitel schlage ich vor, wo und wie wir aus dem eisernen Käfig ausbrechen können; nicht, um die Welt irrational und ineffektiv zu machen, sondern menschlicher.

Interessanterweise stammen mehrere frühere Beispiele für Selbstversorgung von Bevölkerungsgruppen, deren Rechte ihrer Meinung nach durch ungerechte Praktiken verletzt wurden, beispielsweise durch Politik und Gesetze oder die Ungerechtigkeiten des kapitalistischen Systems. Die Aktivistin Fannie Lou Hamer gründete in den späten 1960er-Jahren die »Freedom Farm«-Kooperative in Mississippi. Sie wollte Afroamerikanern helfen, durch wirtschaftliche Unabhängigkeit größere politische Freiheit zu erringen. Ihr Projekt und andere, die folgten, erlebten Erfolge und Misserfolge. Sie haben sich aber bis heute gehalten, weil Menschen die direkte Verbindung zwischen Ernährungssicherheit und Selbstversorgung einerseits und Bürgerrechten und politischen Rechten andererseits erkennen. Das Engagement für Ernährungssicherheit hängt mit anderen Aspekten der bürgerlichen Verantwortung zusammen, weil die gesellschaftliche Verknüpfung der Selbstversorgung gleichberechtigtes, gemeinschaftliches Engagement voraussetzt und die Basis für die verantwortungsvolle Einforderung der Bürgerrechte bildet. Im Jahr 1955 begann in Alabama der Busboykott von Montgomery. Einzelne afroamerikanische Bürgerinnen und Bürger organisierten sich und teilten ihre Ressourcen einschließlich ihrer Autos miteinander, um auch ohne Busse Transportmöglichkeiten zu haben. Im Zuge dessen entstand eine hocheffektive Schattenwirtschaft, die es ermöglichte, den Druck auf die Busgesellschaften zu steigern und damit den Weg für wichtige Fortschritte der Bürgerrechtsbewegung zu ebnen. Selbstversorgung in Form von selbstorganisiertem Transport bildete einen tragfähigen Ersatz für Busunternehmen, die Rassentrennung praktizierten. Aber diese Selbstversorgung brachte nicht nur Menschen zu ihrem Arbeitsplatz: Sie half, eine Revolution des Rechts voranzutreiben. Dasselbe gilt auch für Land und Nahrung, die in den Worten von Leah Penniman »entscheidend« für den Schutz unserer Rechte, für die Befreiung sind.¹³

Granby Four Streets ist ein kleines Quartier in Liverpool in der Nähe des historischen Princes Park, der Mitte des 19. Jahrhunderts entworfen und angelegt wurde.¹⁴ Die vier Straßen – Beaconsfield Street, Cairns Street, Jermyn Street und Ducie Street – sind größtenteils von viktorianischen Reihenhäusern gesäumt und wurden nach dem Zweiten Weltkrieg von Einwanderern aus dem Commonwealth besiedelt. In diesem als Granby Four bekannt gewordenen Gebiet und den umliegenden Straßen entwickelte sich allmählich ein buntes Mosaik von Menschen aus verschiedenen Ländern. Wirtschaftliche Aktivitäten blühten, wie auch in anderen Stadtvierteln großer europäischer Städte, in denen sich interessante und produktive Einwanderer aus früheren Kolonien des jeweiligen Mutterlandes tummeln. Der wirtschaftliche Niedergang Englands in den 1970er-Jahren brachte aber harte Zeiten für das Vereinigte Königreich und besonders für diese Straßen. Die Arbeitslosigkeit explodierte, die Existenznot schürte ethnische Konflikte, und es kam zu Kämpfen mit der Polizei und den Ordnungsbehörden. Mehrere der ikonischen viktorianischen Gebäude wurden verlassen oder zwangsgeräumt. So begann eine Abwärtsspirale, und die heruntergekommenen Gebäude trugen zu einem langsamen, aber allgemeinen Niedergang dieses einst blühenden experimentellen Quartiers bei.

Die Gebäude wurden schließlich von der Stadt zum Abriss freigegeben, und das Gelände sollte neu bebaut werden. Jahrelange Planungen und Sitzungen und verschiedene Anläufe der Kommunalverwaltung stießen auf noch mehr Jahre des Widerstands der Anwohner, die zwischen den »Zielen« der Verantwortlichen und der Realität leerer, verfallener Häuser gefangen waren. Dann passierte etwas Großartiges. Die Bewohner des Quartiers wurden einfach selbst aktiv und trieben ihre eigene Version eines städtischen *Rewilding*-Projekts voran. Sie renovierten einige Gebäude, strichen die Fassaden und werteten dadurch schäbige und unbrauchbare Liegenschaften für die Gemeinde sichtbar auf. Der Stadtrat hatte dem Widerstand der Bewohner und den von ihnen geschaffenen Fakten nichts entgegenzusetzen und willigte schließlich ein, ihnen das Eigentum an diesen Gebäuden zu übertragen. Diese schlossen sich zusammen und verwandelten mithilfe verschiedener Organisationen und dem Architekturbüro Assemble die einst verkommenen Reihenhäuser der Granby Four in einen preisgekrönten riesigen Wintergarten, in dem sich die Anwohner des Quartiers treffen: eine echte Piazza mit eigenem Gärtner. Im Jahr 2014 wurde Assemble der prestigeträchtige Turner Prize dafür verliehen, an der Schaffung eines echten Stücks lebendiger Kunst mitgewirkt zu haben – eines Kunstwerks, das wahrlich ein Produkt eigenständiger Anwohner war, die einfach nicht länger auf Hilfe von Gemeinderat und Stadtverwaltung warten wollten, um ihr verfallendes Viertel zu retten.

»Eine einfallsreiche, kreative Gruppe von Nachbarn fing an, das Quartier wieder zum Leben zu erwecken, indem sie aufräumte, pflanzte, strich und sich einsetzte. Im Jahr 2011 entwickelte sie eine innovative Form des gemeinsamen Immobilienbesitzes, den ›Community Land Trust‹, um zehn leere Häuser in Besitz zu nehmen und als bezahlbare Wohnungen zu renovieren.«[15] So beschrieb Assemble, das Kollektiv für Architektur, Design und Kunst, die gemeinsame Vision und Arbeit dieser Anwohner. Assemble half dabei, eine nachhaltige Vision für das ganze Quartier zu entwickeln, wobei sie auf der Arbeit aufbauten, die die Bewohner selbst schon geleistet hatten, wie beispielsweise Lebensmittel und Wohnraum zu teilen und das ganze Quartier einzubeziehen. Das ist eine neue Art der Selbstversorgung, denn *Rewilding* ist relativ – es bedeutet nicht nur, Land in den unbewirtschafteten Zustand zurückzuführen; es könnte auch bedeuten, einen Lebensraum wiederherzustellen, indem man seine Bauwerke, seine Geschichte und sein kulturelles Vermächtnis respektiert – wenn Letztgenanntes tatsächlich für Menschen und Tiere in all ihrer Diversität förderlich war.

Diese Art von Selbstversorgung hinsichtlich der Ernährungssicherheit und der Sicherung von Lebensraum hat auch Auswirkungen auf andere Lebensbereiche. Scott Nearing und andere Verfechter der Selbstversorgung behaupteten, dass ihre Lebensart zu besserer Gesundheit und weniger Arztbesuchen führe, was aber nur ihre persönliche Erfahrung war. In letzter Zeit haben Forscher jedoch Belege für bedeutende Vorteile gefunden. In einer faszinierenden Abhandlung, die einfach *Rewilding* heißt und 2019 von der Cambridge University Press veröffentlicht wurde, werden Befunde aus verschiedenen Forschungsgebieten zusammengetragen, die darauf schließen lassen, dass »Naturräume in Städten auch Leistungen für die Umwelt oder das Ökosystem erbringen wie Hitzeminderung, Reduktion von Umweltverschmutzung, Schutz des Trinkwassers und Schutz vor Regenwasser«.[16] Zudem trägt die Abhandlung Belege zusammen für »den kognitiven und psychologischen Nutzen des Zugangs zur Natur«, der »zu Stressreduktion und einer erhöhten Aufmerksamkeitsspanne führt«. Zu den Vorteilen für die körperliche Gesundheit gehören »verbesserte Immunfunktion, erhöhte körperliche Aktivität, verminderte Sterblichkeit an Herz-Kreislauf-Erkrankungen und weniger Schwangerschaftskomplikationen«. Irgendwie wussten wir das schon oder fühlten es zumindest. Diese Forscher haben aber direkte Verbindungen aufgezeigt zwischen *Land-Stewardship*-Projekten, Gemeinschaftsgärten und *Rewilding*-Projekten im städtischen Raum einerseits und verbesserter seelischer und körperlicher Gesundheit andererseits. Nearing hatte also recht. Vielleicht werden wir den genauen Kausalzusammenhang nie ganz verstehen (ob es der engere Kontakt mit der Natur oder mit anderen Menschen ist oder das Gefühl von Erfolg oder Sinnhaftigkeit oder Spiritualität, das die Gesundheit fördert), weil sich all diese Dinge gegenseitig beeinflussen. Wir wissen jedenfalls, dass diese Projekte definitiv eine bessere Gesundheit für aktive und auch für passive Bewohner des Sozialraums zur Folge haben. Außerdem gibt es eine Vielzahl von Belegen dafür, dass Menschen mehr verarbeitete Lebensmittel konsumieren und folglich ein höheres Risiko für Diabetes, Herz-Kreislauf-Erkrankungen und Fettleibigkeit haben, wenn sie in Lebensmittelwüsten gefangen sind, in denen nicht gemeinschaftlich frisches Obst und Gemüse angebaut und geteilt wird.[17]

Die möglichen Verbindungen zwischen Lebensmittelsicherheit, Umwelt und Gesundheit werden gegenwärtig deutlich sichtbar. Infolge der Pandemie haben Regierungen im Vereinigten Königreich und anderen Ländern angeregt, besser auf die eigene Gesundheit zu achten. Insbesondere sollen kleinere Beschwerden jetzt selbst behandelt werden, weil seit der Pandemie die Warteschlangen in Krankenhäusern und bei Hausärzten sowie Streiks des Klinikpersonals die Gesundheitssysteme so belastet haben, dass sie bald nicht mehr in der Lage sind, schwere Krankheiten zu behandeln, geschweige denn zu verhindern. Apotheken wurden mit größeren Kompetenzen ausgestattet und bekommen finanzielle Anreize dafür, Fragen zu beantworten und Beratung zu leisten, um den finanziellen Druck auf die überlasteten Gesundheitssysteme zu lindern. Manche Apotheker warnen zwar, dass es ihre Angestellten zu sehr unter Druck setzt, bei komplexen medizinischen Problemen Beratung zu leisten, die jenseits des Fachwissens eines Apothekers liegen. Der Aufruf der Regierungen, sich in einer dezentralisierten Partnerschaft um kleinere gesundheitliche Probleme selbst zu kümmern, steht jedoch in Einklang mit der Art von Zivilgesellschaft, die dieses Buch vorschlägt. Gäbe es einen besseren Zeitpunkt dafür, sich eine solche Gemeinschaft auszumalen, als wenn sogar die Regierungen selbst dazu auffordern?[18]

Im vergangenen Winter, als der Jura-Lehmboden in unserem kleinen Garten wieder einmal über die wenigen kümmerlichen Grashalme triumphierte, auf deren Sprießen ich sehnlich gewartet hatte, verkündete ich meinen Kindern – überzeugt durch die Projekte von Tree, Cutteslowe und anderen –, dass ich den Garten verwildern lassen wollte. Sechs Monate, eine halbe Pandemie und zwei noch nie da gewesene Dürren später wiesen mich meine Kinder darauf hin, dass mein Vorhaben den Garten ruiniert hatte. Tatsächlich wuchsen die wenigen einheimischen »urzeitlichen« Gräser nicht, die ich sorgfältig online ausgewählt und gekauft hatte. Die Brombeeren und Stachelbeeren des früheren Hauseigentümers brachen mit Macht durch, während meine eigenen Bemühungen wie verängstigt verkümmerten. Die wilden Gräser, die vor langer Zeit am Feldrand von Oxfordshire einheimisch gewesen wären, brauchen Zeit zum Wachsen und Gedeihen; sie brauchen Geduld. Aber wir müssen es versuchen. Also pflanzen Sie Ihre eigenen Tomaten und verbringen Sie Zeit im Gemeinschaftsgarten. Bauen Sie so viel von Ihrer eigenen Nahrung an, wie Sie sinnvollerweise können – verantwortungsvoll, mit Arten, die auf Ihrem Land heimisch sind, und nach Grundsätzen, die die Natur respektieren. Und was am allerwichtigsten ist: Teilen Sie Ihren Überfluss, egal, welcher Größe, mit anderen.

6. Öfter mal »Ethno-Food« essen

Als meine Hochschulkarriere an der politikwissenschaftlichen Fakultät der Harvard University begann, leitete ich zusammen mit dem mittlerweile verstorbenen Samuel P. Huntington ein Graduiertenseminar. Dieser renommierte Politikwissenschaftler ist am besten für seine These vom Kampf der Kulturen bekannt, die besagt, dass künftige Kriege zwischen Kulturen und nicht zwischen Ländern ausgefochten werden.

Als wir eines schwülen Nachmittags im schlecht belüfteten Gebäude für internationale Beziehungen saßen, stellte Sam einige der Themen vor, mit denen er sich beschäftigte, darunter seine wohl kontroverseste These: dass sowohl die amerikanische Kultur als auch die amerikanischen Werte im Niedergang begriffen seien und dass das eine direkte Folge der in dieser Höhe noch nie da gewesenen Einwanderung aus Lateinamerika sei. Das ist natürlich eine kurz gefasste Version seiner differenzierten Argumente, aber an diesem Nachmittag dröhnte durch die geöffneten Fenster des Seminarraums Salsamusik aus einem Autoradio und übertönte seine brüchige Stimme, während er seine These erläuterte. Aus Gründen, die ich erst jetzt verstehe, bekam ich in diesem Moment plötzlich Heißhunger auf das köstliche mexikanische Essen in den Außenbezirken Chicagos, das meine

Familie und ich oft aßen, als ich noch ein Kind war. Da fragte ich mich, ob wir nicht alle eher zu wenig sogenanntes »Ethno-Food« essen. Es könnte uns helfen, unsere Verschiedenheit nicht nur zu tolerieren, sondern sie zu umarmen. Und zwar in eigenem Interesse.

Hautfarbe, Herkunft, Religion, Migrationshintergrund, Geschlechtszuordnung – Diversität in all ihren Ausprägungen trennt uns (imaginär oder tatsächlich) im Kampf um begrenzte Ressourcen. Gleichberechtigung ist aber notwendig, um mit all unseren Unterschieden gut zusammenzuleben. Der Politologe Michael Walzer prägte den Begriff »Toleration Regimes«, der die politischen Maßnahmen bezeichnet, die dieser Vielfalt gerecht werden und allgemeine Gleichberechtigung in die Praxis umsetzen wollen. Gleichberechtigung war auf der ganzen Welt schon immer ein wichtiger und problematischer Aspekt des Zusammenlebens und wurde seit jeher durch Gesetze geregelt. Viele Menschen sind sicherlich der Ansicht, dass mithilfe des Rechts wichtige Barrieren für Gleichbehandlung beseitigt wurden. Die Ehe wurde für nicht heterosexuelle Paare geöffnet, die Rassentrennung abgeschafft, das Wahlrecht für Frauen durchgesetzt, die Homosexualität entkriminalisiert und vieles mehr. Es ist aber kaum bestreitbar, dass das Recht nur dann sozialen Zusammenhalt und Diversität gefördert hat, wenn soziale Bewegungen hartnäckig für Veränderungen gekämpft haben, um alte, ausgrenzende Gesetze abzuschaffen. Zu erwähnen sind in diesem Zusammenhang Black Lives Matter, die Anti-Apartheid-Bewegung, #MeToo und auch die Montagsdemonstrationen in Leipzig, der Marsch der amerikanischen Bürgerrechtsbewegung auf Washington, die Suffragettenbewegung, Occupy Wall Street, der Salzmarsch von Gandhi und andere Bewegungen. In vielen dieser Fälle wurde das Recht, toleriert und gleich behandelt zu werden, dem Staat buchstäblich durch die Menschen abgerungen. Gleichzeitig wurden problematische Gesetze geändert, sodass mithilfe dieser Rechte Gleichberechtigung erzielt werden konnte.

Und doch müssen wir uns fragen: Haben diese neuen Gesetze, die zum Beispiel Diskriminierung verbieten, Wirkung gezeigt? Oder können Rassismus, Homophobie und Misogynie auf andere Weise in der Gesellschaft fortbestehen? Die Bürgerrechtsanwältin Michelle Alexander kam beispielsweise in ihrer Forschung zu dem Ergebnis, dass »Masseninhaftierung«, wie sie es nennt, letztlich eine Form der rassifizierenden sozialen Kontrolle darstellt, die den Jim-Crow-Gesetzen auffallend ähnlich ist – den Vorschriften zur »Rassentrennung«.[1]

Hat das Recht uns hier ermächtigt, unsere Vielfalt zu leben, oder hat es höchstens einige Hindernisse beseitigt – und das auch nur im besten Fall? Zahlreichen Gesetzen zum Trotz sind diese Themen – Zuwanderung, Hautfarbe, Geschlecht – regelmäßig unter den wichtigsten Problemen, die laut Meinungsumfragen unsere Nationen beschäftigen. Im Jahr 2022 zeigen beispielsweise bezüglich der sozialen Medien »Umfragen von Ipsos […], dass über vier von fünf (84 Prozent) erwachsenen Menschen im Vereinigten Königreich über schädliche Inhalte besorgt sind – wie Rassismus, Misogynie, Homophobie und Aufforderungen zu Selbstverletzung«.[2] Ob in Europa, Asien, Amerika oder Afrika, überall wird mit der Frage gerungen, wen die Vorstellung des »Wir« einschließt und wen nicht. Wir fragen uns sorgenvoll, wie wir verhindern können, dass unsere Kinder schädlichen oder hetzerischen Botschaften ausgesetzt werden. Aber meiner Ansicht nach werden zusätzliche Gesetze hier nichts ausrichten können.

Der erste notwendige Schritt ist das Eingeständnis, dass alles Essen »ethnisch« ist – oder »ethnisches« Essen nicht existiert. Die vielfältige Küche in unseren Demokratien gibt einen wichtigen Einblick in existierende kulturelle Unterschiede und unterschiedliche Lebensrealitäten. Wir können natürlich die Komplexität unserer Gemeinschaften ignorieren oder verleugnen und in der eigenen Wohnung bleiben, ohne uns jemals hinauszuwagen. Wir können uns von den anderen abschotten. Es wäre bequem für uns, weil unsere Gesetze das schon so handhaben; sie verschleiern bedeutende Unterschiede in unseren Gemeinschaften, um eine allgemeingültige Ordnung durchzusetzen. Das wird an den Slogans deutlich, die wir dauernd zu hören kriegen: eine Nation unter Gott. Britische Werte. Französischer Laizismus. Und so weiter. Wenn wir uns weiter auf Gesetze verlassen, um Unterschiede zu verstehen und zu akzeptieren, könnte das dazu führen, dass unsere Gesellschaften von den herrschenden Eliten in scheinbar funktionsfähige Gruppen aufgeteilt werden. Dies geschah beispielsweise mit Indien und Pakistan und auch innerstaatlich in Belgien. Ein weiteres Ergebnis könnte die Fantasie einer homogenen Bevölkerung sein, die in Frankreich oder im Vereinigten Königreich zutage tritt.

Das Problem besteht darin, dass es nicht solche künstlichen Gesetzeskonstruktionen waren, mit denen viele sogenannte Nationalstaaten auf der ganzen Welt errichtet wurden. Vielmehr geschah das unter Einsatz von Gewalt, um sodann eigene Gesetze festschreiben zu können. Seit Jahrhunderten existierende lokale Kulturen und Sprachen wurden aus dem öffentlichen Leben in die Privatsphäre verbannt, damit Staaten mit einer offiziellen Sprache und einem kulturellen Ausdruck gegründet werden konnten – einer sogenannten Hochkultur, die sich auf eine Verfassung berief und aus ihr geboren wurde. Staatenbildung ist und war, wie wir aus der Geschichte wissen, ein blutiger und kontroverser Prozess der Homogenisierung, vom frühen modernen Frankreich bis zum heutigen Indonesien. In einem solchen System hätten wir diese exzellenten Tacos nicht probieren können, weil wir nicht einmal gewusst hätten, dass es sie gibt. Wir mögen die Bohnen-Burritos von der Fast-Food-Kette Taco Bell verschlungen haben, aber auch nur diese, weil sie eine gefahrlose Fantasie sind – eine feige Art, unsere Neugier und unser Interesse an unseren verbotenen Nachbarn zu befriedigen.

Ernest Gellner war einer der ersten politischen Denker, der Aufmerksamkeit für die Probleme schuf, die sich aus der Zusammenfassung mehrerer Völker unter einem künstlich errichteten Staat ergeben. Eine Sprache, ein Schulsystem und – wie Gellner es nannte – eine Hochkultur.[3] Das waren und sind künstliche Konstrukte. Tatsächlich haben viele der Probleme, die in fast allen modernen Staaten – von den USA und Kanada bis Spanien, aber auch überall in Afrika und im Mittleren Osten – existieren, mit Spannungen zwischen sozialen Gruppen zu tun: zwischen Völkern, Religionen, Kulturen und Hautfarben, die allesamt in eine Sardinenbüchse gequetscht werden, deren Deckel eine einzige Verfassung bildet.

Der Irak ist ein erhellendes Beispiel für einen erzwungenen Nationalstaat. Durch das britische Mandat auferlegte Gesetze schüren offenbar nur Wut und Spannungen zwischen den sozialen Gruppen, wodurch das Staatsgefüge zu kollabieren droht. Als ich im Jahr 2009 in Bagdad mit Kurden und Irakern an einem runden Tisch saß und ihnen beim Entwurf eines konsensfähigen Finanzausgleichs half, traten seit Langem bestehende Feindschaften zutage. Die Kurden bestanden darauf, dass ihnen ein größerer Anteil des Öls und Gases zustand als dem Rest des Landes. Nicht nur, weil sich die Förderstätten auf ihrem Gebiet befanden und die Förderung ihr Land zerstörte, sodass eines Tages der Boden unfruchtbar sein würde. Sie sahen es auch als Reparationsleistung für die Unterdrückung durch andere, einschließlich der Briten, die sie gezwungen hatten, trotz ausgeprägter kultureller und anderer Unterschiede mit anderen Völkern unter einer einzigen Rechtsordnung zu leben.

Eine Ordnung, die durch Staatsgründer geschaffen und mit einer Verfassung festgeschrieben wird, scheint stabil. Das ist sie auf Papier und in ihrer buchstabengetreuen Wahrung des verfassungsmäßigen Aufbaus des Staats. Aber Menschen, die Familienmitglieder bei Bombenanschlägen von Separatisten in Belfast, Madrid oder Basra verloren haben, werden einwenden: Es mag im Allgemeinen eine stabile Ordnung sein, aber sie ist nicht gut. Gesetze können uns nicht dazu bringen, miteinander auszukommen, solange wir nicht die Vorstellung eines gemeinschaftlichen Zusammenlebens entwickeln.

6. ÖFTER MAL »ETHNO-FOOD« ESSEN

Eines Nachmittags im Jahr 1996 ging ich zum Zeitungsstand in der Nähe meiner winzigen Mietwohnung in Paris und kaufte mir die Tageszeitung *Le Monde,* die traditionell zur Mittagszeit herausgegeben wird. Das Titelblatt verkündete an diesem Tag den Tod des Vaters meiner Freundin Carmen. Der Juraprofessor Francisco Tomás y Valiente, der dem spanischen Verfassungsgericht angehörte, war durch die baskische Separatistenorganisation ETA ermordet worden. Er wurde in seinem Büro an der Universität, wo er seit Jahrzehnten gelehrt hatte, durch zwei Kopfschüsse getötet. Professor Tomás y Valiente war ein ausgesprochener Kritiker der Verhandlungen des spanischen Staats mit Terroristen gewesen, aber ironischerweise war er auch ein bekannter Intellektueller, der öffentlich zu bedenken gab, dass das Recht ohne guten Willen bedeutungslos sei. Der war seiner Meinung nach für eine funktionierende Demokratie unerlässlich und fehle in Spanien einfach. Er glaubte fest an die Gemeinschaft, weshalb er mahnte, dass die autonomen Regionen ihre Autonomie schrittweise vorantreiben sollten und respektieren müssten, dass das spanische Kernland vielleicht noch nicht bereit war, einem neuen Arrangement zuzustimmen; gleichzeitig sollte das Kernland aber anerkennen, dass den Regionen ihre Autonomie in entscheidenden Bereichen viel bedeutete. Kurz gesagt rief er zu gegenseitigem Verständnis auf, zu gutem Willen auf beiden Seiten. Die bemerkenswerte spanische Verfassung diente oft als Vorbild und wurde auf der ganzen Welt für multiethnische Demokratien in Betracht gezogen. Sie strebt an, Unterschiede auszugleichen und verschiedene Völker unter einem Dach zusammenzuhalten. Dennoch empfand Tomás y Valiente, dass dieser gute Wille einfach nicht wirklich vorhanden war.

Gesetze für Landesteilung, die bei gewalttätigen ethnischen Konflikten Ordnung wiederherstellen sollen, funktionieren auch nicht. Jahrzehntelang glaubten deren Verfechter, dass die Aufteilung verschiedener Gruppen in demografische Enklaven für Recht und Ordnung sorgen würde. Aber stimmt das? Nicholas Sambanis, Leiter des Identity and Conflict Lab an der University of Pennsylvania, bemühte sich intensiv, das mit innovativen Forschungsmethoden und Teams von Wissenschaftlern in verschiedenen Ländern herauszufinden. Er kam zu dem Schluss, dass gewöhnlich eine »Landesteilung die Wahrscheinlichkeit neuer Gewalt nicht signifikant senkt«.[4] Stattdessen ist es zielführender, glaubwürdige und faire Regierungssysteme aufzubauen. Leider sind Glaubwürdigkeit und Gleichbehandlung für die meisten Regierungen noch nicht charakteristisch und besonders in Staaten mit großen ethnischen Spannungen selten etabliert. Wir können und müssen also die Grundlagenarbeit selbst leisten.

Diese besondere Form von Bürgertugend und gutem Willen anderen gegenüber – insbesondere Zuwanderern, die Reis anders kochen, von der anderen Seite einer Grenze kommen oder eine andere Sprache sprechen – war schon immer die größte Hürde für Länder wie die USA, Frankreich oder das Vereinigte Königreich, in denen Einwanderungswellen verschiedenste Völker zusammengeführt haben. Es fällt uns generell schwer, zu teilen, aber vor allem mit denen, die sich sichtbar von uns unterscheiden – vielleicht weil wir befürchten, dass die »anderen« unsere Kultur verwässern werden, unsere Götter infrage stellen, uns unser Territorium wegnehmen oder womöglich das verändern wollen, was wir als den Kern unserer Identität ansehen. Oft gründet sich das auf hartnäckigen Mythen, die vielleicht dem Gruppenzusammenhalt zuträglich sind, aber einen allzu einfachen Grund für den Ausschluss bieten. Die Anwendung des Rechts hatte meistens die Schaffung getrennter Gebiete für verschiedene Gruppen zum Ziel: durch Segregation; durch Föderalismus, der die territoriale Trennung von Völkern vorsieht; durch gesetzliche Ausnahmeregelungen für bestimmte Gruppen wie die Gemeinschaft der Amish in Amerika, die der Meinung sind, dass zwischen ihnen und der restlichen Gesellschaft einfach zu große Unterschiede bestehen. Aber keine Trennungslinie, keine Mauer oder Grenze, keine Dezentralisierung der Macht kann das ersetzen, was notwendig ist: unser gegenseitiges Interesse an den Mitgliedern unserer Gesellschaft, die sich in irgendeiner Weise von uns unterscheiden.

Auch Geschlecht gehört dazu, das neben Hautfarbe und Herkunft eine weitere Ebene der Komplexität darstellt. Der Film *Thelma & Louise* erzählt, wie zwei Freundinnen nach Mexiko fliehen, nachdem Louise einen Mann erschossen hat, der versucht hatte, Thelma zu vergewaltigen. In den 1990er-Jahren wurde der Film zu einer Art Manifest für Frauen und andere Bevölkerungsgruppen, die von den Fesseln des Rechts frustriert waren. Sie wollten nicht etwa das Gesetz brechen, sondern vom Gesetz geschützt werden, weil sie festgestellt hatten, dass es gegen sie arbeitete – weil sie Frauen waren. Die Professorin und frühere Dekanin der Harvard Law School Martha Minow und die Philosophieprofessorin Elizabeth V. Spelman verglichen die Schwierigkeiten von Thelma und Louise mit denen nichtweißer Männer. Das Ziel war nicht, wichtige Nuancen und Unterschiede in den Problemen zu verwischen, denen sich diese Männer gegenübersehen, sondern Ähnlichkeiten zu veranschaulichen. Wie sie schreiben, wird »der ›edle‹ Gesetzlose […] seltsam bewundert und in den Mythen der Vereinigten Staaten vage mit dem Wilden Westen und mit romantischen Vorstellungen von persönlicher Entwicklung und Freiheit assoziiert. Der paradigmatische edle Gesetzlose ist ein Mann, dessen Gesetzesverstöße auf eine Art als tugendhaft verstanden werden können.«[5] Die amerikanische Kultur lässt keinen Raum für die Vorstellung, dass ein nichtweißer Mann diese geachtete Stellung des edlen Gesetzlosen einnehmen könnte. Der Afroamerikaner, der Amerikaner mit mexikanischen oder asiatischen Wurzeln, die Frau – wenn sie das Gesetz brechen, um etwas zu tun, das sie als tugendhaft oder richtig empfinden, erscheinen sie daher nicht nur als Bürger, die sozialen Normen zuwiderhandeln, sondern ganz allgemein als unangepasst – als problematisch und nicht als edel. Unsere Folklore, unser kollektives Gewissen, erlaubt uns nicht, diese Trennlinien zu überschreiten. Es sind die anderen, die nicht so sind wie wir, aber die wir akzeptieren und annehmen müssen – Schwarz, weiß, weiblich, transgender; wie auch immer wir es definieren. Das Recht scheint diesen Menschen gegenüber häufig zu versagen. Experten im Vereinigten Königreich haben kürzlich mehr als 300 Juristen zu Voreingenommenheit im Justizsystem befragt. Im Jahr 2022 gaben 95 Prozent der Befragten an, dass rassistische Vorurteile bei Prozessen und Urteilen eine Rolle spielen, und 29 Prozent sagten, sie spielten eine »fundamentale Rolle«.[6]

Ich glaube natürlich nicht, dass wir Toleranz und Bürgertugenden allein dadurch erlangen können, dass wir mehr »Ethno-Food« essen. Es ist lediglich eine symbolische Brücke und ein Anfang, um die »anderen« interessant zu finden und als gleichwertig anzuerkennen. Nahrung ist etwas, das man miteinander teilt, und eine Fülle »ethnischer« Gerichte steht uns zur Auswahl, als Teil dessen, was uns ausmacht. Aber nur weil wir die Gerichte anderer Kulturen essen und genießen, wollen wir noch lange nicht diese Kulturen in unserem Leben willkommen heißen oder als zu uns gehörig akzeptieren. Wir müssen aber aktiv werden, weil die Zeit drängt. Zuwanderung und Grenzschutz sind heute zwei der umstrittensten Themen in den USA, aber auch in Kanada, Italien, Deutschland, Frankreich – so ziemlich überall.[7] Wir sind besorgt um unsere Sicherheit, da »andere« Menschen in unser Land kommen. Manche sind vor allem besorgt über die »Verwässerung« ihrer Kultur oder Konkurrenz um Schul- und Arbeitsplätze, für die sie hart gearbeitet haben.

Gutes Essen kann die Heilung bringen – eine andere Art von Hühnersuppe gegen dieses sehr komplexe und heiß debattierte Leiden. Als ich in Oxford lehrte, verlangte ich von meinen Erstsemester-Studierenden, sich ein wenig in den Osten dieser altehrwürdigen und immer noch recht englischen Universitätsstadt zu wagen und einen besonderen Delikatessenladen in der Cowley Road zu fotografieren. Diese Straße mit einem Tempolimit von 30 Stundenkilometern ist eine Bastion ethnischer und ökonomischer Diversität: eine Heimat für viele, von Professoren des All Souls

College bis zu gerade angekommenen syrischen Flüchtlingen. Entlang dieser Straße gibt es so ziemlich alles: eine Halal-Metzgerei, eine Mikwe oder auch einen Friseur, bei dem man seine Dreadlocks richten lassen kann.[8]

Meine Studenten kehrten zurück mit ein paar Fotos, köstlichem Baklava und vielen Fragen – in erster Linie über sie selbst: Wer sie sind und was das Vereinigte Königreich heute ist; in welcher Beziehung sie zum »Anderen« und zu ihrer Forschung stehen; wie man aus dem Brexit schlau werden kann und so weiter.

Meine Forschungsarbeit hat mich in viele Länder der Welt geführt, wo ich die Arbeit am Rechtssystem und dessen Grundsätzen kritisch begleitete. Diese Reisen haben mir gezeigt, dass man fremde Identitäten am besten versteht, indem man das »Andere« schmeckt und sinnlich erfährt – nicht nur eine Fantasieversion davon wie Taco Bell. So können wir beginnen, uns und unsere reiche Vielfalt schätzen zu lernen. Ich bin sicher, dass mein brillanter Kollege Sam Huntington, von dem ich so viel gelernt habe und der ebenfalls gutes Essen und gute Kultur zu schätzen wusste, aus vollem Herzen zugestimmt hätte. Es ist vielleicht kein Zufall, dass mein irakischer Dolmetscher und die Scheichs, mit denen ich in der Kommission zur Reform der Verfassung eng zusammengearbeitet hatte, mir zum Abschied eine Schachtel mit regionalen geräucherten Datteln und eine Tüte mit Limonen aus Basra überreichten, als ich den Irak verließ. Diese zwei kostbaren Abschiedsgeschenke waren eine Einladung in ihre Kulturen, ein Brotbrechen über so viele Trennlinien hinweg.

Ein solches Teilen bewirkt etwas. Frankreich, ein früheres

Weltreich, das sich von Afrika über Asien bis Südamerika erstreckte, hieß eine Fülle von Menschen mit unterschiedlichen Hautfarben und aus verschiedenen Kulturen in seiner relativ kleinen Hauptstadt willkommen. Diese Mischung verlief nicht immer friedlich. Einige der schlimmsten Unruhen der vergangenen Jahrzehnte ereigneten sich dort. People of Colour fühlten sich von den Regierungen im Stich gelassen und Integrationsprojekte scheiterten, während Armut herrschte und islamistische Extremisten die Unzufriedenheit nutzten, um Konflikte und Gewalt zu schüren. Doch sogar hier, in einem der vielleicht fatalsten Fälle von Scheitern eines Schmelztiegels in der entwickelten Welt, gab es lokale Erfolge.

Mitte der 1990er-Jahre bezeichneten Medien die Vorstädte, die nur eine kurze Zugstrecke vom Eiffelturm entfernt lagen, als herzlos. Sozialer Zusammenhalt wäre hier nicht vorhanden und die Menschen würden vereinzelt und verzweifelt vor sich hin leben.

So beschrieb auch die sozialistische Historikerin Françoise Gaspard ihre Heimatstadt Dreux, wo sie einst Bürgermeisterin gewesen war. Das Verbrechen grassierte dort, und Jugendliche aus Nordafrika wurden, ob berechtigterweise oder nicht, größtenteils dafür verantwortlich gemacht. Der Front National unter Führung von Le Pen verzeichnete massive Gewinne unter den älteren weißen Einwohnern von Dreux, weil er eine der wenigen politischen Parteien war, die die Probleme um Hautfarbe und Zuwanderung direkt ansprachen, die dort ein großes Thema waren.

Miro Rizvic leitete ein kleines Geschäft in Dreux und versuchte es trotz der Kleinkriminalität aufrechtzuerhalten, die die Gewinne des Inhabers reduzierte. Eines Tages hatte er plötzlich die rettende Idee. »Ich stelle Leute von hier ein«, sagte er, »einen Marokkaner für das Gemüse, einen Tunesier für die Konserven, einen Türken für die Kasse. Sie kennen fast jeden, der hier hereinkommt. Das ist effektiver, als Sicherheitspersonal anzustellen.«[9]

Herr Rizvic war rund 20 Jahre zuvor aus Bosnien eingewandert und selbst erst seit Kurzem ein französischer Staatsbürger. Vielleicht verstand er instinktiv, was für eine Kooperation über ethnische Grenzen hinweg notwendig war. Er hatte eine Form von guter Ordnung gefunden, die die Basis für Zusammenarbeit in heterogenen Gemeinschaften auf der ganzen Welt ist. Politikwissenschaftler wie James Fearon und David Laitin verbrachten ihre Karriere mit dem Studium dieser Art von Kooperation. So über potenzielle Trennlinien hinweg zusammenzuarbeiten, ist nicht nur »nett«, es ist entscheidend für das Funktionieren der Gemeinschaft und für eine blühende gute Ordnung.[10]

Diese Zusammenarbeit ist auch entscheidend für Entwicklung. Sozialwissenschaftler haben sich lange gefragt, warum sich die einzelnen Regionen eines Landes hinsichtlich ihrer sozialen und wirtschaftlichen Entwicklung so stark unterscheiden können. Länder wie Italien, aber auch ehemalige Kolonien wie Indien und Brasilien mit ihren riesigen Landflächen haben bemerkenswerte Beispiele für gute Regierungsführung gezeigt – trotz einer komplexen und von wirtschaftlichem Druck gekennzeichneten Lage im Land sowie von Kolonialmächten und ausländischen multinationalen Konzernen zementierter Unterentwicklung. Früher nannten wir sie bizarrerweise die Dritte Welt. Aber das waren nur Nischen, und diejenigen, die sie erforschten, haben darauf aufmerksam gemacht, dass die »gute Regierungsführung« meistens überhaupt nichts mit den Regierenden zu tun hatte, sondern mit den Regierten: mit den Fähigkeiten der Bürger selbst und ihrer Bereitschaft, für den Staat und füreinander Verantwortung zu übernehmen.

Die verstorbene Judith Tendler, eine Wirtschaftswissenschaftlerin am MIT, hat als eine der ersten Forscherinnen diese regionalen Unterschiede in Brasilien erkundet.[11] Weiterhin erforschte Prerna Singh, eine Politikwissenschaftlerin an der Brown University, erst kürzlich ein ähnliches Muster in Indien. Singh stellte fest, dass es trotz der in vielen Regionen grassierenden Probleme wie Analphabetismus, Unterernährung und Verbrechen auch erfolgreiche Orte gab, wo Bürgern bessere öffentliche Dienstleistungen, Schulen und Gesundheitsversorgung zur Verfügung standen, die Alphabetisierungsrate höher war, die Menschen ein besseres und längeres Leben genossen und so weiter. Singh identifizierte Solidarität als Schlüssel dafür: ein starkes Zugehörigkeitsgefühl zur Gemeinschaft. Diese Solidarität, dieser Sinn füreinander und für die Gemeinsamkeiten erhöhte die Wahrscheinlichkeit, dass sich Einzelne innerhalb der Gemeinschaft zusammen mit regionalen Eliten für Investitionen in den Bereichen einsetzten, die für die Gemeinschaft am wichtigsten waren – und dazu gehörten vor allem Gesundheit und Bildung.[12]

Wie können also diese Solidarität und Kooperation, auch über verschiedene Gruppen, über unterschiedliche Herkunft und Hautfarbe, über politische Standpunkte hinweg gefördert werden? Wie bekommen wir Jung und Alt dazu, sich für ein Gemeinschaftsprojekt einzusetzen, ohne darüber zu streiten, wer die besseren Vorschläge hat und wer der bessere Anführer ist? Eine Antwort liegt vielleicht in den Behausungen der Einsiedlerkrebse.

Eine Dokumentation von David Attenborough zeigt recht kurios aussehende Krebse, die unbeholfen am Strand umherkrabbeln, als hätten sie einen Kater von einer durchzechten Nacht. Während sie stolpern und zusammenstoßen, erklärt Attenborough, dass diese Einsiedlerkrebse dringend auf ihre Gehäuse zum Schutz angewiesen sind und dass nackte Krebse durch quasi alles verwundbar sind, von Fressfeinden bis zu Sonnenstrahlen. Wenn sie größer werden, wachsen ihre Gehäuse aber nicht mit, deshalb werfen die Krebse sie ab und brauchen neue, die zu ihrem größeren Körper passen. Wie Teenager, die schnell aus ihren Jeans herauswachsen, ergreifen sie jede Gelegenheit, shoppen zu gehen. Nur geht es bei ihrem Einkaufsbummel anders als bei Jugendlichen um Leben und Tod. Also was geschieht? Sieht der Einkaufsbummel der Einsiedlerkrebse so aus wie bei den rücksichtslosen Menschenmassen, die von Rio de Janeiro bis Oakland beim Weihnachtsausverkauf frühmorgens die Verkäufer über den Haufen rennen und Türen eintreten, um sich die Sonderangebote zu schnappen? Überhaupt nicht. Vielmehr organisieren sich diese Tiere gewöhnlich auf eine hochinteressante, kooperative Art, die manche Forscher als »Immobilienmarkt der Natur« bezeichnen. Die Tricks, Bestechungen und andere krankhafte Erscheinungen, die in der menschlichen Version dieser Transaktionen gang und gäbe sind, gibt es hier nicht.

Der Biologe Mark Laidre hat diese faszinierenden Tiere

in New Hampshire erforscht. Er erläutert, dass die unabdingbare Notwendigkeit für diese Krebse, ein neues Gehäuse zu finden, eigentlich ein hohes Potenzial für extreme Konflikte birgt, doch stattdessen zu eleganter Kooperation führt. Noch interessanter ist, dass diese – anders als viele Formen der Kooperation – nicht aus Verwandtschaftsbeziehungen hervorgeht. Die planktonischen Larven der Krebse verteilen sich weit im Meer, nachdem sie aus ihren Eiern geschlüpft sind, und werden daher von ihren Geschwistern getrennt, bevor sie Land erreichen. Das heißt, sie müssen mit Nichtverwandten kooperieren, und es ist nicht mehr die Familie, die zählt und auf die man sich verlassen kann. Vielmehr bilden sie Bündnisse, und bei den stabilsten unter diesen arbeiten kleinere und größere Krebse zusammen.[13]

Es regt sich wachsendes Interesse an der Ökologie und Entstehung dieser kooperativen Netzwerke, vor allem wenn sie über Verwandtschaft hinausgehen. Zudem häufen sich Belege, dass Ameisen und andere Lebewesen eine solche Zusammenarbeit auch außerhalb ihrer Familien praktizieren, manchmal sogar außerhalb ihrer Art. Das ist nicht das Gleiche wie Altruismus, wenn Fremde einem Menschen in Not helfen. Kooperation ist nicht immer selbstlos. Vielmehr entspringt sie dem Grundbedürfnis, das allen lebenden Organismen gemeinsam ist: der Notwendigkeit, zu überleben. Wenn wir begreifen, dass wir mit anderen Lebewesen zusammenarbeiten und für sie sorgen müssen, auch wenn sie keine Mitglieder unserer Familie, unseres Volkes oder sogar unserer Spezies sind, dann entsteht diese einzigartige Form der Kooperation, die Wissenschaftler wie Mark Laidre als ausgesprochen widerstandsfähig und stabil betrachten.

Natürlich gibt es eine Motivation für Kooperation, die unseres Wissens nach allein dem Menschen eigen ist und nicht nur dem Überleben oder dem eigenen Nutzen dient: Man arbeitet schlicht deshalb über trennende Linien hinweg zusammen, weil es das einzig Richtige ist, weil es der Menschenwürde entspricht und ihre Krönung darstellt. Die Vorstellung der menschlichen Würde als vielleicht wichtigstem Motivationsfaktor auf unserem Lebensweg ist so bedeutend, dass die Deutschen sie nach dem Zweiten Weltkrieg in ihrem neuen Fundament, dem Grundgesetz, verewigt haben. Nachdem sie Zeugen der völligen Missachtung des menschlichen Lebens während des Holocausts geworden waren, wollten die Urheber der Verfassung dieses nun zum wichtigsten Grundsatz ihrer politischen Nachkriegsordnung machen. Der erste Satz von Artikel 1 des deutschen Grundgesetzes lautet: »Die Würde des Menschen ist unantastbar.« Natürlich ist das ein Gesetz, auch wenn es zum höheren Recht gehört, und wie bei allen Gesetzen bin ich skeptisch. Eigentlich geht es ja darum, die Achtung der Würde nicht als etwas zu betrachten, das das Gesetz vorschreibt, sondern als etwas, das täglich überall praktiziert wird: Menschen kooperieren mit anderen, die sich stark von ihnen unterscheiden, und zwar nicht wegen Naturkatastrophen oder gegenseitigem Nutzen, sondern einfach, weil es das Richtige ist.

Wie bei den verfeindeten Gruppen in Brooklyn in Spike Lees Film *Do the Right Thing* gibt es immer Einzelne, die doch das Richtige tun. Einfach um der menschlichen Würde willen. Soldaten im Ersten und Zweiten Weltkrieg, die den Schussbefehl verweigerten; deutsche Christen und niederländische und französische Bürger, die Juden halfen, sich auf der Flucht vor den Nazis zu verstecken, und dabei ihr eigenes Leben riskierten. Russen, die gegen ihre Regierung protestieren und dabei eine Haftstrafe oder noch Schlimmeres oder selbst ihr Leben riskieren, um Putin und seinen Krieg in der Ukraine anzuklagen. Nicht um ihres eigenen Vorteils willen, sondern ihrer eigenen Menschlichkeit.

Gewaltsame Ereignisse sind aber nicht notwendig, um die Menschlichkeit des Individuums vor uns erkennen zu können, unabhängig von dessen Geschlechtszuordnung, Hautfarbe oder sexueller Orientierung. Wir können diese anderen Eigenschaften tolerieren, weil wir begreifen, dass uns unsere Menschlichkeit vereint. Und dann können wir unsere Unterschiede zu schätzen lernen, weil wir erkennen, dass sie unsere Gemeinschaft bereichern. So können – und sollten – wir das Richtige tun.

Wenn wir als Individuen diese Würde akzeptieren, warum läuft es dann meistens darauf hinaus, dass wir mit unseresgleichen in homogenen Enklaven leben? Auch wenn wir Diversität schätzen, scheinen wir letztlich in einer Umgebung zu landen, die bereit ist und doch wieder nicht bereit ist, das Richtige zu tun. Der Wirtschaftswissenschaftler und Nobelpreisträger Thomas Schelling versuchte das schon vor vielen Jahrzehnten zu verstehen. Er wollte zum Beispiel wissen, warum Menschen, die sich selbst nicht für Rassisten halten, dennoch in segregierten Wohnvierteln leben. Dafür untersuchte er Individuen, die nur leichte Bedenken zu ethnisch gemischten Nachbarschaften äußerten und sich wohlfühlten, solange sie zumindest einen Nachbarn hatten, der so aussah wie sie. Dabei musste er feststellen, dass diese Menschen trotzdem am Ende oft in strikt segregierte Viertel zogen.[14] Angesichts der betrüblichen Tatsache, dass Wohngebiete häufig durch bewusste Entscheidungen homogen wurden, obwohl die meisten Menschen ein gewisses Maß an Integration bevorzugten, versuchte er mithilfe mathematischer Modelle – seiner großen Stärke – herauszufinden, was getan werden konnte. Seine Schlussfolgerung gleicht dem, wozu die meisten Philosophen schon seit Jahrzehnten aufrufen: mehr Toleranz. Schelling erstellte »Toleration Schedules«, mathematische Modelle der Grenzen dessen, wie viele Menschen einer anderen Hautfarbe (oder Geschlechtszuschreibung oder Religionsgemeinschaft) man in seiner Nähe tolerierte. Die Erweiterung der Grenzen, wen man als Nachbarn duldete, brachte die gemischten Nachbarschaften hervor, die die meisten bevorzugten. Die mathematische Dynamik der Gesamtgruppe erfordert die Erweiterung der Toleranzschwelle bis zum Schwellenwert. Das ist leichter gesagt als getan. Aber anders ausgedrückt bedeutet es, dass wir als Individuen noch ein bisschen mehr versuchen müssen, uns gegenseitig zu verstehen und wertzuschätzen, damit wir zusammen – als Gemeinschaft – eine viel buntere Nachbarschaft bekommen.

Warum können wir das alles nicht einfach über die Rechtsordnung regeln und bessere Gesetze erlassen, die unsere existenzielle Lebensmittelversorgung und den Schutz unserer Lebensgrundlagen sicherstellen? Weil solche Gesetze erstens von denen angefochten werden, die durch sie am meisten zu verlieren haben. Und zweitens zählt nicht nur das Ergebnis, sondern auch der Prozess. Ich weiß, das klingt wie die Binsenweisheit über den Weg, der das Ziel ist, aber am Beispiel der Beendigung der Rassentrennung in den

USA wird deutlich, was ich meine. Viele glaubten, dass Grundsatzurteile wie im Fall »Brown v. Board of Education« positive Veränderungen für die Rechte von Afroamerikanern einläuteten; dass nun Rassentrennung an US-amerikanischen Schulen beendet worden war und allen Bürgern unabhängig von ihrer Hautfarbe bessere Möglichkeiten offenstanden. Aber das ist nicht die ganze Geschichte. Selbst wenn man glaubt, dass dieses Urteil eine wichtige Entscheidung für die Bürgerrechte war – dass das Recht hier funktionierte –, war es doch nicht so segensreich, wie es scheint. Die Rassentrennung wurde zwar abgeschafft, aber die nötigen Gesetze, um Menschen verschiedener Hautfarbe bei ihrer schulischen Laufbahn wirklich zu fördern, wurden nicht unbedingt erlassen. Das zeigt, dass das Gesetz zu kurz greift, selbst wenn es in Kraft getreten ist. Es mag Blockaden beseitigen, aber es bietet nicht wirklich Anreize für die Art von Engagement, die wir wollen und brauchen, um Fortschritte zu machen. Diese Arbeit müssen wir selbst leisten.

In einem wichtigen Experiment, das Jack Balkin an der Yale Law School durchführte, wurden mehrere angesehene Professoren für Verfassungsrecht und Rechtstheorie gebeten, als hypothetische Übung Stellungnahmen zu dem damaligen Urteil zu verfassen. Die renommierte Forscherin Catharine MacKinnon schrieb in ihrer Stellungnahme: »Das Risiko von heute ist nicht, wie die Verteidiger [der bestehenden Regelung] fürchten, dass wir zu schnell zu weit gehen, sondern dass wir zu langsam und nicht weit genug gehen.«[15] Darauf zu warten, dass das Recht uns die Arbeit abnimmt, ist ein Teil des Problems. Wenn das Recht sich überhaupt ändert, geschieht das nur langsam und nicht immer in die

Richtung, die für eine gemeinsame Lösung unserer Probleme nach unserem Wissen am besten ist. Aber es geht nicht nur darum, die Geschwindigkeit zu erhöhen, mit der rechtlicher Druck erzeugt wird. Überzeugender ist die hypothetische abweichende Stellungnahme, die der gleichermaßen renommierte Derrick Bell für dieses Projekt verfasste, der erste festangestellte afroamerikanische Professor an der Harvard Law School. Er schreibt: »Ich stimme der Mehrheitsentscheidung in diesen Fällen nicht zu, weil die verabscheuungswürdige Rassentrennung in öffentlichen Schulen, die die Mehrheit für verfassungswidrig hält, eine Manifestation des Übels Rassismus ist. Dieser Gerichtshof versagt dabei, dessen Tiefe und Allgegenwart auch nur anzuerkennen, geschweige denn zu benennen und zu beseitigen.« Seine Stellungnahme endet mit den Worten: »Die Schwarzen, trotz allem die vielleicht treuesten Bürger dieser Nation, haben etwas Besseres verdient.«[16]

Aber auch das kann das Recht nicht allein vollbringen, wir müssen es tun. Der erste Schritt ist, dass wir regelmäßig unser jeweiliges »Ethno-Food« miteinander teilen – echte selbst gekochte Gerichte der vielen Kulturen, aus denen sich unsere Gemeinschaften zusammensetzen. Fangen wir an, uns an der Vielfalt der menschlichen Kulturen zu erfreuen, und dann begreifen wir vielleicht auch, wie ähnlich wir einander doch sind.

7. Mit all dem sehr früh anfangen, ungefähr mit drei Jahren

In meinem Grundstudium habe ich während der angespannten Zeit der Abschlussprüfungen etwas über Bildung gelernt, beziehungsweise den Mangel daran. In einer schlaflosen Nacht war es mir wieder einmal irgendwie gelungen, eine komplette Hausarbeit zu Papier zu bringen, aber die 17-Uhr-Frist zum Einreichen war gerade verstrichen und die Tür zum Fakultätsbüro verschlossen. Erschöpft und verzweifelt ließ ich mir eine neue Lösung einfallen: die Facharbeits-Hauszustellung. Ich spannte meine enthusiastische Freundin Valery ein, und gemeinsam mit ihrem Freund schwangen wir uns in dessen Ford Fiesta mit manuellem Schaltgetriebe und fuhren einige Häuserblocks nach Westen in die ruhige Chicagoer Vorstadt, wo mein Professor wohnte. Während Valery und ihr Freund auf der Suche nach der richtigen Adresse über manikürte Rasenflächen irrten, lag ich auf dem Rücksitz, weil ich mich für mein wegen des Zeitdrucks vernachlässigtes Erscheinungsbild schämte. Aber als meine Freunde nach einiger Zeit noch nicht zurückgekehrt waren, steckte ich meinen Kopf heraus wie aus einem Schützengraben und bemerkte, dass überall die Lichter an den Haustüren angingen. Sie blinkten synchron auf wie Glühwürmchen im frühen Abendlicht. In einem Haus nach dem anderen schalteten die Bewohner das Licht an und beobachteten diese eigentlich nicht übermäßig interessante Zustellung der Facharbeit. Warum? Weil das eine weiße und angeblich gebildete Mittelschichts-Nachbarschaft war. Es war früh am Abend. Und meine Freunde waren Schwarz.

Wenn das Recht uns nicht wirklich dazu ermutigt, uns gegenseitig zu respektieren und unsere Unterschiede zu schätzen, wenn es nicht ausreicht, um eine solche Szene zu verhindern, müssen wir uns fragen: Was dann? Und so endet die Suche nach echter Bürgertugend dort, wo sie eigentlich anfangen sollte: bei der Bildung. Einer, die den Namen auch verdient.

Jean-Jacques Rousseau ist bekannt für seine Arbeit zum Gesellschaftsvertrag: die Vereinbarung, die wir alle gemeinsam eingehen würden, indem wir eine Instanz etablieren, die uns regiert. In letzter Zeit wurde viel über den gebrochenen Gesellschaftsvertrag diskutiert, wobei einige der bedeutendsten Intellektuellen darauf hinweisen, dass viele gesellschaftliche Gruppen von vornherein nicht darin einbezogen wurden.[1] Jetzt machen Forscher und Experten Vorschläge, wie man das beheben könnte. Rousseaus weniger bekannte, aber an dieser Stelle relevantere Forschung bezog sich auf Kinder, und sie ist essenziell, um seine Auffassung eines funktionierenden Gesellschaftsvertrags zu begreifen. Er warnte vor einer Pädagogik, die auf Institutionen und Regeln basierte, und glaubte, dass pädagogische Arbeit in erster Linie eigenständiges Denken und Respekt vor anderen fördern sollte und dass Solidarität und Empathie die Voraussetzung dafür waren. Tatsächlich hatten Erziehung und Bildung einen so großen Stellenwert in seiner Theorie des Gesellschaftsvertrags, dass dieser laut ihm nur funktionieren konnte, wenn wir zuerst einen ehrlichen Vertrag mit unseren Kindern abschlossen. Wissenschaftliche Untersuchungen zeigen, dass die gegenwärtigen Bildungssysteme unseren Kindern – egal, ob hochbegabt, durchschnittlich oder mit besonderen Bedürfnissen – nicht gerecht werden. Einerseits scheitern sie daran, ihnen grundlegende Fähigkeiten wie Lesen und Schreiben zu vermitteln, und andererseits unterfordern sie ihren Verstand. Ein Teil des Problems ist vielleicht, dass die pädagogischen Ansätze in Großbritannien noch aus der viktorianischen Zeit stammen. Viele Bildungseinrichtungen beruhen nach wie vor in erster Linie auf Autorität und Hierarchie und – direkt oder indirekt, aufgrund von veralteten und unausgewogenen Lehrplänen – auf Exklusion. Stattdessen müsste die Pädagogik vom Kind ausgehen: einem selbstorganisierenden Kind, das instinktiv weiß, was es lernen möchte, und das – wie Maria Montessori gesagt hat – anstatt einer Autoritätsperson eher einen Mentor braucht. Dieser soll es in seinem Lernprozess begleiten, damit es später seine Verantwortung als Bürger in einer zunehmend diversen Gemeinschaft wahrnehmen kann.

Das folgende Beispiel zeigt, was ich meine.

Ein in der Kleinstadt Reggio Emilia in Norditalien durchgeführtes Experiment über frühkindliche Erziehung anhand von Rousseaus Theorien hat sich zu einem weltweit bekannten Phänomen entwickelt. Jedes Jahr reisen Pädagogen aus der ganzen Welt hierher, um sich die »Reggio-Emilia«-Vorschulen anzusehen. Diese wurden nach dem Zweiten Weltkrieg von Eltern in Zusammenarbeit mit dem Stadtrat gegründet. Mittlerweile haben sie sich in dieser Stadt als von der Stadtverwaltung betriebene, durch Steuern und einkommensabhängige Elternbeiträge finanzierte Einrichtungen etabliert. Sie sind so einzigartig, dass die Zeitschrift *Newsweek* sie im Jahr 1991 als eine der zehn besten Schulen der Welt auszeichnete. Ja, Vorschulen.

Wenn man eine dieser Einrichtungen in Reggio Emilia betritt, bemerkt man mehrere konzeptionelle Unterschiede zu denen in anderen Ländern und auch im restlichen Italien. Besonders hervorstechend ist ein großer und einladender Gemeinschaftsraum, wo sich Kinder den ganzen Tag lang spontan bewegen, zusammenkommen und interagieren können – passenderweise Piazza genannt. Die Vorschulen in Reggio Emilia sind alle so konzipiert, mit einer Art Stadtplatz, der zu spontanen Begegnungen und Interaktionen zwischen den Kindern einlädt. Wie einer der Pädagogen zu mir sagte: »Wir prägen zukünftige Bürger und bauen eine Gemeinschaft auf. Wir sind kein Parkplatz für Kinder, solange ihre Eltern bei der Arbeit sind.«

Als meinem dreijährigen Sohn ein Platz in einer dieser Vorschulen angeboten wurde, wollten wir seine Lehrkräfte kennenlernen. Eine Kunstpädagogin begrüßte uns an der Tür, und als wir durch den weiten, offenen Raum spazierten, kamen Kinder von der Piazza auf uns zu. Ein kleiner Junge in hochhackigen Schuhen und einer Federboa trat näher, um meinen Sohn, seinen neuen Kollegen, zu begutachten. Er und sein ebenfalls schick gemachter Spielkamerad begrüßten uns lächelnd und gingen dann weiter ihrer wichtigen kreativen Tätigkeit nach, während wir einen Rundgang machten. Ich vergleiche diese Erinnerung in meinem Geist mit der früheren Vorschule meiner Tochter, einem preisgekrönten architektonischen Gebäude am Oxford College, in dem ungeachtet seiner erstaunlichen Architektur eine Piazza fehlt. Man betritt einen kleinen Raum, der um eine Ecke führt. Die Zimmer sind nach Aktivitäten aufgeteilt. Es ist ein sehenswertes Gebäude aus unglaublichem Naturstein, aber die Vorstellung eines freundlichen, offenen Raums, wo sich Kinder und Eltern begegnen und interagieren können, fehlt ebenso wie das geteilte Wissen, die entscheidende Grundlage für Zusammenarbeit.

Manche Länder und Gesellschaften sind kulturell bedingt besser darin, echte öffentliche Räume für geteiltes Wissen zu schaffen. In Reggio Emilia wird öffentlicher Raum so wichtig genommen, dass Kinder schon im Alter von drei Jahren an diesen herangeführt werden. Es gibt natürlich auch pädagogische Beispiele aus anderen Ländern. An Reggio Emilia ist jedoch bemerkenswert und offensichtlich einzigartig, dass diese Schulen in einer Kultur verwurzelt sind, die vor Jahrhunderten zumindest eine Zeit lang Bürgertugenden fördern wollte und daran glaubte, »die anderen« mit zu bedenken. Selbst wenn in Italien die Verkehrsregeln oft nur als Anregungen aufgefasst werden, an die man sich nicht halten muss, war es auch das erste europäische Land, dessen Bewohner die Verheerungen von Covid-19 erleiden mussten, sich aber schnell zusammenfanden und der Selbstisolation mit Humor und Solidarität begegneten. Vielleicht inspirieren genau diese beiden Aspekte der italienischen Kultur die zahllosen Lehrerinnen und Lehrer, die aus der ganzen Welt zu Seminaren über den pädagogischen Ansatz in Reggio Emilia anreisen. Sie könnten unter ihnen aber auch eine realistischere Sichtweise fördern.

Wer in einer Kultur lebt, die nicht in Gemeinschaft und Freundschaft wurzelt, sondern in der Freiheit des Einzelnen, hat einen weiten Weg vor sich. Aber irgendwo müssen wir anfangen. Wenn wir unsere Persönlichkeit so entwickeln können, dass wir im Sinne von Cicero und dem frühen römischen Recht zu bürgerschaftlich gesinnten Individuen werden, befreien wir uns von den Fesseln des Rechts und des Gesetzes – nicht, um in totales Chaos abzurutschen, sondern um eine gute soziale Übereinkunft entstehen zu lassen, die Gesetze und Regeln allmählich überflüssig werden lässt. Wir müssen aufhören, uns darüber zu sorgen, ob chinesische Kinder besser mit Informations- und Kommunikationstechnologie umgehen können als deutsche, und stattdessen unsere Kinder in erster Linie befähigen, sich als Teil der Menschheit zu betrachten und auch so zu verhalten. Besonders in den ersten Lebensjahren.

Bildung wird immer schwierig zu reformieren sein, denn sie wird von der Regierung mit unseren Steuergeldern betrieben und ist ein entscheidender Bestandteil des modernen Staats. Das gilt auch für Reggio Emilia, wo die Vorschulen von lokalen Initiativen zusammen mit dem Staat betrieben werden. Es sind keine erstklassigen noblen Privatschulen, sondern erstklassige noble Staatsschulen – wobei »erstklassig« sich auf das ausgefeilte Verständnis von Pädagogik und Kindesentwicklung bezieht, das in der Arbeit der Lehrkräfte zum Tragen kommt, und »nobel« auf die reiche Vielfalt der für die Kinder verfügbaren Materialien und Projekte. Indem sich die Kommunalverwaltung und die Bürgerschaft an einem runden Tisch zusammensetzten, um darüber nachzudenken, was sie den jungen Bürgern der

7. MIT ALL DEM SEHR FRÜH ANFANGEN, UNGEFÄHR MIT DREI JAHREN

Stadt bieten wollten, wurde ein pädagogisches Phänomen geboren.

Außerhalb von Sudbury, Massachusetts, befindet sich eine andere Modellschule, die Sudbury Valley School. Hier treffen Kinder von fünf bis siebzehn Jahren gleichberechtigt Entscheidungen mit dem Kollegium, denn es gibt keine Hierarchie und keiner spielt den Anführer. Sudbury Valley wurde im Jahr 1968 als eine auf direkter Demokratie beruhende Schulform gegründet, und mittlerweile gibt es Dutzende solcher Schulen auf der ganzen Welt. Während der Pandemie führte ich ein Videogespräch mit einem Absolventen einer solchen Schule in den USA, der danach ein College besuchte und jetzt im Computerbereich tätig ist. Ich fragte ihn, ob eine so behütete und andere Lernumgebung wie das Sudbury-Modell es für ihn schwieriger gemacht hatte, in der »echten« Welt anzukommen.

»Eine gute Frage«, antwortete er selbstbewusst und redegewandt. »Ich verstehe, was Sie meinen. Aber tatsächlich habe ich es eher als Vorteil empfunden.« Er berichtete, dass er nach seiner Schulzeit in Sudbury im College absolut kein Problem damit gehabt hatte, seine Zimmerkollegen und Klassenkameraden um Hilfe zu bitten. Wenn er etwas nicht verstand, empfand er keine Scham und hatte es nicht nötig, das zu überspielen. Er kannte nicht den Konkurrenzkampf, in dem viele von uns aufgewachsen sind: In den USA und England werden Schüler teilweise im Verhältnis zu ihren Mitschülern bewertet, sodass die eigene Note schlechter ausfallen kann, wenn man Mitschülern beim Lernen hilft. Vielmehr sagte dieser junge Mann, er wusste intuitiv, was er tun konnte – wo man etwas nachschlägt, wie man eigenverantwortlich lernt und dass man einfach seine Kommilitonen um Rat und Hilfe bitten konnte, ohne sich an eine Autoritätsperson wenden zu müssen. Das ist das Ziel einer solchen Pädagogik: in jungen Bürgern, die wir oft übersehen oder nicht als solche wahrnehmen, den Glauben an die eigenen Fähigkeiten und Möglichkeiten zu verankern, was sie in die Lage versetzt, ihren Gleichaltrigen zu vertrauen und sie zu achten.

Nach Reggio Emilia besuchte ich eine kleine libertäre Schule, die in der Nähe von Verona an einem Berghang lag, mit Blick auf eine hügelige, in Sonnenlicht getauchte Landschaft. Dort wurde auf ähnliche Weise versucht, durch demokratische Strukturen eine Gemeinschaft aufzubauen: Alle Kinder haben ein Mitspracherecht beim Tagesprogramm, Entscheidungen werden gemeinsam getroffen, Kompromisse gefunden. Es ist aufwendiger, eine Schule so zu betreiben. Alles braucht mehr Zeit. Es mag etwas chaotisch zugehen, aber dieses Chaos ist eine Investition. Ich besichtigte die Einrichtung mit meinen kleinen Kindern und der Schulkoordinator führte uns herum. Gegen Mittag wurde mein Sohn ungeduldig und sein Blutzuckerspiegel begann zu sinken. Unser Führer fragte ohne Zögern eine Gruppe von Schülern, die ihre Vesperdosen mitgebracht hatten, ob sie bereit wären, von ihrem Essen ein klein wenig abzugeben – kleine Mengen, die zusammen ein ganzes Mahl für meinen Sohn ergeben würden. Kleine Gaben, große Gesten. Das war eine der vielen Lektionen des Tages in dieser Schule, die wir nicht auf einer Schultafel vorn im Klassenzimmer, sondern spontan und konkret erhielten. Ähnlich der Human-Scale-Education-Bewegung, die daran

7. MIT ALL DEM SEHR FRÜH ANFANGEN, UNGEFÄHR MIT DREI JAHREN

arbeitet, die Klassenstärken und die Größe von Schulen zu reduzieren, geht es Projekten wie dem in Verona zuallererst um ein Verständnis unserer Beziehungen zu anderen und zum Raum, in dem wir uns bewegen, sowie um unsere Verantwortung, solche Beziehungen zu pflegen. Daraus erwächst die Basis für den Wissensaufbau und eine Basis für die Entstehung künftiger Generationen, die diesen Gemeinschaftssinn schon früh verinnerlicht haben und nicht erst als Erwachsene erlernen müssen. Sie internalisieren das Miteinander von klein auf, über soziale Trennlinien und verschiedene Hautfarben hinweg, und praktizieren es ständig.

Diese Art von Pädagogik, und nur diese, untermauert unseren zivilen Gehorsam gegenüber uns selbst und einander und verhindert, dass sich spontane Projekte zu solch hierarchischen, gehirngewaschenen Gruppen entwickeln, wie es sie in den 1970er-Jahren gab. Wir erschaffen keine gehorsamen, autoritären Sekten; wir bauen die Menschlichkeit von unten her wieder auf, von einer Kinderseele zur nächsten.

Natürlich wollen wir, dass unsere Kinder Lesen und Schreiben lernen, sich Wissen über die Welt und über all die faszinierenden Fächer aneignen, von Geografie über Kunst und Physik bis zur Musik. James Handscombe, der Rektor der Harris Westminster Sixth Form (eine Sekundarschule, die gezielt Schüler aus sozioökonomisch benachteiligten Gegenden Londons aufnimmt), wies mich auf eine wichtige Tatsache hin: Qualifikationen sind wichtig, und bei benachteiligten Schülern ist die Wahrscheinlichkeit am größten, dass sie keine erwerben oder nie Freude am Lernen entwickelt haben. »Wir müssen uns genau überlegen, wie wir für

Schüler mit Lernschwierigkeiten sorgen können, was wir tun, um ihr Leben zu bereichern, ihr Selbstvertrauen zu stärken, sie auf ihre Zukunft vorzubereiten.«[2] Damit hat er recht, und deshalb müssen wir die Samen der Gemeinschaft, Empathie und Verbundenheit früher säen – in Vorschulen und Grundschulen, damit Sekundarschulen auf diesem Fundament aufbauen und den Fokus auf jene Qualifikationen richten können, die für das Überleben und Gedeihen in unserer zunehmend komplexen Welt benötigt werden.

Wird das viel kosten? Nicht in finanzieller Hinsicht, denn die Schulen in Reggio Emilia nahmen ihren Anfang in den späten 1860er-Jahren in dem kleinen Dorf Villa Gaida, dessen Bewohner arm waren. In dem Willen, für Kinder einen physischen und moralischen Raum zu schaffen, in dem sie wachsen und ein Verständnis von Gemeinschaft erlangen konnten, offenbarte sich einer der ersten Versuche einer säkularen Bürgerbildung. Als die Faschisten in Italien die Macht übernahmen, wurden diese Schulen geschlossen. Nach dem Krieg hauchte jedoch eine Gruppe von Eltern dem Konzept eines säkularen, moralischen Raumes neues Leben ein und baute für die Kinder des Orts eigenhändig mit Ziegeln und Mörtel eine Vorschule.[3]

Reggio hat sich als herausragendes, nachhaltiges Modell erwiesen, weil es eines der wenigen Projekte ist, das allen offensteht. Es wird von der Kommunalverwaltung getragen, und Eltern leisten Beiträge in unterschiedlicher Höhe. So werden hohe Schulgelder vermieden, die sich manche Familien nicht leisten können, was es zu einem befähigenden alternativen Bildungsprojekt macht. Überdies sind die Vorschulen auf vielfältige Weise in die Gemeinde in Reggio eingebunden, was ihnen Dauerhaftigkeit und Nachhaltigkeit verleiht. In einer Nebenstraße im Zentrum Reggio Emilias, unweit der vielen Eisdielen, die ebenfalls den Charme dieser Stadt ausmachen, befindet sich REMIDA, ein gemeinsames Projekt der Gemeinde Reggio und des Versorgungsunternehmens Enia.

REMIDA sammelt, reinigt und sortiert Abfallprodukte von rund 200 Fabriken aus der ganzen Region. Die Lehrerinnen und Lehrer aus Reggio suchen sich dort jeden Tag bemerkenswerte Materialien aus, die sie für ihre Projekte mit den Kindern gebrauchen können. Lose Teile, Stoffe, Farben, Metall, Kunststoff, Papier, Elektrokabel, Gummi und so weiter – riesige Mengen an Abfallstoffen, die diese Kinder nutzen können und die für die Schule kostenlos sind. Die Initiative basiert auf einer Idee des britischen Malers und Bildhauers Simon Nicholson aus den 1970er-Jahren und ließ sich auch durch den Ansatz der Kreislaufwirtschaft inspirieren. Die Kombination der vielen verschiedenen Materialien bietet den Vorschulen endlose kreative Möglichkeiten. Spielen und Lernen werden zu andauernden Prozessen und nicht zum Ergebnis von nationalen Lehrplänen, die Lernziele festlegen. Die Kinder erschaffen ihre Welt, verleihen ihr Bedeutung und werden dadurch ermächtigt, weil man ihnen nicht einfach etwas vorsetzt und sie lehrt, es zu benutzen; man gibt ihnen Gegenstände, die keinem Zweck dienen, und ermutigt sie, einen Zweck für sie zu finden. Und das tun sie. So lernen sie schon im Alter von drei Jahren, Probleme mithilfe ihrer Vorstellungskraft auf ihre eigene Art zu lösen. Was könnte eine bessere Vorbereitung sein auf eine Zukunft, die von ihnen einen ähnlichen Erfindergeist verlangt, um echte Probleme zu lösen – die unerbittlich zunehmende Erderwärmung; die Herausforderungen bei der Erforschung des Weltalls; neue und tödliche Viren und Bakterien, die es unweigerlich geben wird?

Gleichermaßen wichtig ist die Kompetenz, die diese Kinder, ihre Eltern und die Gemeinde dabei erworben haben, nicht mehr benötigtes Material einer Verwendung zuzuführen, es zum Beispiel in wunderschöne Kunstwerke zu verwandeln und damit zur Erhaltung unserer Welt beizutragen. REMIDA bezeichnet sich als »ein Kulturprojekt der Nachhaltigkeit, Kreativität und Forschung über Abfallmaterial. Es vertritt die Auffassung, dass Abfall – das Mangelhafte – Träger einer ethischen Botschaft ist, zum Nachdenken anregen kann, sich als pädagogische Ressource anbietet und sich so der Definition entledigt, nutzlos zu sein und ausgesondert zu werden.«[4]

Wir müssen also über eine Form der frühkindlichen Erziehung nachdenken, die an den folgenden Idealen und Werten ansetzt: an der Gemeinschaft; an der Identität der Menschen innerhalb dieser Gemeinschaft – wie gemischt sie auch immer sein mag –; an der Nachhaltigkeit, der Kreativität und der Würdigung des Mangelhaften. Und daran knüpft der nächste wichtige Aspekt der Pädagogik.

In den 1980er-Jahren nahmen sich in Norwegen drei Jugendliche das Leben, was als Folge von massivem Mobbing durch ihre Mitschüler gesehen wurde. Das norwegische Bildungsministerium startete daraufhin eine Kampagne gegen Mobbing. Dan Olweus, ein Psychologieprofessor an der Universität von Bergen, sah Mobbing als ein Menschenrechtsproblem. Inspiriert durch das Schicksal dieser und anderer Jungen entwickelte er eine der weltweit effektivsten Präventionsstrategien, die seit mehr als 35 Jahren in Schulen auf der ganzen Welt genutzt und evaluiert wird. Die bewährte Methode von Olweus beruht auf vier Grundpfeilern, durch die – einmal verankert – die Kultur des Mobbings in Schulen dramatisch zurückgeht.

Das erste Prinzip verlangt, dass die Erwachsenen in der Schule Wärme ausstrahlen und ein echtes Interesse an den Kindern zeigen, sich auf sie einlassen, ihnen authentisch zulächeln, auf die Schulter klopfen und sie loben. Das muss bei allen Kindern geschehen, nicht nur bei einigen von ihnen, um in der ganzen Gruppe Vertrauen aufzubauen. Das zweite Prinzip besteht im Setzen von Grenzen, damit eindeutig ist, welches Verhalten in Ordnung ist und welches nicht. Das dritte verlangt, bei einer Übertretung dieser Grenzen klare und stimmige Konsequenzen zu ziehen, ohne dabei feindselig zu werden oder körperliche Gewalt anzuwenden. Viertens müssen Erwachsene als positive Vorbilder fungieren – auch sie dürfen nicht mobben.[5] Das sind wertbasierte Grundsätze, die wir jetzt in unseren Schulen einführen müssen, damit wir später in unseren Gemeinschaften keine Mobber haben, sondern kooperative, empathische Bürger.

Das Bestechende an diesem Programm ist, dass es zwar einerseits die Autoritätsstrukturen in der Schule und im Klassenzimmer nutzt, andererseits aber an der Korrektur dessen arbeitet, wozu die Autorität in Institutionen wie den Schulen unglücklicherweise geworden ist: negativ, desinteressiert, manchmal gewalttätig und aggressiv (aktiv oder passiv), oft eigennützig und immer kontrollierend. Das Faszinierende daran ist, dass die Grundprinzipien dieses überwältigend effektiven Anti-Mobbing-Programms in erster Linie nicht bei den Kindern ansetzen, sondern bei den Erwachsenen: Durch unser Verhalten und unsere Einstellungen, die wir Kindern Tag für Tag vorleben, leiten und unterrichten wir unsere künftigen Generationen. Wenn Kinder neu am Programm teilnehmen, werden sie dazu ermutigt, sich als verantwortungsvolle und aktive Beteiligte zu verhalten. »Lobe Beteiligte mit konkreten Bemerkungen, wenn sie sich tätig eingebracht haben, auch wenn sie nicht hilfreich waren«, bringt es Olweus' Leitfaden auf den Punkt.[6] Hier müssen wir ansetzen, wenn unsere Kinder später einmal nicht zu den anfangs erwähnten mitschuldigen Unbeteiligten werden sollen.

Ein weiterer, oft in alternativen Kreisen zitierter Pionier der Pädagogik ist der ukrainische Lehrer Wassyl Suchomlynskyj, der sich auf die kindliche Moralentwicklung konzentrierte anstatt auf Bildung, die in seinen Augen utilitaristischen Zwecken diente. Die Theorien von Suchomlynskyj, Loris Malaguzzi und vielen anderen alternativen Pädagogen und auch Projekte wie in Reggio Emilia, die Schule von Maria Montessori in Rom und Suchomlynskyjs Dorfschule in der Ukraine haben drei Vorstellungen gemeinsam, die wir übernehmen und auf unsere speziellen kulturellen Bedürfnisse zuschneiden können:

1. Junge Kinder sollen zu freundlichen und aufmerksamen Bürgern erzogen werden, nicht zu Prüfungsbestehern.
2. Alle sollen einbezogen werden und Aufgaben bekommen.

3. Zwischen den Kindern und der Gemeinschaft, aber auch der Erde sollen vielfältige Verbindungen aufgebaut werden.

Natürlich sind ihre Theorien umfassender und differenzierter als diese drei Grundprinzipien, aber bedauerlicherweise orientieren sich die wenigsten Bildungseinrichtungen dieser Welt daran. Die Künstlerin Vea Vecchi arbeitete als eine der ersten Fachkräfte für Atelierarbeit in der Diana-Vorschule in Reggio Emilia. Als ich eines schwülen Sommers in Italien einen Workshop im Malaguzzi Centre besuchte, hörte ich einen Vortrag von ihr. Sie war eine elegante und grazile Frau und arbeitete seit mehr als 30 Jahren an der Vorschule, wobei sie auch selbst weiter künstlerisch tätig blieb. Vecchi sagte mehrmals, dass die Pädagogik in Reggio über Jahrzehnte »durch die tägliche Arbeit vieler Frauen aufgebaut und durch weibliche Sichtweisen und Hände genährt« wurde.[7] Auch wenn sie den eindeutigen Mangel an männlichen Kollegen in der jüngeren Geschichte der Schulen von Reggio beklagte, machte Vecchi geltend, dass Reggio über die Jahre unter vorwiegend weiblicher Obhut eine »weibliche« Pädagogik hervorgebracht habe. Diese »basiert auf den Werten von Beziehungen, Empathie, Solidarität, sorgsamem Umgang mit den Dingen, Zärtlichkeit und Anmut; alle Wesenszüge, die die Psychologie traditionell dem weiblichen Geschlecht zuschreibt, die aber Reichtum für jeden bedeuten«.[8]

Mehrere ihrer Vorschläge beeindruckten mich, und ich musste an eine andere – 5000 Kilometer entfernte – Frau ähnlichen Alters und ähnlicher Statur denken. Sie hatte zwar einen anderen Hintergrund und Beruf, aber auch diesen Glauben an eine »weibliche« Philosophie wie Vecchi. In einem Video, das ich meinen Studierenden zeige, spricht die Rechtsphilosophin Martha Nussbaum über etwas Ähnliches, während sie am Strand des Michigansees in der Nähe der Universität von Chicago entlangspaziert: von der Notwendigkeit, die Öffentlichkeit und die Zivilgesellschaft allgemein neu zu denken – nicht wie Hobbes, John Locke und die meisten unserer Gründungsphilosophen, die allesamt fähige weiße Männer waren, sondern als einen Ort der Verschiedenheit, wo die Körper und Seelen nicht gleich sind, wo manche stark sind und andere schwach. Die ideale Rolle des Staats ist hier eher die eines Kindermädchens: Fürsorge, Bildung, Nahrung, Zugehörigkeit und Unterhaltung zu gewährleisten, vor allem für die Verletzlichsten.[9] Ein überfürsorglicher Staat wird oft als etwas Negatives angesehen: als einer, der darauf achtet, ob seine Bürger den Sicherheitsgurt anlegen, rauchen, trinken, zu viel Zucker und arterienverstopfende Lebensmittel essen, herabwürdigendes Verhalten zeigen und so weiter. Ein solcher Staat erlässt entsprechende Gesetze und stößt auf entsprechenden Widerstand. Aber stellen wir uns stattdessen eine Bürgerschaft vor, die wie ein Kindermädchen entsprechend den weiblichen Sichtweisen und Händen von Reggio Emilia funktioniert; die wie diese Vorschulen nicht dazu dient, uns in einen eisernen Käfig zu sperren und zu kontrollieren; einen »Staat« als Zustand, den wir gemeinsam kreieren, um Solidarität, Empathie, Anmut und Zärtlichkeit zu fördern.

Aber um Empathie und Solidarität geht es nicht nur in der Schule, und sie können Kindern auch anderswo vermittelt werden. Um künftige Bürger hervorzubringen, müssen wir Spielplätze als Piazzen neu erfinden und konzipieren. Nach Umfragedaten der österreichischen Regierung fühlen sich 70 Prozent der befragten Mädchen durch auf dem Spielplatz anwesende Jungen eingeschüchtert.[10] Wir verschwenden keinen Gedanken daran, dass an allen öffentlichen Plätzen, einschließlich der Spielplätze, genderspezifische Normen gelten und vielleicht auch Schwarze, Autisten und andere ausgeschlossen werden – im Grunde viele unserer Kinder, die nicht genau dieser schwer greifbaren »Mitte« angehören. Wie könnte ein geschlechtsneutraler, (haut)farbenblinder und behindertenfreundlicher Spielplatz aussehen? Und wie können wir und unsere Kinder in Dialog mit Kommunalverwaltungen treten über das, was wir wollen und brauchen?

Von einer solchen Vision würde man erwarten, dass ein Landschaftsarchitekt, der Stadtrat und eine Gruppe von Bürgern sie gemeinsam planen und in die Praxis umsetzen. In den 1930er-Jahren tat Dänemark genau das. Wie auch Deutschland und fast ganz Europa war das Land Zeuge der Entstehung des Faschismus. Mindestens ein dänischer Landschaftsarchitekt machte sich zwischen den Kriegen Gedanken, wie man den sich ausbreitenden faschistischen Kräften etwas entgegensetzen und eine liberale, soziale Einstellung unter der Bevölkerung fördern könnte. Seine Idee war es, Familien im öffentlichen Raum zusammenzubringen. Stadtbewohner sollten Grünflächen genießen können, die er als notwendig für Gesundheit und Wohlbefinden erachtete. Gleichzeitig sollten es Treffpunkte für eine liberal gesinnte Gemeinschaft werden, die ermutigt werden und gedeihen sollte. Solche Räume existierten in einem gewissen Maß auf dem Land, aber die wirtschaftliche Lage in den 1930er-Jahren führte dazu, dass Stadtbewohner weniger Zugang zu irgendwelchen öffentlichen Räumen hatten. Carl Theodor Sørensen lag das Thema jedoch so am Herzen, dass er vorschlug, in Städten Orte zu schaffen, die in erster Linie für Kinder bestimmt sein sollten. Ihnen sollte Raum gegeben werden, um miteinander und mit der Natur in Kontakt zu kommen. Geschlecht und unterschiedliche Altersstufen und Fähigkeiten sollten berücksichtigt werden, aber auf eine Art, die Wachstum ermutigte und die Kinder stärkte. Cottage Park war ein solches Projekt, und es fand Resonanz bei einigen der damaligen aufklärerischen Stimmen in Europa, die gegen die steigende Flut des illiberalen Denkens kämpften. Darunter war die schwedische Soziologin Alva Myrdal, die beklagte, dass die Vorschulen in ihrem Heimatland Kinder entzweiten, anstatt Zusammenhalt zu fördern. Für arme Familien mit arbeitenden Müttern gab es höchstens Grundversorgungseinrichtungen, denen jeder pädagogische Anspruch fehlte. Wohlhabende Familien konnten sich dagegen private Gouvernanten leisten oder ausgefeilte, individualisierte und manchmal erdrückend strenge Schulen. Es waren zwei Extreme. Myrdal betonte, wie wichtig es sei, diese Lücke zu schließen, und zwar in der Mitte der Gesellschaft, mit besseren Angeboten für alle. Sie und andere ersannen physische Räume und Formen frühkindlicher Erziehung, die den Bürgersinn schulen und vielleicht sogar die Ausbreitung des Faschismus eindämmen könnten. Diese anfänglichen Ideen haben viel mit der Philosophie hinter der Montessoripädagogik gemeinsam und auch mit der den Vorschulen in

Reggio Emilia zugrunde liegenden Gedankenwelt. Sie beziehen sich aber zudem auf die Orte jenseits der Vorschulen, die öffentlichen Räume für alle, an die mich eine deutsche Bekannte knapp zehn Jahre nach dem Fall der Berliner Mauer heranführte.

Mit Beginn des totalen Krieges in den 1940er-Jahren wurden viele solcher Projekte gestoppt, aber in der unmittelbaren Nachkriegszeit ergab sich mit der Niederlage der Nazis eine zweite Chance in Europa. Sørensen beobachtete in Dänemark fasziniert Kinder aller Altersstufen beim Spielen im Schutt eines Bombenkraters. Sie bewegten sich achtsam zwischen gefährlichen Trümmern und entdeckten Möglichkeiten zum Spielen, indem sie aus den Bruchstücken von Ziegeln und Mörtel zu ihren Füßen vertraute »Objekte« bauten wie Verstecke und Autos. Das ließ in ihm die Idee für einen Spielplatz nach diesem Vorbild reifen – nicht mehr durchgeplant und architektonisch perfekt, sondern absichtlich unfertig; eine »Baustelle«, die, wie er sagte, in den Augen Erwachsener eine »Müllhalde« wäre, doch für Kinder endlose Möglichkeiten für Kreativität und kooperatives Spiel böte. So wurde der »Junk-Spielplatz« geboren. Sørensen half, den ersten dieser Spielplätze zu gründen, den mittlerweile berühmten Emdrup Junk Playground in Kopenhagen, der häufig als Geburtsstätte des »Playwork« bezeichnet wird. Er soll von seinem Lebenswerk gesagt haben, dass für ihn als Architekten der Junk-Spielplatz seine mit Abstand hässlichste Idee war, aber auch die bedeutendste und die, auf die er am stolzesten war.

Jenseits der Nordsee und etwa zur selben Zeit wurde die englische Landschaftsarchitektin Lady Allen of Hurtwood eine treibende Kraft für diese Junk-Spielplätze im Vereinigten Königreich. Es sind keine Spielplätze, die von anderen gebaut werden; die Stahl- und Holzkonstruktionen mit dem Logo einer Firma auf dem Klettergerüst. Vielmehr bestehen sie aus beliebigem Abfallmaterial, manches gespendet, manches gefunden, und das »Abenteuer« entsteht in der Vorstellung der Kinder als gemeinsamer Prozess. Tatsächlich werden sie manchmal aus diesem Grund als Abenteuerspielplätze bezeichnet.

Wer den Koop Adventure Playground in den USA am 15. Oktober 2021 betrat, sah Kinder mit Masken, die draußen spielten und für die unter Zwölfjährigen einen Covid-Impfstoff aus Matsch und Wasser herstellten. Das war ihre eigene Idee, während Wissenschaftler und Regierungen hastig an der gleichen Sache arbeiteten, aber Mühe hatten, sie zu verstehen oder sich über eine Zulassung zu einigen. Diese Kinder handelten. Ein Stellenangebot für einen »Playworker« bei Koop erklärt die Rolle eines Erwachsenen an diesem Ort so: »Manchmal führen unsere stille Anwesenheit, die Bereitschaft, uns bei unerwachsenen Tätigkeiten einzubringen, und unser praktiziertes aktives Zuhören zu persönlichen und therapeutischen Unterhaltungen mit Kindern über ihr Leben und ihre Probleme. Auch wenn es nur aussieht wie Spielen im Matsch oder das Abschlachten von Zombies.«[11] Abenteuerspiel, riskantes Spiel, Junk-Spielplätze und die Vorstellung, in einen Raum hineinzuspüren, der noch nicht erschaffen wurde, jedoch in der gemeinsamen Vorstellung entsteht – das alles versetzt junge Bürger in die Lage, zu überlegen, was sie brauchen, und das dann an einem sicheren Ort zu erschaffen.

7. MIT ALL DEM SEHR FRÜH ANFANGEN, UNGEFÄHR MIT DREI JAHREN

Die Idee hinter vielen dieser Junk-Spielplätze ist stets die gleiche: Kreativität, Playwork, Gemeinschaft, Kooperation und Resilienz. Diese Dinge wurden in diesem Buch schon behandelt, aber es ist entscheidend wichtig, bei den Kindern damit anzufangen, ihnen diese Grundlagen an die Hand zu geben, damit sie ihr Leben selbst gestalten können. Diese Konzepte finden sich auch in den Aufmachern von endlosen Podcasts und Bestseller-Erziehungsratgebern. Ihnen allen ist die Idee des Risikos gemeinsam – Kindern zu erlauben und sie sogar zu ermutigen, Risiken einzugehen, die ihnen Resilienz, aber auch ein Gemeinschaftsgefühl vermitteln: wie man sich auf andere verlässt und anderen hilft. Jeder Erwachsene, der diese Kinder auf einem Junk-Spielplatz oder etwas Vergleichbarem beobachtet, sieht sie auf hohe Bäume klettern, echte Werkzeuge benutzen oder Feuer anzünden und wird früher oder später Angst um sie bekommen. Denn diese Kinder gehen tatsächlich Risiken ein, aber dadurch entwickeln sie – an einem Ort, dessen Gefahrenquellen Erwachsene minimiert haben – ein Gefühl für sich selbst, ihre Möglichkeiten und Grenzen, und auch ein Gefühl füreinander. Experten geben zu bedenken, dass Risiko genau genommen nicht in der Gefahr selbst besteht. Vielmehr ist es eine Berechnung, eine Beurteilung der Wahrscheinlichkeit, ob eine Gefahrenquelle zu Verletzungen führen kann. In der Literatur über die Entwicklung des Kindes wird riskantes Spielen mittlerweile allgemein als gesundes, sogar notwendiges Element in der körperlichen, kognitiven und emotionalen Entwicklung angesehen. Eine Metastudie zur diesbezüglichen Forschung »stellte allgemein positive Effekte des riskanten Spielens im Freien für eine Reihe von Gesundheitsindikatoren und Verhaltensweisen fest, vor allem die körperliche Aktivität, aber auch soziale Gesundheit und Verhaltensweisen, Verletzungen und Aggression«. All diese Aspekte sind äußerst wichtig für die Herausbildung einer gemeinschaftlichen Solidarität und Empathie.[12]

Ein weiterer Junk-Spielplatz ist »The Land«, international bekannt geworden durch einen Dokumentarfilm, der junge Kinder zeigt, die auf hohe Bäume mit dünnen Ästen klettern. Erwachsene »Unterstützer« sahen von unten – besorgt, aber geduldig – zu und unterdrückten ihren natürlichen Instinkt, das Kind zum Herunterkommen aufzufordern oder zur Vorsicht zu mahnen. In einer Szene verbrennt sich ein zehnjähriges Mädchen ihren Finger an einem großen Feuer. Der Film erinnert an einen anderen, der vor etlichen Jahrzehnten in London gedreht wurde. Dieser zeigt schwer beschäftigte und fröhliche Kinder, die mitten im grimmigen englischen Winter neugierig durch ein von ihnen selbst mit primitiven Mitteln gestaltetes Gelände streifen. Für uns Erwachsene sind diese Orte abstoßend: voll von Krempel, alten Pappkartons und zerbrochenen Holzbrettern, weggeworfenen Plastikkisten und allerlei verkommenen Gegenständen. Und an den meisten dieser Orte herrscht Beliebigkeit: keine ordentlichen Klettergerüste oder Rutschen, kein Kunstrasen oder Gummimulch, keine Gestaltung des Spielplatzes durch eine Fachfirma, die die Platzierung der einzelnen Objekte sorgfältig berechnet hat, anhand des benötigten Abstands zwischen den einzelnen Aktivitäten und der erwarteten Zahl der spielenden Kinder und so weiter. Vielmehr sehen diese Orte aus wie die trümmerübersäten Bombenkrater, aus denen sie hervorgegangen sind. Sie sind unordentlich und voller schmutziger, zerbrochener und – das ist das Entscheidende – loser Bruchstücke. Die Theorie der losen Teile ist hier zentral für das Lernen. Im kreativen Blick des Kindes ist das kein Müllhaufen, den man aufräumen und recyceln muss; es ist ein Hort der Möglichkeiten. Kein Erwachsener kann einschreiten und das Spiel und die Kreativität im Namen von Ordnung und Sauberkeit einschränken. Eltern können sich nicht über Unordnung oder die unsachgemäße Nutzung von Gegenständen beschweren. Dieser Raum ist souverän in seiner Verwahrlosung und seiner Unordnung, und so auch die Kinder, die darin ihre Kreativität entfalten. Sie brauchen sich keine Sorgen zu machen über Eltern, die sie ermahnen, nichts kaputt oder schmutzig zu machen. Sie haben auch kein trügerisches Sicherheitsgefühl wie auf angelegten, TÜV-geprüften Spielplätzen, die, wie Forscher herausgefunden haben, tatsächlich genau aus diesem Grund gefährlich sein können.

Im Jahr 2016 wollten Forscher verschiedener Fachgebiete an der University of Gloucestershire herausfinden, ob diese Junk-Spielplätze der vergangenen Jahrzehnte tatsächlich irgendwelche positiven Auswirkungen gehabt hatten. Ließ sich bei den Kindern aus Bristol und Gloucester, die damals dort gespielt hatten, ein messbarer Unterschied feststellen? Sie befragten diese Menschen, die inzwischen erwachsen waren, sowie auch die mittlerweile betagten Eltern und ehemaligen Playworker, die auf die Kinder aufgepasst und sie unterstützt hatten. Zudem erstellten sie eine Chronik, die nicht nur die Höhen und Tiefen der Entwicklung, die Nutzung, rechtliche Einschränkungen und Finanzierungsprobleme dieser Spielplätze betrachtete, sondern auch, welche Auswirkungen diese Räume, diese Piazzen, für die aufwachsenden jungen Bürger gehabt hatten. Eine Schlussfolgerung der Forscher war, dass die existierenden Daten, so bruchstückhaft sie auch sein mögen, »tendenziell eine große sozialpolitische Bedeutung von Abenteuerspielplätzen und Playwork zeigen, wenn es darum geht, körperliche Aktivität zu fördern, Fettleibigkeit zu verringern, die Verbrechensrate zu senken oder den Zusammenhalt der Gemeinschaft zu stärken«.[13]

So laufen die Fäden hier zusammen, bei unseren ganz jungen Kindern, unseren ganz jungen Bürgern. Wir müssen ihnen helfen, zu lernen, nicht blindlings Anführern zu folgen, sondern ihre eigenen Rechte verantwortungsvoll einzufordern und sie ausgehend von der untersten Ebene gesellschaftlicher Organisation auszuhandeln. Sie sollen viel Zeit auf ihren Piazzen, ihren Spielorten verbringen können und sich dort willkommen fühlen; sie sollen lernen, ihre eigene Nahrung anzubauen und mit anderen zu teilen, »Ethno-Food« zu essen und es als Teil ihres eigenen Identitätsmosaiks anzusehen.

Schulen müssen sich all diese Grundpfeiler im Kleinformat zu eigen machen und sie in den Lehrplan mit Priorität einbetten. Das lässt sich als »tiefe« Pädagogik bezeichnen.[14] Mittlerweile ist bekannt, dass unser Gehirn viel plastischer ist als ursprünglich angenommen, sogar im Erwachsenenalter, und dass Solidarität in Form von Mitgefühl und altruistischem Verhalten nicht nur gefördert, sondern auch erlernt werden kann.[15] Am besten ist es jedoch, altruistisches, kooperatives Verhalten schon früh zu fördern. Forscher der University of Wisconsin-Madison haben Belege dafür gefunden, dass ein solches Verhalten erlernbar ist. Ihre Forschungsergebnisse waren so überwältigend positiv, dass sie einen Lehrplan der Gutherzigkeit entwickelten, der Vorschülern beibringt, sich um andere zu sorgen und ihre Gefühle nachzuempfinden. Durch eine Reihe geführter Meditationen kommen Kinder zuerst mit ihren eigenen Gefühlen in Kontakt, sowohl auf der emotionalen wie auf der körperlichen Ebene; dann sollen sie sich vorstellen, wie diese Gefühle in anderen existieren. So lehrten diese Pädagogen Empathie – nicht die Definition, sondern die tatsächliche Empfindung. Laut Professor Richard Davidson und seinen Kollegen an der University of Wisconsin-Madison kann die Vorstellung einer »Verbindung« – eine subjektive Empfindung von Fürsorge und Zusammengehörigkeit in Bezug auf andere Menschen, und nicht nur die eigenen Verwandten – gefördert werden. Tatsächlich waren seine Forschungsergebnisse so überzeugend, dass er das Center for Healthy Minds gründete, das Schulen im ganzen Land bei dem Versuch unterstützt, mittels dieser Techniken Verbindungen zwischen unseren künftigen Bürgern zu knüpfen.[16]

Also lasst uns einen Lehrplan für Bürger erstellen, der bei der Empathie beginnt, mit der Solidarität fortfährt und so weiter. Dieser kann dann ab einem Alter von ungefähr drei Jahren verantwortungsvolle Mitglieder der Zivilgesellschaft hervorbringen.

Fazit

Wenn meine Botschaft so wichtig, so unabdingbar ist für unsere Welt, wie ich behaupte, warum sind meine Vorschläge nicht schon längst umgesetzt worden? Und warum bringe ich sie jetzt zu Papier? Die vergangenen Jahre haben ihre Notwendigkeit wieder einmal verdeutlicht. Der Zeitraum von 2020 bis 2022, in dem die Regierungen versagt haben und wir statt ihnen handelten, könnte für dieses Jahrhundert der entscheidende Wendepunkt sein. Lagos, Black Lives Matter, Organisationen der gegenseitigen Hilfe und andere Beispiele, auf die ich in diesem Buch eingegangen bin, sind wichtige Anfänge, und sie sind real. Jetzt müssen wir begreifen, dass das keine außergewöhnlichen Pfade, keine außergewöhnlichen Bewegungen sein sollten, die angesichts von Brutalität oder Katastrophen entstanden sind. Vielmehr sollten sie Teil unserer Lebenseinstellung werden. Ansätze dieser Herangehensweise existieren bereits – in der Gegenwart und unserer Geschichte.

Die Waldbrände im Südwesten der USA sind oft unaufhaltsam, und sie zerstören alles. Sie wüteten auch in jenem Juli, als ich über die Berge im Norden New Mexicos flog. Ich reiste damals zum Santa Fe Institute, einem Ort, der meine Vorstellungskraft entzünden und einige Samen für dieses Buch säen sollte.

FAZIT

Als ich am Flughafen ankam, fragte ich mich für einen kurzen Moment, ob ich Geld wechseln musste. Ich war nur von Boston hergeflogen, aber es schien wie eine andere Welt. Draußen sprenkelten niedrige Lehmbauten die trockene Erde. Ich war aber nicht in einem grauenerregenden Kriegsgebiet gelandet, sondern in einer Sandburg mitten in der Wüste.

Auf der Fahrt zum Santa Fe Institute betrachtete ich das fremde Land und dachte an die Harvard-Studentin Amy, eine junge Frau mit Navajo-Wurzeln. Irgendwo da draußen musste ihr Zuhause sein. Ich erinnerte mich an eine Szene in einem Seminar, als jemand sie als amerikanische Ureinwohnerin bezeichnete. »Also«, sagte sie lakonisch, »ich bin eine Indianerin. Wenn man sich bei uns als amerikanischer Ureinwohner bezeichnen würde, würde man wie ein Arschloch klingen.«

Identitäten – die Art, wie Menschen sich selbst und andere wahrnehmen – sind hier und auf der ganzen Welt vielfältig und umkämpft. Es gibt immer noch Schlachtfelder, aber oft sind sie nicht greifbar und innerlich. Der Sand ist stumm, aber er erzählt weiterhin komplexe Geschichten. Jedenfalls in New Mexico, aber auch in Chicago und New Orleans. Und in Tel Aviv, Jaipur und Lima.

Identitäten sind der vielleicht herausforderndste Teil der Zivilisation, des Staatsbürgertums. Ich behaupte nicht, dass unsere gemeinsame Arbeit, zu der ich auf diesen Seiten aufrufe, einfach sein wird. Um spontan zusammenzukommen und uns gegenseitig zu helfen, müssen wir zuerst wissen, wer wir selbst sind. Das ist jedoch bei den wenigsten Menschen der Fall.

TEIL II: DIE LÖSUNGSWEGE

Mir ist bewusst, dass die in diesem Buch erwähnten Projekte und meine sechs Vorschläge für eine funktionierende Demokratie außergewöhnlich und utopisch, teuer und riskant oder – noch schlimmer – bedeutungslos erscheinen mögen. Aber kurzerhand alle Ideen wie die meinen als zu radikal, utopisch oder unangemessen zu verwerfen, birgt ein noch größeres Risiko: wichtige Experimente zu unterlassen, die dringend nötige Veränderungen hervorbringen können. Wir können uns weiter beklagen oder damit anfangen, selbst die nötigen Risiken einzugehen. Es ist an der Zeit, mit der ewigen Protestkultur aufzuhören, dem Blockieren der Regierung durch Gewalt und Störaktionen, wenn wir mit der Politik und dem Staat unzufrieden sind. Es gab zweifellos eine Zeit für zivilen Ungehorsam in der Geschichte. Aber jetzt ist die Zeit für zivilen Gehorsam gekommen – nicht gegenüber einer Autorität oder einem Staat, sondern gegenüber uns selbst.

Vielfältige sozialwissenschaftliche Forschungsergebnisse, die ich in diesen Kapiteln behandelt habe, zeigen, dass zwei Grundelemente notwendig sind, damit Gemeinschaften – auch angesichts von Krisen und auch ohne Regierungen – gedeihen und überleben können: Widerstandsfähigkeit und Anpassung. Diese Elemente müssen wir jetzt stärken und nähren. Wir müssen uns die Fähigkeit aneignen, uns spontan in widerstandsfähigen und anpassungsfähigen Gemeinschaften zusammenzuschließen. Die sechs Schritte, die sechs Säulen des Staatsbürgertums, die ich hier beschrieben habe, sind meines Erachtens ein guter Ausgangspunkt dafür.

Es wird schwierig werden, aber es stand noch nie so viel auf dem Spiel. Innerhalb der vergangenen Jahre ist uns das

FAZIT

Gefühl für uns selbst und unsere Gemeinschaft abhandengekommen, als unsere öffentlichen Räume wegen der Pandemie gesperrt und unsere Smartphones und Computer mit Informationen aus aller Welt überflutet wurden. Unser Zugehörigkeitsgefühl zu kleinen, lokalen Gruppen – früher ein wesentlicher Teil unserer Identität – ist im Wandel begriffen. Das könnte immerhin den positiven Effekt haben, uns aus unseren abgeschotteten Enklaven hervorzulocken. Gleichzeitig bedeutet es aber, dass wir mehr gefordert sind, uns selbst zu definieren und herauszufinden, wo wir uns wirklich wohlfühlen – ohne auf das zu hören, was irgendwelche Algorithmen uns weismachen wollen. Wir sind zweifellos schockiert über das Versagen unserer Regierungen, aber auch über das einiger unserer prominentesten sozialen Gruppen: Missbrauchsskandale erschüttern so verschiedene Institutionen wie die Katholische Kirche, Hollywood oder den US-Turnverband USA Gymnastics. Unser Vertrauen in unsere Gruppen und Gemeinschaften wurde gebrochen.

Katastrophen wie die Erdbeben in Haiti und Japan oder die Waldbrände in Kalifornien haben auch unser Engagement für unsere Gemeinschaften auf die Probe gestellt. Von der Waffengewalt in Orlando und fast überall in den USA bis zu den Terrorangriffen in Paris, London und Boston: Wir wurden gezwungen, voreinander wegzurennen und in erster Linie an uns selbst zu denken, um zu überleben. Die Krisen werden andauern, und es wird noch weitere geben. Doch es gibt Grund zur Hoffnung. Wir haben in diesen düsteren Zeiten auch eine unglaubliche Hingabe an das Menschengeschlecht gezeigt.

Eine der besten Erklärungen dafür, wie es zu grundlegen-

TEIL II: DIE LÖSUNGSWEGE

den Veränderungen kommt, stammt vom Erfinder des Polio-Impfstoffs. Der Virologe Jonas Salk veranschaulichte anhand der simplen Sigmoidfunktion, wie er sich den Prozess gesellschaftlicher Veränderung vorstellte. Wenn wir uns eine Veränderung als lang gezogenes »S« vorstellen, beginnt sie langsam und flach wie die Unterseite des S, und sie endet ebenfalls langsam und flach wie die Oberseite des S. Aber die Mitte, wo der Buchstabe aufwärtsschwingt und die Richtung wechselt, ist entscheidend: Hier kommt es zu Veränderung; sie geschieht steil und schnell, und hier ist auch der Widerstand gegen sie am stärksten.[1] An dieser Stelle befinden wir uns gerade.

Ein weiteres Anschauungsobjekt ist der lang gezogene Buchstabe J, der sich erst langsam senkt, bevor er weit nach oben steigt. Wissenschaftler nutzen diese Kurve schon lange, um verschiedenste Arten von Veränderung zu erklären, von der Wirksamkeit medizinischer Behandlungen bis zum Wirtschaftswachstum und dem internationalen Handel. Eine der interessantesten Anwendungen der J-Kurve für die Veranschaulichung gesellschaftlichen Wandels wurde jedoch von Joel Hellman, einem ehemaligen Kommilitonen von mir, in den späten 1990er-Jahren publiziert.[2] Als er erlebte, wie die gleichzeitigen wirtschaftlichen und politischen Reformen in den Ostblockländern nach dem Fall der Berliner Mauer zu großem Leid unter der Bevölkerung führten, wollte er untersuchen, warum in so vielen dieser postkommunistischen Länder die Reformen auf halbem Weg stockten. Anhand der J-Kurve erklärte er, dass die meisten analytischen Arbeiten relativen Mangel als Grund dafür nannten. Für die Einführung der Marktwirtschaft wurden

FAZIT

Sparprogramme, plötzliche und rasche Privatisierung der staatlichen Industrie und andere Reformen als notwendig erachtet. Die Bevölkerung erlebte dadurch eine kurzfristige, schmerzhafte und ziemlich negative Auswirkung auf ihr Leben, bevor Verbesserungen eintraten, von denen sie profitieren konnte. Forscher glaubten, dass diese Menschen irgendwann so frustriert waren, dass sie die Weiterführung der Reformen blockierten und daher die beabsichtigten Veränderungen nie eintraten. Es war eine plausible Theorie, aber Joel deckte mit seiner scharfsinnigen Forschung auf, dass es nicht die auf der Unterseite der J-Kurve leidenden kurzfristigen Verlierer waren, die weitere Reformen blockierten und Maßnahmen stoppten, bevor sich die Dinge zum Besseren wenden konnten und die J-Kurve nach oben stieg. Vielmehr wurden weitere Reformen durch kurzfristige Gewinner blockiert, die von Privatvermietung und anfänglichen Marktverzerrungen in der Phase rascher Veränderungen profitierten: die wenigen, die einen Vorteil aus dem Leid anderer zogen. Es hatte also keinen Sinn, die Verlierer zu marginalisieren und die Regierungen vor ihren Protesten abzuschirmen. Vielmehr mussten sie einbezogen und stattdessen die kurzfristigen, gierigen Gewinner kontrolliert werden.

Ich zweifle nicht daran, dass die von mir vorgeschlagenen Veränderungen zahlreiche J-Kurven, Sigmoidkurven, Verwerfungen, gierige kurzfristige Gewinner und so weiter hervorbringen werden; *zumindest* auf kurze Sicht. Veränderungen führen zu Widerstand, nicht nur von denen, die etwas zu verlieren haben, sondern auch von denen, die schnelle Gewinne erzielen. Die einzige Lösung besteht deshalb darin, Veränderungen in gemeinschaftlicher Übereinkunft von unten her zuzulassen und nicht als elitäre Strategie von oben nach unten zu implementieren. Kurzfristige Verlierer und Gewinner müssen mit eingeschlossen werden und gemeinsam den Prozess bis zum Ende der Kurve durchlaufen, sodass alle von dem Nutzen profitieren können, wenn er schließlich eintritt.

Zu diesem Zweck müssen wir uns mit der nützlichen Unordnung der menschlichen Natur anfreunden und ihrer Fähigkeit, sich aus sich selbst heraus zu regenerieren. Wenn man die Natur mit den richtigen Bedingungen, den richtigen Anreizen und ihren eigenen Mitteln arbeiten lässt, wird sie eine Ordnung finden. Diese Natur kann aus Ökosystemen, Blasen in einer Petrischale und sogar einer menschlichen Gemeinschaft bestehen. Wenn externe Akteure wie Regierungen helfen wollen, indem sie Regeln, Gesetze und Verfassungen erlassen, dann machen sie oft alles nur noch schlimmer. Sie haben schon immer versucht, mittels Stabilität und Kontrolle Ordnung herzustellen, anstatt Anreize für Lernen und spontane Kooperation zu setzen. Gegenwärtig bietet sich eine einzigartige Gelegenheit, tätig zu werden und eine gute, echte Ordnung aufzubauen – eine dynamische und reaktive, die spontan entsteht und niemals statisch ist.

Demokratie ohne Gesetze sollte nicht mit einem Plädoyer für Neoliberalismus oder Anarchie verwechselt werden, auch wenn insofern Ähnlichkeiten bestehen, als die reliabelsten Experimente dieser Ideologien auf spontaner Ordnung beruhen. Außerdem ruft meine Vision definitiv nicht zum Stürmen von Regierungsgebäuden auf oder zu einem zivilen

Ungehorsam, der ganze Gesellschaften lahmlegt. Wahres Staatsbürgertum hat nichts gemeinsam mit den extremistischen Ideologien hinter solchen disruptiven und zerstörerischen Bewegungen. Vielmehr sollen meine sechs häretischen Ideen zusammenwirken – schrittweise, kumulativ und konstruktiv, um unsere Resilienz als Bürger zu stärken. Sie sollen uns davon abhalten, lähmende Kräfte zu sein, indem wir durch sie eine starke Verbindung zu Orten und zueinander aufbauen – ohne Gewalt und ihre unheilvollen Geschwister. Wenn wir es schaffen, zumindest einige der Schritte aus diesem Buch umzusetzen, werden wir die Fähigkeit entwickeln, sogar Worst-Case-Szenarien solidarisch und mitfühlend zu bewältigen. Vielleicht werden wir eines Tages sogar Gerechtigkeit für alle durchsetzen.

Skeptiker werden fragen, ob es wirklich sein kann, dass unser fanatisches Festhalten an der Ordnung uns von einem »guten Leben« abgehalten oder es zumindest in weitere Ferne gerückt hat. Meine Antwort lautet: ja. Wir werden niemals hinreichend den Anordnungen und Regeln folgen, die uns von oben auferlegt werden. Thukydides, der große Historiker von Athen und Sparta, hatte das schon mehr als 400 Jahre vor Christus erkannt und gewarnt, dass die menschliche Natur »gegen die Gesetze zu sündigen pflegt«.[3] Und indem ich das sage, werde ich eine Häretikerin in der Welt von Recht und Ordnung, die ich jahrzehntelang verteidigt habe. Wir müssen stattdessen an der menschlichen Natur ansetzen. Das Potenzial ist da.

Mein Plan ruft auf zum Handeln in diesen sechs Bereichen – Säulen, die zusammen ein stützendes Gewölbe der Verantwortlichkeit tragen und die Basis für eine kooperative

Bürgerschaft bilden können. All diese Säulen fördern unsere gutwillige Unabhängigkeit vom Staat *und* unsere Abhängigkeit voneinander. Sie überlagern und stützen sich gegenseitig. Falls wir in einem Bereich scheitern, geschieht das wahrscheinlich auch in den anderen. Die Verbindungsstücke zwischen diesen Säulen sind nicht stabil und endgültig. Die Lösungsvorschläge sind es ebenso wenig. Wenn wir jedoch an der Lösung der Probleme in einem Bereich arbeiten, an einer Säule des Staatsbürgertums, dann sind wir schon auf dem richtigen Weg, alle Probleme zu lösen.

Warum nutzen wir nicht diesen Augenblick in unserer Geschichte als Katalysator, um echte Bürger, eine echte Zivilgesellschaft aufzubauen – eine, die es bis jetzt noch nie auf globaler Ebene gegeben hat und auch nicht geben konnte? Dann können wir, wenn die nächste Herausforderung kommt (und das wird sie schon bald), sagen: »Wir kriegen das hin.« Und dieses Mal werden wir das ernst meinen.

Anhang

Dank

Ich muss so vielen Menschen danken, die mir geholfen und mich gedrängt haben, dieses Buch zu schreiben. Es wäre unmöglich, alle Namen zu nennen, sonst würde dieser Abschnitt länger als der Rest des Buchs werden – auch wenn er das sein sollte. Ich hoffe aufrichtig, dass denjenigen, die wissen, wie und wobei sie mir auf meinem Weg geholfen haben – ganz konkret oder auch indirekt –, bewusst ist, wie viel ich ihnen verdanke und wie dankbar ich ihnen wirklich bin. Von den vielen Studenten und Kollegen, mit denen zu arbeiten ich über die Jahre das Privileg hatte, bis zu den Rechtsexperten, politischen Entscheidungsträgern und gewöhnlichen Bürgerinnen und Bürgern, die mich einluden, mir wichtige Geschichten erzählten und mit mir Brot brachen: Ich danke euch allen. Jegliche Fehler im Text sind natürlich mein Verschulden.

Mark Tushnet hat das gesamte Manuskript gelesen und war mir über die Jahre ein wichtiger Austauschpartner. Alexis Kirschbaum und Jasmine Horsey von Bloomsbury und T. J. Kelleher von Basic waren von diesem Projekt überzeugt genug, um es in Angriff zu nehmen. Sie und ihre Mitarbeiter nahmen viele wichtige Verbesserungen vor. Besonders dankbar bin ich dem gesamten Team von Bloomsbury, nicht

ANHANG

zuletzt Lauren Whybrow, Anna Massardi, Akua Boateng und Molly McCarthy. Aber nichts davon wäre möglich gewesen ohne meine unschätzbare Agentin Emma Bal.

Dieses Buch ist meinen Kindern Raphael und Demara gewidmet. Ich bin dankbar, dass es sie gibt und sie meinen unorthodoxen Umgang mit so ungefähr allem mittragen. Für sie, für ihre Generation junger Bürger und die ihnen nachfolgenden, habe ich in der Hoffnung auf ein kooperativeres Zusammenleben diesen bescheidenen Samen gesät.

Anmerkungen

Vorwort

1 Die Literatur über den Föderalismus, seine Vor- und Nachteile und seine Varianten, ist äußerst umfangreich. Alfred Stepan war einer der Befürworter des asymmetrischen Föderalismus, basierend auf seinen Forschungen in Indien und anderswo; siehe seinen Aufsatz »Federalism and Democracy: Beyond the US Model«, *Journal of Democracy*, Jg. 10, Heft 4, 1999.
2 Eine maßgebende Untersuchung der spanischen Regionalisierung und ihrer Bedeutung für die Demokratie findet sich in Juan J. Linz und Alfred Stepan, *Problems of Democratic Transition and Consolidation: Southern Europe, South America and Post-Communist Europe*, Johns Hopkins University Press, Baltimore MD 1996.
3 https://www.refworld.org/pdfid/517521334.pdf.
4 Andere haben sich kritisch zur »Transplantation« von Gesetzen geäußert. Siehe zum Beispiel Vlad Perju, »Constitutional Transplants: Borrowing and Migrations«, in: Michel Rosenfeld und András Sajó (Hrsg.): *The Oxford Handbook of Comparative Constitutional Law*, Oxford University Press, Oxford 2012, S. 1304–1327.

Einleitung

1 Alfred Stepan und Cindy Skach, »Constitutional Frameworks and Democratic Consolidation: Parliamentarianism versus Presidentialism«, *World Politics*, Jg. 46, Heft 1, Oktober 1993.

Wir lieferten erste Belege, doch inspiriert zu unserer Forschung wurden wir von Juan Linz von der Yale University, der als Erster zu diesem Thema forschte und schrieb. Eine andere Arbeit, die diese Thesen stützt, stammt von Adam Przeworski, mit Michael E. Alvarez, Jose Antonio Cheibub und Fernando Limongi, *Democracy and Development: Political Institutions and Well-Being in the World, 1950–1990*, Cambridge University Press, Cambridge 2000. Nicht alle teilen unsere Argumentationskette und die postulierten Zusammenhänge, siehe zum Beispiel Jose Antonio Cheibub, »Presidentialism and Democratic Performance«, in: Andrew Reynolds (Hrsg.): *The Architecture of Democracy: Constitutional Design, Conflict Management, and Democracy*, Oxford University Press, Oxford 2002.

2 Siehe den Gini-Index auf der »World Bank Poverty and Inequality Platform«, data.worldbank.org. Zum Vergleich: Brasiliens Koeffizient lag 2021 bei 52,9, der von Frankreich 2020 bei 30,7, der von Norwegen 2019 bei 27,7, der des Vereinigten Königreichs 2020 bei 32,6 und der der USA 2020 bei 39,7.

3 Siehe hierzu die Arbeiten von Paulo Sérgio Pinheiro, brasilianischer Rechtsforscher und früherer Staatssekretär für Menschenrechte in der Regierung von Präsident Fernando Henrique Cardoso.

4 Wie erörtert in meinem Buch *Borrowing Constitutional Designs: Constitutional Law in Weimar Germany and the French Fifth Republic*, Princeton University Press, Princeton NJ 2005.

5 Einer davon ist M. Rainer Lepsius, ein deutscher Soziologe und Forscher mit besonderem Interesse an Max Weber, dem deutschen Nationalismus und dem Aufstieg der Nationalsozialisten.

6 Mein Interview mit ihr wird ausführlich wiedergegeben in meinem Artikel »Russia's Constitutional Dictatorship: A Brief History«, *University of Miami International and Comparative Law Review*, 2021.

7 Guillermo A. O'Donnell, »Delegative Democracy«, *Journal of Democracy*, Jg. 5, Heft 1, 1994, S. 55–69.

8 Einige dieser Vorfälle werden ausführlich beschrieben in Publikationen des European Roma Rights Centre. Siehe zum Bei-

spiel »Hungary: What's Actually New About Viktor Orbán's Latest Racist Outburst?«, ERRC, 29. Juli 2022, verfügbar auf errc.org.

9   Einen aufschlussreichen Bericht, der die positiven Langzeiteffekte des Arabischen Frühlings umreißt, gibt es in Noah Feldman, *The Arab Winter: A Tragedy,* Princeton University Press, Princeton NJ 2020.

10 Siehe Paolo Maurizio Talantis packenden Artikel »Alika Is Our George Floyd«, italienische Ausgabe von *Vogue,* 2. August 2022.

11 Ein historisches Manuskript, das sich mit geistiger Gesundheit, Psychologie und Herrschaft beschäftigt, wurde kürzlich von Patrick Weil ausgegraben und veröffentlicht, *The Madman in the White House,* Harvard University Press, Cambridge MA 2023.

12 https://worldjusticeproject.org/rule-of-law-index/. Daten des »World Justice Project«, das 140 Länder und Rechtssysteme evaluierte und für das Jahr 2022 anhand seiner Indikatoren bei den meisten Rückschritte in Bezug auf die Rechtsstaatlichkeit feststellte. Es wurde untersucht, wie weit Führungspersonen Rechenschaft ablegen mussten, wie gerecht und klar die Gesetze waren, wie gut Beschränkungen der Regierungsmacht funktionierten und wie verbreitet Korruption war.

13 »OECD Trust in Government Survey 2021«. Diese Umfrage, die die Meinung von mehr als 50 000 Bürgern in 22 Ländern der OECD untersuchte, kam zu dem Ergebnis, dass Vertrauen zu und Misstrauen gegenüber der Regierung sich die Waage halten. 41,4 Prozent der Befragten vertrauten ihrer nationalen Regierung, 41,1 Prozent taten das nicht. Siehe https://www.oecd.org/newsroom/governments-seen-as-reliable-post-pandemic-butgiving-citizens-greater-voice-is-critical-to-strengthening-trust.htm.

14 Siehe Ipsos, »Interpersonal Trust Across the World«, März 2022; Menschen aus 30 Ländern wurden befragt.

15 Siehe zum Beispiel die Bücher von Steven Levitsky und Daniel Ziblatt, *Wie Demokratien sterben,* Übersetzung aus dem Englischen von Klaus-Dieter Schmidt, Deutsche Verlags-Anstalt,

München 2018; oder Ed Miliband, *Go Big: How to Fix Our World*, Bodley Head, London 2021.
16 Vgl. die Daten in Freedom House, »Freedom in the World 2023: Marking 50 Years in the Struggle for Democracy«. Siehe https://freedomhouse.org/report/freedom-world/2023/marking-50-years.
17 Bill Chappell, »Protesting Racism Versus Risking COVID-19: ›I Wouldn't Weigh These Crises Separately‹«, 1. Juni 2020, NPR News.

Kapitel 1: Was wir von Gesetzen lernen können

1 Diese Mythen sind natürlich viel nuancierter, als ich es hier wiedergeben kann, denn die ganzen Feinheiten der Schöpfungsmythen in den verschiedenen Nationen und Kulturen – wie zum Beispiel die linguistischen, historischen oder subkulturellen – können nur Spezialisten entziffern. Einer der meistzitierten englischsprachigen Experten für Korea ist Boudewijn Walraven. Siehe insbesondere das von Robert E. Buswell Jr. herausgegebene Buch *Religions of Korea in Practice*, Princeton University Press, Princeton NJ 2007, das Aufsätze von Walraven und anderen enthält.
2 Siehe zum Beispiel John Bierhorst, *The Mythology of Mexico and Central America*, William Morrow and Co., New York 1990.
3 Siehe den faszinierenden Samuel Noah Kramer, *History Begins at Sumer: Thirty-Nine Firsts in Recorded History*, University of Pennsylvania Press, Philadelphia PA 1988.
4 S. E. Merry, »Law: Anthropological Aspects«, in: Neil J. Smelser und Paul B. Baltes (Hrsg.): *International Encyclopedia of the Social and Behavioural Sciences*, Pergamon Press, Oxford 2001.
5 Das ist zumindest die Sichtweise von Ronald M. Dworkin in »The Model of Rules«, *University of Chicago Law Review*, Jg. 35, Heft 14 (1967–1968). Um tiefer in das Thema einzusteigen, siehe die Debatte zwischen Lon Fuller und H. L. A. Hart im *Harvard Law Review*: H. L. A. Hart, »Positivism and

the Separation of Law and Morals«, *Harvard Law Review*, Jg. 71, Heft 4, Februar 1958, S. 593–629; und Lon L. Fuller, »Positivism and Fidelity to Law – A Reply to Professor Hart«, *Harvard Law Review*, Jg. 71, Heft 4, Februar 1958, S. 630–672.

6 Douglas C. North, Wirtschaftsnobelpreisträger, war vielleicht der Erste, der Gesetze als vom Menschen festgelegte Regeln bezeichnete, in seinem Artikel »Institutions«, *Journal of Economic Perspectives*, Jg. 5, Heft 1, Winter 1991, S. 97–112.

7 Eine wichtige Diskussion des Konstitutionalismus als Konzept findet man in Charles Howard McIlwain, *Constitutionalism: Ancient and Modern*, Cornell University Press, Ithaca NY 1947.

8 Thomas Hobbes' Werk *Leviathan oder Stoff, Form und Gewalt eines kirchlichen und bürgerlichen Staates* wurde 1651 veröffentlicht und ist bis heute für die Politik- und Rechtstheorie ein grundlegender Text geblieben.

9 Das ist eine grobe Klassifikation basierend auf der detaillierten Zeitleiste auf comparativeconstitutionsproject.org und Zachary Elkins, Tom Ginsburg und James Melton, *The Endurance of National Constitutions*, Cambridge University Press, New York 2009.

10 Cicero, *Von den Pflichten*, übersetzt und erklärt von Dr. Raphael Kühner, zweite verbesserte Auflage, Hoffmann'sche Verlags-Buchhandlung, Stuttgart 1873, drittes Buch, Absätze 27–28.

11 Reinhard Zimmermann, *The Law of Obligations: Roman Foundations of the Civilian Tradition*, Clarendon Press, 1996.

12 Ich bleibe Robert Amdur zu Dank verpflichtet dafür, dass er mich auf diese Episode und ihre wichtige Verbindung zu meinem Argument hier aufmerksam gemacht hat.

13 Siehe Proudhons *Idée générale de la révolution au XIXe siècle*, Garnier Frères, Paris 1851.

14 Siehe insbesondere Polanyi, *The Logic of Liberty*, University of Chicago Press, Chicago IL 1951.

15 *The Book of Chuang Tzu*, Penguin Books, London 2006.

16 Donald Lutz spricht hier von »Selbsterhaltung, uneingeschränkter Geselligkeit und nutzbringender Innovation«. Siehe

sein Buch *Principles of Constitutional Design*, Cambridge University Press, New York 2006; und Walter F. Murphy, *Constitutional Democracy: Creating and Maintaining a Just Political Order*, Johns Hopkins University Press, Baltimore MD 2007; wie auch meine Diskussion ihrer Arbeiten im *International Journal of Constitutional Law*, Jg. 7, Heft 1, Januar 2009.
17 Vgl. die Argumente in Michael C. Dorf, »The Aspirational Constitution«, *The George Washington Law Review*, Jg. 77, Heft 5/6, September 2009; oder Frank Michelman, »Socioeconomic Rights in Constitutional Law: Explaining America Away«, *International Journal of Constitutional Law*, Jg. 6, Heft 3/4, Juli–Oktober 2008.
18 Charles Tilly, *Stories, Identities, and Political Change*, Rowman & Littlefield, Lanham, Maryland 2002.
19 Ellen M. Immergut, »Institutions, Veto Points, and Policy Results: A Comparative Analysis of Health Care«, *Journal of Public Policy*, Jg. 10, Heft 4, 1990, S. 391–416.
20 Erstausstrahlung im Jahr 1979, gesungen von Lynn Ahrens. Eine Jahrzehnte später veröffentlichte Klarstellung besagte, dass »diese Szene über die Gewaltenteilung in unserem Regierungssystem nach der Fertigstellung mehrere Jahre lang nicht ausgestrahlt wurde, weil sich manche Politiker durch die Zirkusanalogie verletzt fühlen könnten«. Siehe Tom Yohe und George Newall, *Schoolhouse Rock! The Updated Official Guide*, Hyperion, Los Angeles and New York 2023.
21 Der tatsächliche Ursprung des Zitats ist umstritten; siehe Steven Luxenberg, »A Likely Story ... And That's Precisely the Problem«, *Washington Post*, 17. April 2005.

Kapitel 2: Nicht blind den Anführern folgen

1 Es soll nicht unerwähnt bleiben, dass wichtige Vorarbeit geleistet wurde, um Frauen zu ermutigen, an die Öffentlichkeit zu gehen. Besonders hervorzuheben sind die preisgekrönten Investigativrecherchen der Journalistinnen Jodi Kantor und Megan Twohey von der *New York Times*, gesammelt und herausgegeben als Buch mit dem Titel *#Me Too: Von der ersten*

ANMERKUNGEN

Enthüllung zur globalen Bewegung, aus dem Englischen von Judith Elze und Katrin Harlaß, Klett-Cotta, Stuttgart 2020.

2 Neben anderen Wissenschaftlern widersprach John M. Carey jahrzehntelang der Kritik am präsidentiellen Regierungssystem und wies auf die Notwendigkeit einer differenzierten Betrachtung hin. Aber selbst er gab zu, dass die verfügbaren Daten nahelegen, dass parlamentarische Demokratien besser funktionieren. Siehe seinen Artikel »Did Trump prove that governments with presidents just don't work?«, *Washington Post,* 4. Februar 2021.

3 Siehe den Artikel auf https://www.ledauphine.com/faitsdivers-justice/2020/07/21/grenoble-deux-enfants-sautent-d-un-balcon-pour-echapper-a-un-incendie.

4 Zeynep Tufekci, *Twitter and Teargas: The Power and Fragility of Networked Protest,* Yale University Press, New Haven CT 2017.

5 https://www.latimes.com/opinion/opinion-la/la-oe-newton-column-occupy-la-and-the-city-council-20111024-column.html.

6 Hier möchte ich die Pionierarbeit der zwei mutigen Datenwissenschaftlerinnen Frances Haugen und Sophie Zhang hervorheben, die einige Probleme der sozialen Medien aufzeigten und stärkere Regulierung forderten. Auf den ersten Blick scheint das meiner Forderung nach weniger Kontrolle zu widersprechen, aber vielleicht stimmt das nicht: Regeln, Vorschriften und Überwachung sollten beibehalten werden für die Elemente unserer Gesellschaft, die am wahrscheinlichsten ihre privilegierte Stellung missbrauchen, wie beispielsweise Konzerne. Der restlichen Gesellschaft sollte es offenstehen, sich im täglichen Leben spontan selbst zu organisieren.

7 Susanne Lohmann, »The Dynamics of Informational Cascades: The Monday Demonstrations in Leipzig, East Germany, 1989–91«, *World Politics,* 47, Oktober 1994.

8 In den Sozialwissenschaften gibt es wichtige Theorien und Debatten darüber, ob es sich hier um Herdenmentalität handelt oder um eine Informationskaskade – einen zweistufigen Prozess, in dem Einzelne zuerst entscheiden, ob sie handeln oder

nicht, und dann andere beim Handeln beobachten, bevor sie selbst tätig werden. Natürlich ist die Frage, was Menschen dazu bringt, in Krisensituationen wider ihre eigene Vernunft zu handeln – zum Beispiel, wenn sie verletzt oder verhaftet werden könnten. Was treibt sie an, und steckt hinter dem menschlichen Selbsterhaltungstrieb womöglich mehr, als man auf Anhieb erkennen kann? Hierin unterscheiden Menschen sich vielleicht von Schaumblasen. Informationskaskaden können wie Blasen mathematisch modelliert werden, aber anders als Blasen haben Menschen Emotionen, die zu mathematisch nicht vorhersagbarem Verhalten führen – das aber trotzdem rational sein kann.

9 Charles E. Fritz, »Disasters and Mental Health: Therapeutic Principles Drawn from Disaster Studies«, University of Delaware Disaster Research Center, Nr. 10, 1996. Der Artikel wurde 1961 verfasst, aber aus verschiedenen Gründen, die im Vorwort erwähnt wurden, erst 35 Jahre später veröffentlicht.

10 Ebd., S. 4.

11 Zum Nutzen von Notstandsermächtigungen und zu einer differenzierten Diskussion, die auch Machiavellis Verteidigung der römischen Diktatur behandelt, siehe John Ferejohn und Pasquale Pasquino, »The Law of the Exception: A Typology of Emergency Powers«, *I.CON*, Jg. 2, Heft 2, 2004, S. 210–239.

12 Siehe Steven M. Southwick et al. (Hrsg.): *Resilience and Mental Health*, Cambridge, Cambridge University Press 2011; und die differenzierte Diskussion in Amanda R. Carrico et al., »Social Capital and Resilience to Drought Among Smallholding Farmers in Sri Lanka«, *Climate Change*, 155, 2019, S. 195–213. Siehe auch G. T. Svendsen und G. L. Svendsen (Hrsg.): *Handbook of Social Capital: The Troika of Sociology, Political Science and Economics*, Northampton, MA, Edward Elgar, 2008.

13 Rebecca Solnit, *A Paradise Built in Hell: The Extraordinary Communities That Arise in Disaster*, Viking, New York 2009, S. 312.

14 So wurde die Privatsphäre vortrefflich beschrieben von den Rechtswissenschaftlern Samuel Warren und Louis Brandeis in

ihrem Artikel »The Right to Privacy«, *Harvard Law Review*, 1890.

15 »Delay to free school meal extension ›shameful‹, EIS union says«, BBC, 27. Dezember 2022.

16 Siehe die 2022 von Rebecca O'Connell vom University College London und ihren Kollegen in Lissabon und Norwegen publizierte Studie in *European Societies*, Jg. 24.

17 Siehe die aus Regierungsdokumenten auf ihrer Webseite oxfordfoodhub.org zitierten Statistiken.

18 Eine Befürworterin dieser Form von demokratischem Experimentalismus ist Hélène Landemore, *Open Democracy: Reinventing Popular Rule for the Twenty-First Century*, Princeton University Press, Princeton NJ 2020. Siehe auch die Diskussion in Jane Mansbridge, Joshua Cohen, Daniela Cammack, Peter Stone, Christopher H. Achen, Ethan J. Leib und Hélène Landemore, »Representing and Being Represented in Turn – A Symposium on Hélène Landemore's *Open Democracy*«, *Journal of Deliberative Democracy*, Jg. 18, Heft 1, 2022, S. 1–12.

19 Siehe ihr Buch *Democracy Without Shortcuts: A Participatory Conception of Deliberative Democracy*, Oxford University Press, Oxford und New York 2020; wie auch Robert Goodins Kritik »Between Full Endorsement and Blind Deference«, *Journal of Deliberative Democracy*, Jg. 16, Heft 2, 2020.

20 J. Holt-Lunstad, T. B. Smith und J. B. Layton, »Social Relationships and Mortality Risk: A Meta-analytic Review«, *PLOS Medicine*, 27. Juli 2010; Jg. 7, Heft 7: e1000316. doi: 10.1371/journal.pmed.1000316. PMID: 20668659; PMCID: PMC2910600.

21 Siehe Dunbars Vortrag vor der EPSIG UK am 15. Februar 2022. Siehe auch »Don't Believe Facebook: You Only Have 150 Friends«, *All Things Considered*, NPR, 5. Juni 2011.

22 Ein klassisches Werk hierzu ist James Gleick, *Chaos – die Ordnung des Universums. Vorstoss in Grenzbereiche der modernen Physik*, aus dem Amerikanischen von Peter Prange, Droemer Knaur, München 1988; siehe auch Melanie Mitchell, *Complexity: A Guided Tour*, Oxford University Press, New York 2011.

23 Einer der Ersten, die das taten, war der brillante John von Neumann. Seine Formel beschrieb jedoch keine Guinness-Blasen,

sondern eine zweidimensionale Schaumstruktur. Siehe seinen Artikel aus dem Jahr 1952 in *Metal Interfaces,* American Society for Metals, Cleveland OH, S. 108–110.

24 Zu den wichtigen historischen Abhandlungen gehört das Buch von Karl Dietrich Bracher, *Die deutsche Diktatur. Entstehung, Struktur, Folgen des Nationalsozialismus,* Kiepenheuer & Witsch, Köln 1969.

25 Cindy Skach, *Borrowing Constitutional Designs,* Princeton University Press, Princeton NJ 2005.

26 Seit Jahren wird eine wichtige Debatte über die Beziehung zwischen Recht und Moral geführt, die hier aber nicht im Detail behandelt werden soll. Gegenwärtig beteiligt sich u. a. der südafrikanisch-kanadische Jurist David Dyzenhaus daran und liefert bedeutende neue Beispiele. Siehe sein Buch *Hard Cases in Wicked Legal Systems: Pathologies of Legality,* Oxford University Press, Oxford 2010.

Kapitel 3: Die eigenen Rechte – verantwortungsvoll – einfordern

1 Die Französin Annie Lebeuf war eine der ersten Anthropologinnen, die den Nuancen des Matriarchats in Afrika Beachtung schenkte und wissenschaftliches Interesse dafür weckte.

2 Charlie Savage von der *New York Times* machte einige von Kagans Notizen ausfindig, darunter auch die diesen Fall betreffenden. Er veröffentlichte sie in seinem Artikel vom 3. Juni 2010 mit dem Titel »In Supreme Court Work, Early Views of Kagan«.

3 Robert M. Cover, »Violence and the Word«, *The Yale Law Journal,* Jg. 95, Heft 8, Juli 1986, S. 1601–1629.

4 Lon L. Fuller, »The Case of the Speluncean Explorers«, *Harvard Law Review,* 1949.

5 »Boy Who Refused Blood Transfusion Dies«, CBSnews.com, 30. November 2007.

6 »Muslim Girl Shaves Head Over Ban«, BBC, 1. Oktober 2004.

7 Einen guten Überblick über ihre Funktionen sowie passende Literatur, die sich mit Hans Kelsen, dem Rechtstheoretiker und Architekt der österreichischen Bundesverfassung, beschäftigen

geben Nuno Garoupa and Tom Ginsburg, »Building Reputation in Constitutional Courts: Political and Judicial Audiences«, *Arizona Journal of International and Comparative Law*, Jg. 28, Heft 3, 2011, S. 539–568.

8 Eine erhellende Analogie hierzu ist das Gefangenendilemma und insbesondere die Rolle von Werten bei der Entscheidung, zu kooperieren oder egoistisch zu handeln. Siehe zum Beispiel Derek Parfit, »Prudence, Morality and the Prisoner's Dilemma«, Annual Philosophical Lecture, Henrietta Herz Trust, 1978. Der entscheidende Unterschied zum Gefangenendilemma ist, dass die Gefangenen nicht miteinander kommunizieren können.

9 Siehe Vanda Felbab-Brown, »Conceptualizing Crime as Competition in State-Making and Designing an Effective Response«, Brookings Institution, Kommentar, 21. Mai 2010. Siehe auch Charles Tilly, »War Making and State Making as Organised Crime«, in: Peter Evans, Dietrich Rueschemeyer und Theda Skocpol (Hrsg.): *Bringing the State Back In*, Cambridge, Cambridge University Press, 1985.

10 *... und Gerechtigkeit für alle*, Columbia Pictures, 1979.

11 Siehe sein Buch *Justice: What's the Right Thing to Do?*, Farrar, Straus and Giroux, New York 2009. Es basiert auf der populären Vorlesung, die er für Bachelorstudierende hielt.

12 https://publications.parliament.uk/pa/ld200506/ldjudgmt/jd060524/oxf-1.htm.

13 »Not In My Backyard«. Solche Fragen sind natürlich komplex, und beide Seiten führen vernünftige und weniger vernünftige Argumente an. Dabei zeigt sich, wie wichtig es ist, die Rechte anderer zu respektieren. Viele der Konfliktparteien in NIMBY-Situationen erkennen die Perspektive der anderen Seite nicht an, vielleicht weil diese Art von Konflikten vielfach ein Nullsummenspiel mit eindeutigen Gewinnern und Verlierern ist. Einen neueren Beitrag zu diesem Thema gibt es unter https://www.nytimes.com/2022/06/05/business/economy/california-housing-crisis-nimby.html.

14 Reg Little, »Anger at Nature of Trap Grounds«, *Oxford Mail*, 14. Januar 2009.

15 Yasminah Beebeejaun, »Gender, Urban Space, and the Right to Everyday Life«, *Journal of Urban Affairs,* Jg. 39, Heft 3, 2017, S. 323–334. Siehe auch ihren überarbeiteten Band *The Participatory City,* Jovis, Berlin 2016.

16 Das deutsche Bundesverfassungsgericht wartete mit einem von mehreren Beispielen für eine mögliche kreative Lösung des umstrittenen Abtreibungsthemas auf. Das Gericht wollte sowohl die christliche Mehrheit in Deutschland zufriedenstellen als auch – nach der Wiedervereinigung – die Ostdeutschen, die seit Jahrzehnten ein anderes und in mancher Hinsicht fortschrittlicheres Verständnis von Abtreibung hatten. So entschied das Gericht im Jahr 1993, dass Abtreibung zwar nicht legal ist, aber unter bestimmten Umständen nicht bestraft wird.

17 Einige Versuche, das zu kontrollieren, beschreiben Anna Jobin, Marcello Lenca und Effy Vayena, »The Global Landscape of AI Ethics Guidelines«, *Nature Machine Intelligence,* September 2019.

18 https://www.climavore.org.

19 Benedict Anderson, *Imagined Communities,* Verso, New York, 1983, S. 35.

20 Siehe sein Buch *Strategy of Economic Development,* Yale University Press, New Haven CT 1958.

21 Siehe den Bericht von Maria Cramer, »What Happened When a Brooklyn Neighborhood Policed Itself for Five Days«, *New York Times,* 4. Juni 2023.

22 Siehe die Einzelheiten auf https://camba.org.

23 Robert A. Dahl, *Polyarchy: Participation and Opposition,* Yale University Press, New Haven CT 1971.

24 Beispielsweise meine früheren Kollegen Steven Levitsky und Daniel Ziblatt haben sich in ihrer Forschung auf Institutionen und institutionelle Praktiken konzentriert. So wichtig diese auch sein mögen, habe ich doch das Gefühl, dass die Antworten nicht hier zu finden sind. Siehe sowohl ihr Buch *Wie Demokratien sterben,* DVA, München, 2018, als auch die gleichermaßen wichtige Kritik des Historikers David Runciman, *Guardian,* 24. Januar 2018.

25 Amos Tversky und Daniel Kahneman, »The Framing of Deci-

sions and the Psychology of Choice«, *Science,* Jg. 211, Januar 1981.
26 Der Ökonom James Andreoni benutzte als einer der Ersten den Ausdruck »warm glow giving« (auf Deutsch etwa: »das wohlige Gefühl des Gebens«). Siehe zum Beispiel seinen Artikel »Giving With Impure Altruism«, *Journal of Political Economy,* Jg. 97, 1989.
27 In den USA siehe Masterpiece Cakeshop, Ltd., et al., gegen Colorado Civil Rights Commission et al., Urteil gefällt am 4. Juni 2018. Im Vereinigten Königreich siehe Lee gegen Ashers Baking Company Ltd, Urteil gefällt am 10. Oktober 2018.
28 Interview von mir über Messenger durchgeführt, 11. Februar 2022.

Kapitel 4: Mehr Zeit auf einer Piazza verbringen

1 Jürgen Habermas, »Öffentlichkeit«, *Fischer Lexikon Staat und Politik*, Neuausgabe, Fischer, Frankfurt am Main 1964, S. 220–226.
2 Eine lebendige Beschreibung der Verbindung zwischen Gegenwart und Vergangenheit gibt es von Adrian Rennix und Sparky Abraham, »Trial by Combat and the Myths of Our Modern Legal System«, *Current Affairs,* Februar 2021; wie auch in der Dissertation der Mediävistin Ariella Elema, »Trial by Battle in France and England«, die sie 2012 an der University of Toronto einreichte und auf die sich Rennix und Abraham beziehen.
3 Ebd.
4 John Marshall, »Lawyers, Truth and the Zero-Sum Game«, *Notre Dame Law Review,* Jg. 47, Heft 4, 1972, S. 919.
5 Vgl. sowohl die Mehrheitsmeinung als auch die abweichenden Voten im Obersten Gerichtshof der Vereinigten Staaten, »Dobbs, State Health Officer of the Mississippi Department of Health, et al. v. Jackson Women's Health Organization et al.«, entschieden im Jahr 2022, unter https://www.supremecourt.gov/opinions/21pdf/19-1392_6 j37.pdf.
6 In manchen Rechtsgebieten findet eine allmähliche, aber stetige

ANHANG

Hinwendung zur Mediation statt, weil die zu nichts führenden gerichtlichen Auseinandersetzungen, Verzögerungen und andere Merkmale des Rechtswegs für alle Beteiligten frustrierend sind.

7 Bertolt Brecht und Margarete Steffin, *Mutter Courage und ihre Kinder,* Suhrkamp, Berlin 1968.

8 Richard Fusch, »The Piazza in Italian Urban Morphology«, *Geographical Review,* Oktober 1994, Zitat auf S. 424.

9 Siehe David Harveys interessanten Vortrag auf CCCB, https://www.cccb.org.

10 Die Geschichte des *Mangrove* steht im Mittelpunkt der ersten Episode der 2020 auf Amazon erschienenen Serie *Small Axe* des Regisseurs und Videokünstlers Steve McQueen.

11 Siehe den ausführlichen Bericht in Robin Bunce und Paul Field, *Renegade: The Life and Times of Darcus Howe,* Bloomsbury, London 2021.

12 Neil Kenlock, Interview mit der Autorin per E-Mail mithilfe von Emelia Kenlock, 23. November 2020.

13 Der sogenannte Trojan Horse Scandal, die Kontroverse in einer Birminghamer Schule im Jahr 2014, wird von Journalisten, Politikern und Einwohnern gleichermaßen weiter debattiert. Ein kürzlich erschienener Beitrag stammt von Sonia Sodha, »The Trojan Horse Affair: How Serial Podcast got it so wrong«, *Guardian,* 20. Februar 2022.

14 https://skateboardgb.org/habito-skateboard-gb-grassroots-skatespaces.

15 The British Academy, »The COVID Decade: understanding the long-term societal impacts of COVID-19«, 2021.

16 Das ist der Titel von Bob Putnams Studie über den Niedergang des US-amerikanischen Vereinslebens und die Folgen für die Demokratie. Siehe sein Buch *Bowling Alone: The Collapse and Revival of American Community,* Simon & Schuster, New York 2000.

17 Michael Chwes eigene Webseite enthält zahlreiche Links zu dieser und anderen seiner Arbeiten, darunter sein Buch *Rational Ritual,* Princeton University Press, Princeton NJ 2001. Siehe http://chwe.net/michael/.

ANMERKUNGEN

18 https://newsroom.ucla.edu/stories/ucla-faculty-voice-social-media-enhances-the-power-of-common-knowledge.
19 Mehr über das Projekt unter https://www.mycallisto.org.
20 Robert Putnam, mit Robert Leonardi und Raffaella Nanetti, *Making Democracy Work: Civic Traditions in Modern Italy*, Princeton University Press, Princeton NJ 1993.
21 Sheri Berman, »Civil Society and the Collapse of the Weimar Republic«, *World Politics*, April 1997.
22 Jürgen Habermas, »Öffentlichkeit«, S. 220 (siehe Endnote 1).
23 Siehe sein Buch *Theorie der feinen Leute. Eine ökonomische Untersuchung der Institutionen*, übersetzt von Suzanne Heintz und Peter von Haselberg, Fischer Taschenbuch, Frankfurt am Main 2007.
24 https://inthesetimes.com/article/feminist-city-leslie-kern-new-york-city-abolition-park.
25 Kern zielt in ihrem Buch nicht nur darauf ab, die Probleme zu identifizieren, sondern schlägt auch Lösungen vor. Siehe ihr Buch *Feminist City: Wie Frauen die Stadt erleben*, übersetzt von Emilia Gagalski, Unrast, Münster 2024.
26 Krista Schroeder et al., »Trauma-informed neighborhoods: Making the built environment trauma-informed«, *Preventive Medicine Reports*, 2021.
27 Das Buch von Amartya Sen und Martha Nussbaum über Potenziale hat mich an dieser Stelle inspiriert: *The Quality of Life*, Clarendon Press, Oxford 1993.
28 E. L. Sweet (Hrsg.): *Disassembled Cities: Spatial, Social and Conceptual Trajectories Across the Urban Globe*, Routledge, London 2019.
29 Siehe zum Beispiel die Pressemitteilung der WHO, »COVID-19 pandemic triggers 25 % increase in prevalence of anxiety and depression worldwide«, 2. März 2022.
30 Alain Corbin, *A History of Silence: From the Renaissance to the Present Day*, Polity Press, Cambridge und Medford MA 2018, übersetzt von Jean Birrell aus dem französischen Original *Histoire du silence. De la Renaissance à nos jours*, Albin Michel, Paris 2016, Zitat aus dem Vorwort.
31 Ebd.

32 Siehe Sandels Abhandlung über Aristoteles in seinem Buch *Justice: What's the Right Thing to Do?*, insbesondere Kapitel 8.
33 D. Platts-Fowler und D. Robinson, »Community resilience: a policy tool for local government?«, *Local Government Studies*, Jg. 42, Heft 5, 2016.
34 https://www.cdc.gov/violenceprevention/aces/riskprotective-factors.html.
35 Diese Idee der Verkörperung findet sich bei Antonio Damásio und neuerdings bei Andy Clark. Eine kritische Auseinandersetzung damit liefert Larissa MacFarquhar, »The Mind-Expanding Ideas of Andy Clark«, *The New Yorker*, 26. März 2018.
36 Austin Sarat, »Situating Law Between the Realities of Violence and the Claims of Justice«, in: Sarat (Hrsg.): *Law, Violence, and the Possibility of Justice,* Princeton University Press, Princeton NJ und Woodstock 2001, S. 3.

Kapitel 5: Die eigenen Tomaten anbauen und sie mit anderen teilen

1 Siehe »Suray Prasad Sharma Dhungerl v. Godavari Marble industries and others«, Oberster Gerichtshof von Nepal, 31. Oktober 1995.
2 Eine faszinierende Studie über Rohmilch in den USA und speziell in Vermont findet sich in der Dissertation von Andrea M. Suozzo, »Pasteurization and its Discontents: Raw Milk, Risk, and the Reshaping of the Dairy Industry«, Graduate College Dissertations and Theses, University of Vermont, 2015.
3 Nearings Projekt blieb nicht ohne Kritik. Die Sichtweise von ihm und seiner Frau wird geschildert in Scott Nearing und Helen Nearing, *The Good Life,* Schocken Books, New York 1989.
4 Leah Penniman, *Farming While Black: Soul Fire Farm's Practical Guide to Liberation on the Land,* Chelsea Green Publishing, White River Junction VT und London 2018.
5 Isabella Tree, *Wilding: The Return of Nature to a British Farm*, Picador, London 2018.
6 Es gibt viele Beispiele, aber nehmen wir einen so komplexen Fall wie die Region Banat in Rumänien. Hier haben Forscher

gezeigt, dass »die ethno-kulturelle Diversität im Kreis Timiș und in der ganzen Region Banat schon seit ungefähr 250 Jahren besteht, ohne dass es zu Konflikten oder gravierenden strukturellen Verschiebungen kam [...]. Diese Diversität wird belebt durch Koexistenz, Teilhabe und interkulturellen Austausch, wodurch lokale Identitäten und regionale Vielfalt erhalten geblieben sind. Das schafft die Bedingungen dafür, Gleichheit im sozialen Leben der lokalen Obrigkeiten zu gewährleisten und an Entscheidungsprozessen unabhängig von Kultur oder Abstammung teilnehmen zu können.« Siehe die Daten in Iancu-Constantin Berceanu und Nicolae Popa, »A Sample of Resilient Intercultural Coexistence in Ethnic Hungarian, Serbian and Bulgarian Communities in Western Romania«, *Social Sciences,* 2022, Zitat auf S. 21.

7   https://www.theguardian.com/environment/ng-interactive/2021/jul/14/food-monopoly-meals-profits-data-investigation.
8   https://www.washingtonpost.com/business/2020/04/28/trump-meat-plants-dpa/.
9   Nina Lakhani, »Trump officials and meat industry blocked lifesaving COVID controls, investigation finds«, *The Guardian,* 12. Mai 2022.
10 https://www.facebook.com/ediblecutteslowe/.
11 https://www.nytimes.com/2020/05/17/arts/design/guggenheim-countryside-tomatoes.html.
12 https://www.theguardian.com/cities/2016/feb/26/lagos-rem-koolhaas-kunle-adeyemi.
13 Penniman, *Farming While Black.*
14 https://assemblestudio.co.uk/projects/granby-fourstreets-2.
15 https://assemblestudio.co.uk/projects/granby-workshop.
16 Nathalie Pettorelli, Sarah M. Durant und Johan T. du Toit (Hrsg.): *Rewilding,* Cambridge University Press, Cambridge und New York 2019.
17 National Research Council, *The Public Health Effects of Food Deserts: Workshop Summary,* National Academies Press, Washington, D. C. 2009.
18 »›The Pharmacist will see you now‹: Use community pharma-

Kapitel 6: Öfter mal »Ethno-Food« essen

1 Siehe zum Beispiel Michelle Alexander, *The New Jim Crow: Mass Incarceration in the Age of Colourblindness,* Penguin, London 2019.
2 https://www.uk/government/news/new-poll-finds-7-in-10-adults-want-social-media-firms-to-do-more-to-tackle-harmful-content.
3 Ernest Gellner, *Nations and Nationalism,* New York University Press, New York 1998.
4 Nicholas Sambanis, »Ethnic Partition as a Solution to Ethnic War: An Empirical Critique of the Theoretical Literature«, World Bank, 21. Juni 2013.
5 Siehe ihren Essay »Outlaw Women: An Essay on *Thelma and Louise*«, neu abgedruckt in: Dan Danielsen und Karen Engle (Hrsg.): *After Identity,* Routledge, New York und London 1995.
6 Siehe Keir Monteith KC et al., »Racial Bias and the Bench: A response to the Judicial Diversity and Inclusion Strategy (2020–2025)«, University of Manchester, November 2022.
7 Im Jahr 2015 war die öffentliche Meinung weltweit gespalten. Etwa ein Drittel der Befragten gab an, Einwanderung sollte erleichtert werden, ein Drittel gab an, sie sollte unverändert bleiben, und ein Drittel wollte, dass sie erschwert wurde. Siehe die Webseite »Public Opinion on Migration«, Migration Data Portal, am 13. April 2021 aktualisiert.
8 Eine großartige Untersuchung ist James Attlee, *Isolarion: A Different Oxford Journey*, Black Swan, Cambridge 2009.
9 Craig R. Whitney, »Rightists Play Immigrant Card in French Town«, *New York Times*, 16. Juni 1995.
10 Siehe James D. Fearon und David D. Laitin, »Explaining Interethnic Cooperation«, *American Political Science Review*, BJg. 90, Heft 4, Dezember 1996.
11 Judith Tendler, *Good Government in the Tropics*, Johns Hopkins University Press, Baltimore 1997.

12 Prerna Singh, *How Solidarity Works for Welfare: Subnationalism and Social Development in India*, Cambridge University Press, Cambridge 2016.
13 Siehe Laidres Bericht in: »The Social Lives of Hermits«, *Natural History*, 2014, S. 24–29.
14 Thomas C. Schelling, »Models of Segregation«, *The American Economic Review*, Jg. 59, Heft 2, S. 488–493.
15 Siehe ihr Kapitel in Jack M. Balkin (Hrsg.): *What »Brown v. Board of Education« Should Have Said*, New York University Press, New York 2001.
16 Ebd., S. 199.

Kapitel 7: Mit all dem sehr früh anfangen, ungefähr mit drei Jahren

1 Siehe die beeindruckende Rede von Kimberly Jones, »The Social Contract Is Broken!«, YouTube, 2020.
2 E-Mail-Korrespondenz, 3. Juli 2023. Siehe sein Buch *A School Built on Ethos: Ideas, Assemblies and Hard-Won Wisdom*, Crown House Publishing, New York 2021.
3 https://www.reggiochildren.it/en/reggio-emilia-approach/timeline-en/.
4 https://www.remida.org.
5 Siehe Dan Olweus, Susan P. Limber et al., *Olweus Bullying Prevention Program Teacher's Guide*, Hazelden, Center City MN, 2007.
6 Ebd., S. 89.
7 Vea Vecchi, *Art and Creativity in Reggio Emilia: Exploring the Role and Potential of Ateliers in Early Childhood Education*, Routledge, London und New York 2010, S. 53.
8 Ebd.
9 https://ethics.org.au/big-thinker-martha-nussbaum/.
10 https://makespaceforgirls.co.uk/vienna/.
11 https://www.koopadventureplayground.com/single-post/2020/01/27/Opportunity-to-join-KOOPs-Team, aufgerufen am 13. August 2022.
12 Mariana Brussoniet et al., »What is the Relationship between Risky Outdoor Play and Health in Children? A Systematic

Review«, *International Journal of Environmental Research and Public Health*, 8. Juni 2015.

13 https://playandplaywork.com/2016/01/05/smap/; siehe auch dieses Video über Erinnerungen an solche Spielplätze unter https://www.youtube.com/watch?v=sQVWRb4SSdc.

14 Ähnlich dem Anthropologen Clifford Geertz, dessen berühmter Artikel über »Deep Play« sich auf die Vorstellungen des Philosophen Jeremy Bentham bezog. Im Kern war das Spiel »tief«, weil die Einsätze so hoch waren, dass ein rational Handelnder nicht spielen würde. Vielleicht ist das der eigentliche Grund, warum eine grundlegende Reform des Bildungswesens immer noch nicht stattgefunden hat. Siehe Geertz, »Notes on the Balinese Cockfight«, in: *The Interpretation of Cultures*, Basic Books, New York 1973.

15 Eberhard Fuchs und Gabriele Flügge, »Adult Neuroplasticity: More Than 40 Years of Research«, *Neural Plasticity*, 2014. Mark Rosenzweig wies als einer der Ersten die Neuroplastizität im Gehirn sowohl von jungen als auch von erwachsenen Tieren nach. Sein Werk bereitete das Fundament für einen großen Teil der Forschung, die heute in diesem Gebiet stattfindet. Einen außergewöhnlichen, aber auch kontroversen persönlichen Bericht gibt es von Norman Doidge, *Neustart im Kopf*, Campus, Frankfurt 2017.

16 https://centerhealthyminds.org.

Fazit

1 Einige seiner Arbeiten wurden schließlich herausgegeben: Jonas Salk und Jonathan Salk, *A New Reality: Human Evolution for a Sustainable Future*, City Point Press, Stratford CT 2018.

2 Joel Hellman, »Winners Take All: The Politics of Partial Reform in Post-Communist Transitions«', *World Politics*, Jg. 50, Heft 2, Januar 1998.

3 Thukydides, *Geschichte des Peloponnesischen Krieges*, Griechisch und Deutsch mit kritischen und erklärenden Anmerkungen, Wilhelm Engelmann, Leipzig 1852. Zitat aus 3. Buch, Absatz 84.